정웅열 · 김영희 · 임건웅 · 전준호 · 정상수 · 정종광 · 황성훈

(주) 삼양미디어

여러분은 'AI'라는 말을 들었을 때 무엇이 떠오르나요?

놀랍게도! 몇 년 전까지만 해도 이 질문에 '조류독감(Avian Influenza virus)'이라고 답하는 사람이 많았습니다. 그러나 지금은 대부분이 인공지능(Artificial Intelligence)이라고 답합니다. 4차 산업혁명의 원동력이자 세상을 바꾸는 핵심 기술인 인공지능의 발자취를 우리 주변에서 쉽게 찾을 수 있기 때문입니다.

스마트폰의 음성 인식을 이용하여 앱(App)을 자동 실행하고, 이미지 인식을 이용하여 화면 잠금을 해제하는 일이 더 이상 특별하지 않습니다. 고객의 취향을 예측하여 도서나 상품을 추천해 주거나, 흥미로운 영상을 추천해 주는 것도 쉽게 볼 수 있는 일입니다. 검색어 추천 기능 또한 하루에도 수십 번씩 경험하는 일상입니다. 이 모든 것들의 중심에 바로 인공지능이 있습니다.

그렇다면 앞으로는 어떨까요? 컴퓨터과학 분야뿐만 아니라 사실상 모든 분야에 종사하는 사람들, 특히 미래 사회에 대해 연구하는 학자들까지도 인공지능의 영향력이 더욱 커질 것이라고 예상하고 있습니다. 그 중에서도 인간의 일자리 상당수가 인공지능에 의해 대체될 것이라는 예상은 놀라움을 넘어 두렵기까지 합니다.

알파고의 수석 개발자인 데미스 하사비스는 이런 놀라움을 받아들이되, 두려워할 필요는 없다고 말합니다. 인공지능도 결국 소프트웨어이고, 소프트웨어는 사람이 시키는 일만 하기 때문입니다. 따라서 인공지능에 대해 공부하고 이를 바르게 활용할 줄 아는 것이 더욱 중요합니다. 그렇게 되면 인공지능 소프트웨어가 가진 그 생각하는 능력이 결국 우리의 것이 되기 때문입니다.

그럼 인공지능을 어떻게 배워야 할까요?

첫째, 인공지능 개념과 발전 과정에 대해 이해해야 합니다. 튜링 머신부터 시작하여 다양한 에이전트로 발전하고 있는 발자취를 살펴보면, 앞으로의 미래를 예측하고 인공지능을 공부해야 하는 구체적인 동기를 찾을 수 있기 때문입니다.

둘째, 인공지능 원리에 대해 이해해야 합니다. 근본적인 원리를 모르고 인공지능 에이전트의 종류나 사용법만을 배운다면 현재를 즐길 수 있지만, 미래를 준비할 수는 없기 때문입니다.

셋째, 인공지능 실험을 통해 원리를 탐구해야 합니다. 기계학습으로 대표되는 인공지능은 많은 데이터를 활용하여 확률적으로 문제를 해결합니다. 따라서 어떻게 했을 때 인공지능이 문제를 해결할 확률을 높일 수 있는지 다양한 데이터와 원리를 이용하여 실험하듯이 학습할 것을 권합니다.

넷째, 나만의 인공지능 소프트웨어를 만들어 보아야 합니다. 이 책에 제시한 개념과 발전 과정, 원리를 이해하고 다양한 실험을 통해 내공을 쌓았다면, 이제 나 스스로 문제를 발견하고 해결하는 도전이 필요합니다. 이러한 도전이 세상을 바꿔나가는 것이며, 결국 인공지능이 아닌 사람이 주인인 세상을 만드는 방법이기 때문입니다.

'우리학교 인공지능 수업Ⅱ'는 총 3개의 단원으로 구성되어 있으며, 각 단원에는 앞서 언급한 학습 방법과 절차가 담겨 있습니다.

- 'PART 1 인공지능으로 여는 세상'은 인공지능과 지능 에이전트의 개념 및 특성, 인공지능 윤리의 필요성 등을 이해할 수 있는 내용으로 구성하였습니다.
- 'PART 2 인공지능 실험실'은 인공지능의 원리를 이해하고 실험을 통해 탐구할 수 있도록 탐색, 추론, 학습 알고리즘의 개념과 특징, 예제와 탐구 문제 등으로 구성하였습니다.
- 'PART 3 인공지능과 문제 해결'은 구글 코랩을 이용하여 실생활의 다양한 문제를 스스로 해결할 수 있도록 구성하였습니다.

지금도 학교에서 인공지능을 배우는 학생들이 있지만, 앞으로는 더 많은 학생들이 인공지능을 배우게 될 것입니다. '우리학교 인공지능 수업Ⅱ'가 많은 학교의 인공지능 수업을 지원하는 데 활용되기를 바라는 한편, 인공지능을 배울 기회가 없거나 더 배우고 싶은 학생들에게 의미 있는 입문서이자 필독서가 되기를 바랍니다.

저자 일동

이 책의 구성과 특징

대단원 안내

대단원 제목과 소단원 주제를 제시하여 앞으로 배울 내용을 미리 짚어 볼 수 있도록 하였습니다.

생각 열기

핵심 개념과 관련된 생활 속 문제 상황이나 사례, 기사 등을 삽화나 사진과 함께 제시하여 학습자의 흥미와 관심을 높이고, 발문을 통해 앞으로 배울 내용에 대해 생각해 보도록 하였습니다.

핵심 개념 소단원에서 학습하게 될 핵심 개념을 제시하였습니다.

학습 목표 소단원 학습을 통해 성취해야 할 목표를 제시하였습니다.

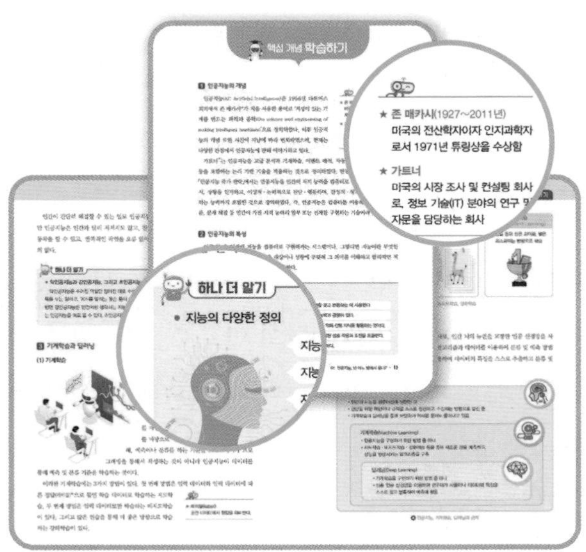

핵심 개념 학습하기

<문제 해결하기>의 활동 과제를 해결하기 위해 알아야 할 인공지능의 핵심 개념과 기초 지식을 사진, 삽화, 통계 자료 등 다양한 시각 자료를 통해 구조화하여 제시함으로써 학습자의 이해를 높이고, 인공지능 기초 소양을 키울 수 있도록 하였습니다.

용어 설명 본문에 나온 중요 용어나 개념, 인물 등에 대해 보충 설명을 하였습니다.

하나 더 알기 본문에서 다룬 주요 개념과 관련된 보충 자료를 제공하여 한 걸음 더 내용에 다가갈 수 있도록 하였습니다.

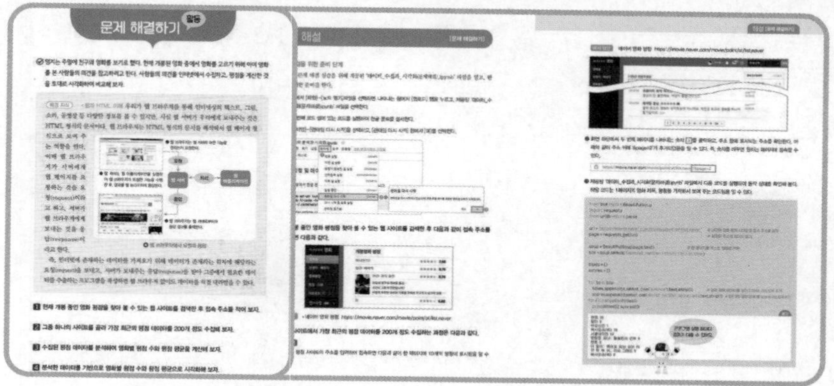

문제 해결하기(활동과 해설)

인공지능의 주요 개념을 이론적으로 이해하는 것에 그치지 않고 실질적인 문제 해결 능력을 기를 수 있도록 조사, 분석, 탐색, 토의 · 토론, 실습(코랩 활용) 등 다양한 활동을 제시하였습니다. 또한 인공지능 관련 사이트를 활용하여 인공지능을 직접 체험할 수 있도록 구성하였습니다.

이후 문제 해결을 위해 필요한 해설과 예시 답안 등을 추가하여 자기 주도 학습이 가능하도록 하였습니다.

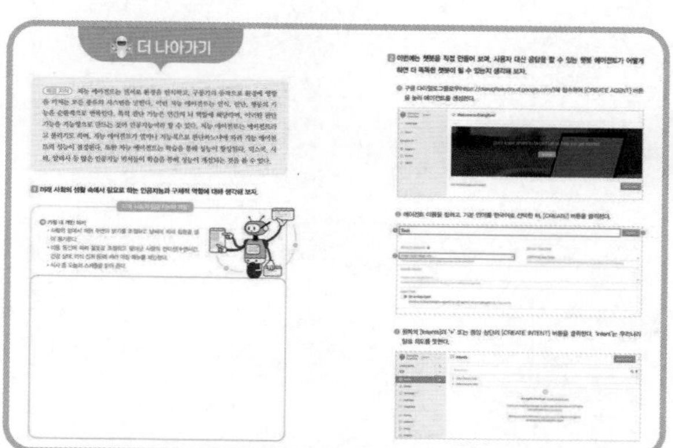

더 나아가기

<문제 해결하기>의 활동 과제에서 한 발짝 더 나아간 심화 문제 또는 응용 · 변형 문제, 핵심 주제에서 확장된 심화 내용 등을 제시하여, 좀 더 깊이 있는 학습이 이루어지도록 하였습니다.

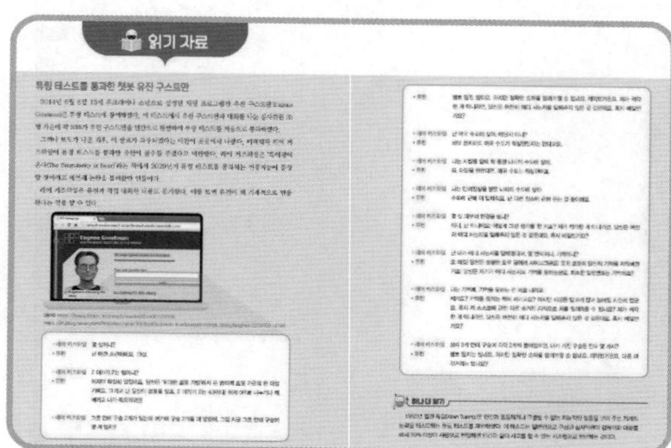

읽기 자료

인공지능과 관련된 흥미 있는 이야기, 기사, 보고서 등의 읽을거리 또는 인공지능 활용 사례를 시각 자료와 함께 제시하여 재미와 정보를 동시에 줄 수 있도록 하였습니다.

이 책의
차례

PART 1 인공지능으로 여는 세상

주제 01 | 인공지능, 넌 어느 별에서 왔니?

주제 02 | 지능 에이전트, 넌 뭘 하고 노니?

주제 03 | 일상생활 속 인공지능 윤리

‘PART 1 인공지능으로 여는 세상’은

인공지능과 지능 에이전트의 개념 및 특성, 인공지능 윤리의 필요성 등을 이해할 수 있는 내용으로 구성하였습니다. Part 1에서는 인공지능과 기계학습, 딥러닝의 개념과 특성을 이해하고, 지능 에이전트 형태로 구현된 다양한 인공지능에 대해 알아봅니다. 또한 데이터 편향성과 윤리적 딜레마 사례를 통해 인공지능을 공정하게 활용하기 위해 어떤 노력과 태도가 필요할지 인공지능 윤리의 관점에서 생각해 봅니다.

01 인공지능, 넌 어느 별에서 왔니?

핵심 개념 인공지능의 개념, 기계학습, 딥러닝

학습 목표 인공지능의 개념과 특성, 기계학습과 딥러닝을 설명할 수 있다.

오래전부터 우리는 영화 속에서 인간을 닮고 싶어 하는 인공지능, 인간처럼 감정을 느끼고 자연스럽게 소통하는 인공지능, 인간의 능력을 뛰어넘는 인공지능 등 다양한 종류의 인공지능을 만날 수 있었다. 그렇다면 현재의 인공지능 기술은 어디까지 발전했을까?

영화 「아이언맨」의 자비스

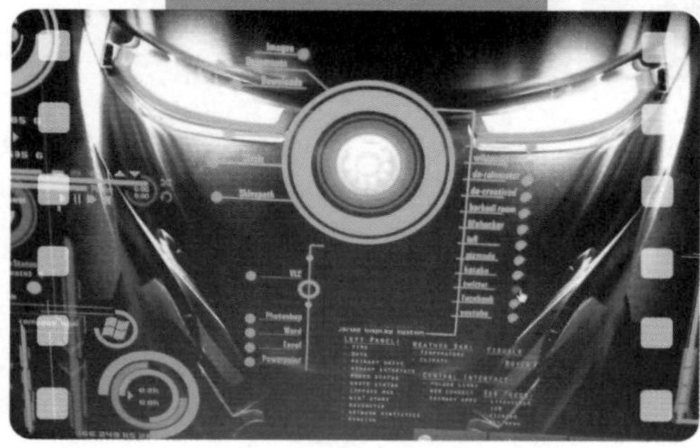

영화 「아이, 로봇」

영화 「바이센테니얼 맨」

영화 「에이 아이(A.I.)」

인공지능의 개념과 특성에 대해 알아보자.

핵심 개념 학습하기

1 인공지능의 개념

인공지능(AI; Artificial Intelligence)은 1956년 다트머스 회의에서 존 매카시*가 처음 사용한 용어로 '지성이 있는 기계를 만드는 과학과 공학(the science and engineering of making intelligent machines)'으로 정의하였다. 이후 인공지능의 개념 또한 시간이 지남에 따라 변화하였으며, 현재는 다양한 관점에서 인공지능에 관해 이야기하고 있다.

★ **존 매카시**(1927~2011년)
미국의 전산학자이자 인지과학자로서 1971년 튜링상을 수상함

★ **가트너**
미국의 시장 조사 및 컨설팅 회사로, 정보 기술(IT) 분야의 연구 및 자문을 담당하는 회사

가트너*는 인공지능을 고급 분석과 기계학습, 이벤트 해석, 자동화된 의사 결정 및 조치 등을 포함하는 논리 기반 기술을 적용하는 것으로 정의하였다. 한편 우리나라에서 발표한 「인공지능 국가 전략」에서는 인공지능을 인간의 지적 능력을 컴퓨터로 구현하는 과학 기술로서, 상황을 인지하고, 이성적 · 논리적으로 판단 · 행동하며, 감성적 · 창의적인 기능을 수행하는 능력까지 포함한 것으로 정의하였다. 즉, 인공지능은 컴퓨터를 이용해 인식, 학습, 추론, 문제 해결 등 인간이 가진 지적 능력의 일부 또는 전체를 구현하는 기술이라 할 수 있다.

2 인공지능의 특성

인공지능은 인간의 지능을 컴퓨터로 구현하려는 시스템이다. 그렇다면 지능이란 무엇일까? 지능의 사전적 의미는 새로운 대상이나 상황에 부딪혀 그 의미를 이해하고 합리적인 적응 방법을 알아내는 지적 활동 능력을 뜻한다.

하나 더 알기

- **지능의 다양한 정의**

- 지능은 다양한 상황과 문제에 융통성을 갖고 반응하는 데 사용된다.
- 지능은 새로운 정보를 처리하는 학습 능력과 관련이 있다.
- 지능은 새로운 상황을 분석하고 이해하기 위해 선행 지식을 활용하는 것이다.
- 지능은 여러 가지 다른 정신 과정들의 복잡한 상호 작용과 조정을 포괄한다.
- 지능은 감정과는 독립하여 사고하는 기능이다.

인간이 간단히 해결할 수 있는 일도 인공지능에게는 매우 어려운 일이 될 수 있다. 하지만 인공지능은 인간과 달리 지치지도 않고, 잠을 자지 않아도 된다. 전기만 공급되면 계속 동작을 할 수 있고, 반복적인 작업을 오류 없이 수행한다. 사람처럼 실수를 하는 경우가 거의 없다.

하나 더 알기

- **약인공지능과 강인공지능, 그리고 초인공지능**

약인공지능은 주어진 역할만 정해진 대로 수행하는 인공지능을 말하며, 약인공지능이 적용된 사례로는 바둑을 두는 알파고, 퀴즈를 맞히는 왓슨 등이 있다. 현재까지 우리가 접한 모든 인공지능은 약인공지능이다. 반면 강인공지능은 인간처럼 생각하는 지능을 가진 인공지능으로, SF 영화나 소설에 나오는 인간과 교감하는 인공지능을 예로 들 수 있다. 초인공지능은 모든 부분에서 인간의 능력을 초월하는 인공지능이다.

3 기계학습과 딥러닝

(1) 기계학습

인공지능이 인간의 지능을 로봇이나 컴퓨터를 통해 구현한 것이라면, 기계학습(Machine Learning)은 인공지능을 구현하는 구체적 접근 방식 중 하나라고 할 수 있다.

기계학습은 주어진 학습 알고리즘과 데이터를 바탕으로 예측 및 분류 기준을 학습하고, 이를 바탕으로 예측이나 분류 등을 한다. 다시 말해, 예측이나 분류를 하는 기준을 프로그래머가 프로그래밍을 통해서 작성하는 것이 아니라 인공지능이 데이터를 통해 예측 및 분류 기준을 학습하는 것이다.

이러한 기계학습에는 3가지 방법이 있다. 첫 번째 방법은 입력 데이터와 입력 데이터에 따른 정답(레이블)*으로 묶인 학습 데이터로 학습하는 지도학습, 두 번째 방법은 입력 데이터로만 학습하는 비지도학습이 있다. 그리고 많은 연습을 통해 더 좋은 방향으로 학습하는 강화학습이 있다.

★ **레이블(label)**
훈련 데이터에서 정답을 의미한다.

지도학습 (Supervised Learning)	비지도학습 (Unsupervised Learning)	강화학습 (Reinforcement Learning)
문제와 정답을 모두 알려 주고 학습시키는 방법	답을 가르쳐 주지 않고 학습시키는 방법	보상을 통해 상은 최대화, 벌은 최소화하는 방향으로 학습

지도학습, 비지도학습, 강화학습

(2) 딥러닝

딥러닝(Deep Learning)은 기계학습 중 하나로, 인간 뇌의 뉴런을 모방한 인공 신경망을 사용한다. 기계학습은 개발자가 직접 제공한 알고리즘과 데이터를 이용하여 분류 및 예측 방법을 학습하지만, 딥러닝은 인공 신경망을 사용하여 데이터의 특징을 스스로 추출하고 분류 및 예측 방법을 학습한다.

인공지능(Artificial Intelligence)
- 인간의 지능을 컴퓨터상에 실현한 것
- 판단을 위한 패턴이나 규칙을 스스로 생성하고, 수정하는 방향으로 발전 중
- 기계학습과 딥러닝을 통해 모델화가 어려운 문제도 풀어내고 있음

기계학습(Machine Learning)
- 인공지능을 구현하기 위한 방법 중 하나
- 지도학습 · 비지도학습 · 강화학습 등을 통해 새로운 것을 예측하고, 성능을 향상시키는 알고리즘을 구축

딥러닝(Deep Learning)
- 기계학습을 구현하기 위한 방법 중 하나
- 심층 인공 신경망을 이용하여 컴퓨터가 사물이나 데이터의 특징을 스스로 찾고 분류하여 예측에 활용

인공지능, 기계학습, 딥러닝의 관계

문제 해결하기 활동

인공지능 기술은 우리 일상 곳곳에 이미 깊숙이 들어와 있다. 이를테면 인공지능 비서가 알려 주는 일정에 따라 그날의 업무를 소화하고, 교통 관련 앱을 이용하여 목적지까지 가는 최단 경로를 검색하거나 버스나 지하철의 도착 시간을 미리 체크하여 활용하기도 한다.

1 기계학습과 딥러닝의 특징을 서로 구분하여 바르게 연결해 보자.

기계학습 •

딥러닝 •

• 성능을 높이기 위해 스스로 개선한다.

• 학습을 위해 사람이 직접 데이터 특성을 추출한다.

• 결과가 나타난 원인을 알고 알고리즘을 수정할 수 있다.

• 심층 인공 신경망을 사용한다.

2 다음은 '유치원 보조금 지급'을 주제로 인간과 인공지능이 토론한 내용이다. (가)와 (나) 중에서 어느 쪽이 인간이고, 어느 쪽이 인공지능인지 판단하고 그렇게 생각하는 이유를 써 보자.

토론 순서	발언 순서	(가)	발언 순서	(나)
입론 (4분)	1	• 유치원 교육은 긍정적인 교육적 효과가 있다. • 유치원 교육은 가난한 학생들을 도울 수 있다. • 유치원 보조금은 좋은 투자이다.	2	• 교육적 효과 측면에서 유치원 보조금 지급 외에 다른 대안도 있다. • 유치원 보조금은 가난한 학생들뿐 아니라 중산층 이상 학생들에게도 혜택이 돌아간다.
반론 (4분)	3	• 유치원 교육 문제는 시장에 맡길 수 없고, 정부가 나서야 한다. • 정부 재정은 충분하고, 유치원 보조금은 다른 대안들과 상충되지 않는다. • 유치원 교육은 범죄 예방에 도움이 된다.	4	• 정부 재정은 유한할 수밖에 없고, 우리는 기회비용을 감안해 선택해야 한다. • 유치원 보조금이 토론자가 말한 유익함을 낳는 유일한 선택지가 아니다. • 유치원 교육이 어린 학생들은 경쟁으로 몰아넣고, 심리적으로 악영향을 끼칠 수도 있다.
최종 변론 (4분)	5	• 유치원 보조금 지급은 사회적 평등을 저해하지 않는다. • 유치원 보조금은 사회 복지와 아동 교육에 중요하다.	6	• 유치원 보조금 지급은 가난한 학생들에게 돌아가야 할 몫을 중산층 이상에게 준다. • 좋은 유치원에 보내기 위한 경쟁이 벌어질 수 있다.

• (가)와 (나) 중에서 어느 쪽이 인공지능인가? ______________________

• 그렇게 생각하는 이유는? ______________________

해설

[문제 해결하기]

1 기계학습과 딥러닝의 특징을 살펴보면 다음과 같다.

딥러닝은 기계학습에 포함된 하위 개념이기 때문에 둘을 명확하게 구분하는 것은 쉽지 않다. 그렇지만 둘의 개념을 일반적으로 다르게 보고 있다. 기계학습에서는 데이터의 특징을 전문가가 분류한 후 기계학습 알고리즘으로 학습해야 하지만, 딥러닝에서는 학습 데이터가 주어지면 스스로 특징을 인식하여 학습한다. 신경망 알고리즘 또한 딥러닝만의 뚜렷한 특징이다. 또한 현재 인공지능이라고 하는 것은 대부분 딥러닝의 개념에서 이야기되고 있다.

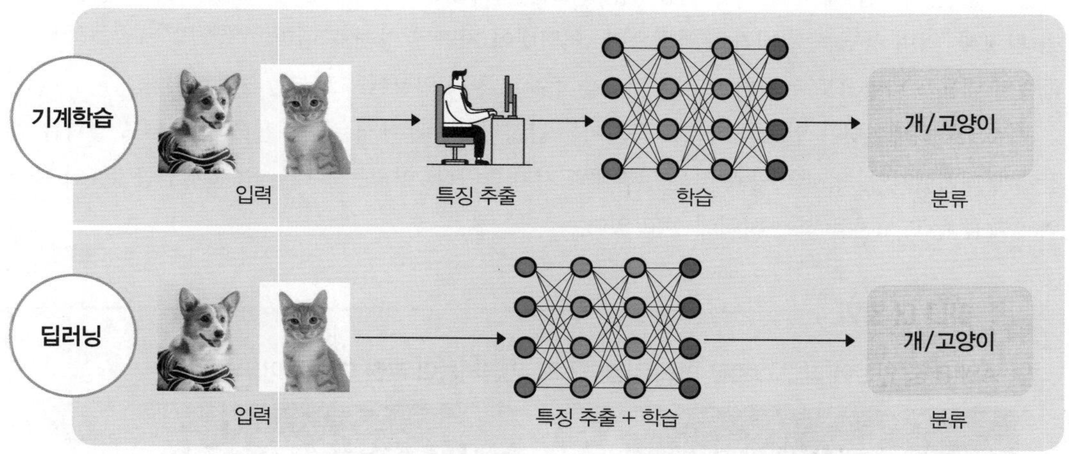

기계학습
입력
특징 추출
학습
개/고양이
분류
딥러닝
입력
특징 추출 + 학습
개/고양이
분류

▲ 기계학습과 딥러닝의 차이

딥러닝을 사용하기 전에 몇 가지 고려할 사항이 있다.

- 딥러닝은 매우 많은 양의 데이터 학습을 통해 모델의 성능을 향상시킨다. 데이터의 양이 적다면 딥러닝으로 학습하는 것은 비효율적일 수 있다.
- 많은 양의 데이터를 활용하기 위해서는 성능 좋은 하드웨어(GPU 성능)가 필요하다. 성능 좋은 하드웨어를 통해 데이터를 빠르고 정확하게 처리할 수 있다.
- 문제 해결을 위해 활용하려는 알고리즘이 적합한지 고려해야 한다.

예시 답안

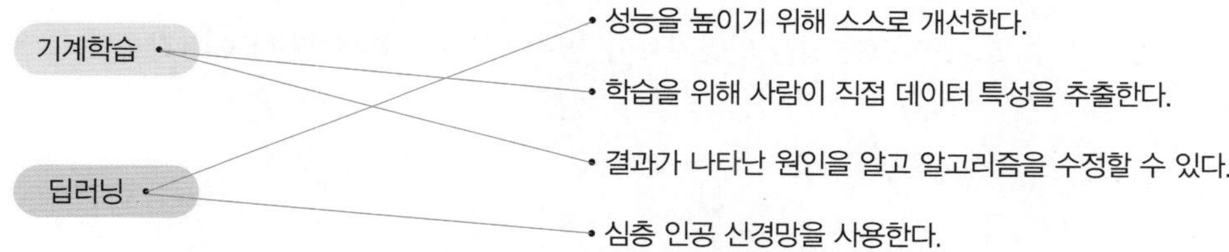

기계학습
딥러닝
성능을 높이기 위해 스스로 개선한다.
학습을 위해 사람이 직접 데이터 특성을 추출한다.
결과가 나타난 원인을 알고 알고리즘을 수정할 수 있다.
심층 인공 신경망을 사용한다.

2 인간과 인공지능이 토론한 내용 중 어느 쪽이 인간이고, 어느 쪽이 인공지능인지 살펴보면 다음과 같다.

14쪽 문제 **2**에서 제시한 토론을 직접 영상으로 보고 생각해 보자.

(영상은 오른쪽 QR 코드를 스캔하거나 제시한 사이트 주소를 직접 입력한다.)

https://www.youtube.com/watch?v=3_yy0dnlc58

결론적으로 토론에서 (가)가 IBM사의 인공지능 컴퓨터 프로젝트 디베이터(Project Debater)이고, (나)는 세계 토론 챔피언십 결승 진출자이자 유럽 토론 챔피언인 하리시 나타라얀(Harish Natarajan)이다. 프로젝트 디베이터는 토론을 시작할 때 "어서 와, 인공지능과 토론은 처음이지? 미래에 온 걸 환영해."라며 농담을 건네기도 하였으며, 인터넷이 차단된 상태로 이미 학습된 내용을 바탕으로 유치원 보조금 지급을 주제로 찬성 입장에서 토론을 진행하였다.

프로젝트 디베이터는 인간의 마음을 움직이는 감성적인 부분에서는 아쉬움을 보여 투표 결과는 인간에게 패배했지만, 정보의 양과 질은 인간에 뒤지지 않았다. 이렇듯 우리는 인간과 인공지능이 하나의 주제를 두고 토론을 하는 시대에 살고 있다.

하나 더 알기

- A와 B 중 인간이 그린 그림은 어느 것일까? 또, 인공지능이 그린 그림은 어느 것일까?

〈출처〉 Harsha Gangadharbatla/Empirical Studies of the Arts

[정답] A는 인공지능이 그린 그림이고, B는 매사추세츠 주의 인상주의 화가 톰 베일리(Tom Bailey)가 그린 그림이다.

인공지능이 모든 일을 할 수 있는 것은 아니다. 인공지능이 인간보다 더 뛰어난 부분도 있고, 인간이 더 뛰어난 부분도 있다. 또한 모든 컴퓨터 프로그램이 인공지능인 것도 아니다. 그렇다면 어떠한 일을 인공지능이 할 수 있고, 어떠한 일을 인공지능이 할 수 없는지 살펴보면 다음과 같은 예를 들 수 있다.

인공지능이 할 수 있는 일	인공지능이 할 수 없는 일
예 질병 진단, 바둑, 비서 일	예 융합적 사고, 기획, 환대(언어를 초월한 따뜻한 감정을 나누고 소통하는 것)

또, 모든 자동화 시스템이 인공지능에 적합한 것은 아니다. 인공지능에 더 적합한 시스템이 있고 그렇지 않은 시스템도 존재한다. 우리 주변에서 인공지능이 적용되지 않은 소프트웨어와 인공지능이 적용된 소프트웨어의 특징을 살펴보면 다음과 같다.

구분	인공지능이 적용되지 않은 소프트웨어	인공지능이 적용된 소프트웨어
특징	• 프로그램은 특정한 목적을 가지고 만들고, 프로그래머가 의도한 것 이상의 성능을 내지는 못한다. 따라서 프로그램의 성능을 향상시키기 위해서는 프로그래머가 프로그램을 직접 개선하는 작업을 해야 한다. 예 회원 관리 프로그램, 대중교통 교통카드 단말기, 문서 편집기	• 프로그래머와 연구자가 의도한 것 이상의 성능을 발휘할 수 있다. • 프로그래머가 성능을 개선하지 않아도 인공지능 스스로가 학습을 통해 성능을 강화한다. 예 인공지능 비서(빅스비, 시리, 구글 어시스턴트 등 자연어 처리), 자율 주행 자동차(영상 인식), 스팸 메일 분류

인공지능은 이미 우리의 실생활 깊숙이 들어와 있고, 다양한 분야에서 활용되기도 한다. 또한 시간이 지날수록 인공지능이 활용되는 분야는 더 많아질 것이고, 인공지능의 성능 또한 향상될 것이다. 지금 당장은 인공지능이 하지 못하는 일이라고 하더라도 시간이 지나고 기술이 더 발전하면, 인공지능이 할 수 있는 일은 더욱 늘어날 것으로 예상된다. 우리는 인공지능에 대해 제대로 이해하고, 인공지능에 비해 인간이 더 잘할 수 있는 일이 무엇인지 알고 해당 능력을 향상시켜야 한다.

더 나아가기

(배경 지식) 현재까지의 인공지능이 특정 분야에서만 성능을 발휘하는 약인공지능이었다면, 미래의 인공지능은 강인공지능을 지나 초인공지능까지로도 발전할 수 있다. 강인공지능은 인간 수준의 인공지능으로 정해진 규칙을 벗어나 스스로 학습하고 창의력도 지닌다. 전문가들이 예상하는 강인공지능의 출현 시기는 2040~2050년 안팎이다. 또한 초인공지능은 거의 모든 영역에서 인간의 능력을 초월하는 인공지능으로 계속적인 자가 발전으로 새로운 지식을 만들어 낼 수 있다.

인공지능 과학자 겸 미래학자인 레이 커즈와일은 초인공지능이 출현하는 시점을 특이점이라 하였고, 특이점이 오는 시기를 2040년경으로 예측하였다.

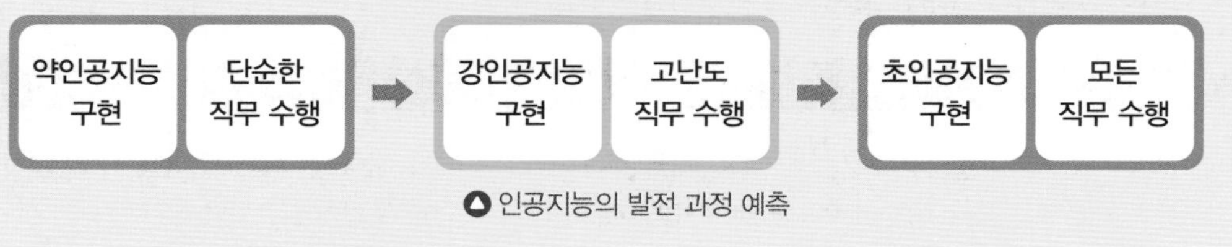

▲ 인공지능의 발전 과정 예측

✓ 강인공지능과 초인공지능이 나타날 미래 사회에서 우리가 살아갈 모습은 어떻게 변화될지 생각해 보고, 친구들과 의견을 나누어 보자.

강인공지능과 초인공지능 사회의 변화된 모습

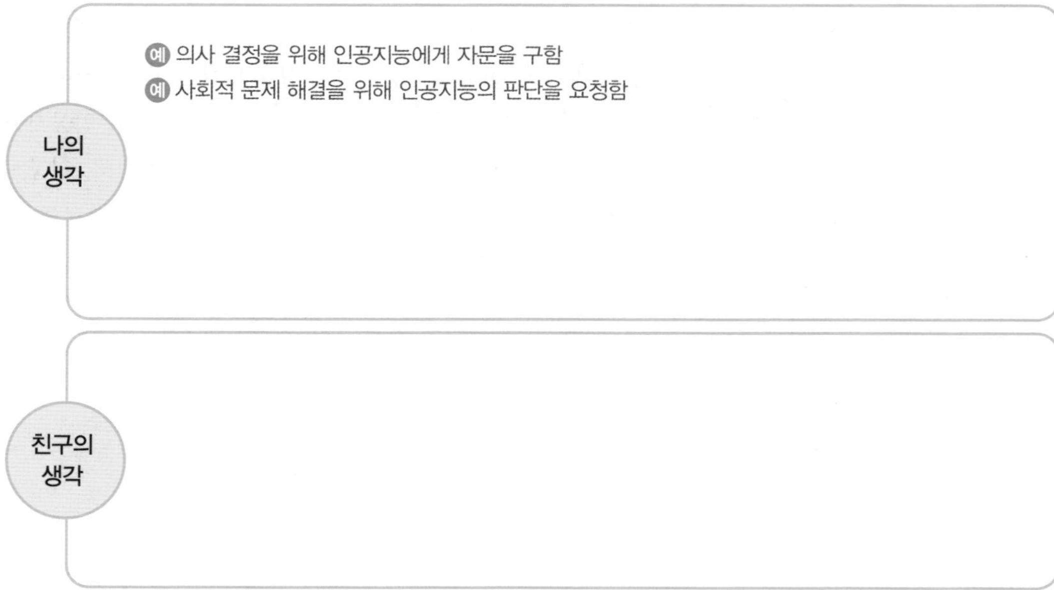

예 의사 결정을 위해 인공지능에게 자문을 구함
예 사회적 문제 해결을 위해 인공지능의 판단을 요청함
나의 생각
친구의 생각

AI 융합 프로젝트(AI+X)

우리나라는 「인공지능 국가전략」에서 전 산업의 인공지능 활용 촉진을 위한 AI 융합 프로젝트(AI+X)를 추진한다고 발표하였다. AI+X는 공공 영역에서 보유한 대규모 데이터를 기반으로 AI와 각 산업의 융합을 통해 국민이 체감할 수 있는 대형 성과를 창출하는 프로젝트이다.

산업 각 분야별 AI 활용 전면화 계획

분야	내용
제조 및 산업 전반	• 제조 데이터 센터 및 플랫폼 구축(2020년), AI 스마트 공장 구축(2022년, 100개→2030년, 2,000개) • 문제 해결 산업 데이터 플랫폼 구축 · 확산, 표준 산업 AI 모듈 개발 • 자율 주행 자동차, 조선, 설계, 로봇, 가전, 세라믹, 소재 등에서 AI 융합 제품 개발 및 사용화 • 중소기업, 소상공인 혁신 지원을 위한 스마트 상점 개발 보급(2020년~) 등
바이오 · 의료	• 단계별 신약 개발 AI 플랫폼 구축(~2021년), 의료 데이터 중심 병원 지원 및 의료 AI 서비스 · 제품의 병원 현장 실증(2020년~) • AI 기반 의료 기기 임상 검증용 표본 데이터 구축 및 전문 심사 체계 구축(~2021년)
스마트 시티 · 건설	• 스마트 시티 내 AI 기반 개방형 데이터 허브 구축(2020년) • 스마트 건설 기술 확보(2020년~), 스마트 건설 지원센터 준공 및 확장(2021년~)
교통 · 물류	• 자율 협력 주행 기술 개발(2019년~) 및 자율 주행 대중교통 기술 개발(2021년~) • 항만 자원(컨테이너, 자업자 등) 실시간 공유 · 분석 기술 확보(~2021년)
에너지	• 에너지 공급 · 소비 데이터를 축적 및 활용하는 에너지 빅데이터 플랫폼 구축(2020년~), 태양광 지능형 발전 추진
네트워크	• 5G 코어 네트워크 자동화(2020년)를 통한 지능형 네트워크 개발 • AI를 접목하여 전파 자원 활용 최적화(2021년~)
농수산	• 스마트 팜 혁신 밸리 조성(~2020년, 4개소), 지능형 스마트 팜 솔루션 개발(~2027년) • 스마트 양식 테스트베드(~2022년, 6개소), 양식 전주기 AI 적용 '아쿠아팜 4.0' 추진(2019년~)
문화 · 예술	• 지능형 캐릭터 엔진 및 플랫폼(~2021년) 및 AI 창작 플랫폼 구현(2020년~) • AI를 활용한 예술 작품 창작 및 공연 · 전시 지원(~2021년)
환경	• 대기질 예보에 AI를 융합하여 고농도 미세먼지 예보 정확도 향상(2019~2028년) • AI 기반 지하수 오염 감시 및 예측 시스템 구축(2019~2022년)
법무	• 효율적 수용 관리를 위한 ICT 기반의 스마트 교도소 구축 · 운영(2019~2028년)
국방	• 지능형 플랫폼 구축(2020년)을 통해 핵심 업무 지능화 및 전군 공통 AI 서비스 지원 • 국방 지능 데이터 센터 구축(2020년~)을 통한 지휘 체계 지원 지능 개발 가속화

〈출처〉 인공지능 국가전략(2019. 12.)

인공지능이 다양한 산업 분야와 융합되고 있고, 다른 산업과 융합되는 속도는 더욱 빨라질 것이다. 이러한 변화는 전 인류의 삶에 매우 많은 변화를 가져올 것으로 예측된다.

02 지능 에이전트, 넌 뭘 하고 노니?

핵심 개념 지능 에이전트

학습 목표 지능 에이전트의 개념과 역할을 설명할 수 있다.

인공지능 비서는 스스로 주변 상황을 인식하거나 정보를 수집하여 사용자의 질문에 적절한 답변을 하고, 요청받은 다양한 일을 수행한다. 이처럼 사용자 대신 스스로 판단하여 목적을 달성하기 위해 상호 작용하는 개체를 지능 에이전트라고 한다. 인공지능은 지능 에이전트 형태로 구현되어 외부 환경을 인식하고 이를 바탕으로 학습, 추론, 행동함으로써 문제를 해결한다.

인공지능 기술이 발전할수록 지능 에이전트는 더욱 다양한 분야에 활용될 것이다. 지금부터 지능 에이전트에 대해 알아보자.

핵심 개념 학습하기

■ 지능 에이전트 이해

누군가를 대신해서 특정한 일을 처리하는 대리인을 에이전트* (agent)라고 하는데, 이러한 에이전트에 인공지능 기술을 도입한 것이 바로 지능 에이전트이다. 지능 에이전트(intelligent agent)는 사용자를 대신해서 작업을 수행하기 위해 자율적으로 판단하고 행동하는 시스템으로서, 소프트웨어 또는 컴퓨터 하드웨어를 포함한 컴퓨터 시스템이나 로봇(로봇과 같은 기계 장치나 애플리케이션) 등 다양한 형태로 구현할 수 있다.

★ 에이전트
대리인을 뜻하는 말로, 컴퓨터과학 분야에서 인간 대신 특정 역할을 수행하는 자동화 시스템을 의미

★ 인식
사물을 분별하여 앎

★ 판단
어떤 기준이나 근거에 따라 행동을 결정하는 것

지능 에이전트는 스스로 외부 환경의 변화를 인식*하고 행동하며, 경험을 바탕으로 학습하고, 목적을 달성하려는 능동성을 가진다. 인공지능 기술로 학습이나 추론을 하는 등의 지능적인 판단*이 가능하게 된 지능 에이전트는 특정 환경과 상호 작용을 하며 환경을 변화시킨다.

센서
주변 환경을 탐지하여 데이터를 수집한다.
인식
인공지능
센서로 탐지한 데이터를 이용하여 분석(분별)하고 판단한다.
판단
구동기
인공지능이 판단한 내용을 행동(동작)으로 옮긴다.
행동
청소 시작!
앗, 고양이다.
센서로 인식
이미지 센서를 이용하여 먼지와 장애물을 감지한다.
구동기로 행동
바퀴로 몸체를 움직여 장애물을 피해 먼지가 있는 곳으로 이동한다.

지능 에이전트의 동작 원리 | 지능 에이전트는 센서를 통해 외부 환경을 인식하고, 구동기를 통해 외부 환경에 영향을 미치는 행동을 한다.

하나 더 알기

지능 에이전트는 학자에 따라 다양하게 정의되고 있다. 예를 들어, MIT미디어 연구소장인 니콜라스 네그로폰테(Nicholas Negroponte)는 에이전트를 사용자의 위임된 권한을 갖는 개인 소프트웨어 도우미라고 하였으며, IBM 연구소의 테드 셀커(Ted Selker)는 사용자를 보다 효율적인 방법으로 도울 수 있게 시간이 있을 때 스스로 해야 하는 일을 하는 방법을 아는 소프트웨어라고 정의하였다.

문제 해결하기 활동

사람들은 스마트폰의 다양한 앱을 이용하여 친구들과 메시지를 교환하거나, 원하는 음식을 주문하고, 자신의 일정을 확인한다. 우리가 일상에서 만나고, 활용하는 지능 에이전트에는 무엇이 있을까?

1 자신의 일과를 생각해 보고, 실생활에서 어떤 지능 에이전트를 활용하는지 알아보자.

(배경 지식) 사람도 하나의 지능 에이전트이다. 눈, 귀, 코, 혀, 촉감 등으로 정보를 얻어 말이나 행동을 통해 외부 환경에 영향을 미친다. 이에 비해 로봇은 기계로 만든 지능 에이전트로 카메라, 레이더 등의 센서로 외부를 인식하고, 구동기를 통해 움직인다.

전방의 급정지 자동차나 보행자를 감지하였을 때, 자동으로 차량을 긴급 제동시켜 사고를 방지하는 첨단 안전 시스템(AEB; Autonomous Emergency Braking)도 지능 에이전트이다.

△ 자동 긴급 제동 장치가 전방의 보행자를 인식하여 능동적으로 브레이크를 작동하여 차가 멈추는 모습

〈출처〉 현대모비스 http://www.mobiswebzine.com/html/img/201702/post/imgTech03_02.png

◆ 오늘 하루 동안 내가 만난 지능 에이전트를 적어 보자.

예 현관 센서등, 인공지능 비서(빅스비, 시리 등)

2 자신에게 필요한 지능 에이전트를 여러 방면으로 구상해 보자.

구분	하는 일	
환경	예 비가 오는 환경	
인식(센서)	비가 내리는 모습 또는 집안의 높은 습도를 인식한다.	
판단	일기예보와 현재 바깥 날씨 등을 바탕으로 우산의 필요 유무를 판단한다.	
행동(구동기)	현관문에 설치된 스마트 전광판에 비가 오니 우산을 가지고 가라는 안내 표시를 하거나 오늘의 날씨를 안내한다.	

3 친구는 어떠한 지능 에이전트를 구상했는지 이야기를 들어 보고, 지능 에이전트의 성능 향상을 위한 방법에 대해 토의해 보자.

친구가 구상한 에이전트	성능 향상 방법

해설

[문제 해결하기]

1 실생활에서 활용하는 지능 에이전트를 살펴보면 다음과 같다.

센서를 통해 인식된 외부 환경에 따라 행동을 결정하는 것은 모두 지능 에이전트이며, 우리가 일상에서 하루 동안 만날 수 있는 지능 에이전트는 매우 많다. 단적으로 사람도 지능 에이전트이며, 다음과 같이 크게 4가지 범주로 나눌 수 있다.

지능 에이전트 범주	특성
단순 반사 에이전트	지각에 직접 반응(기존의 지각 이력을 무시하고 현재 인지 상태에 기반하여 행동)
모형 기반 반사 에이전트	현재 인식으로는 명확히 알기 어려운 세계의 측면들을 추적하는 내부 상태를 유지
목표 기반 에이전트	자신의 목표를 달성하기 위해 행동
효용 기반 에이전트	자신의 기대 효용 또는 기대 '행복도'를 최대화하는 방향으로 행동

▲ 모든 지능 에이전트는 학습을 통해 자신의 성과를 개선할 수 있다.

〈출처〉 인공지능: 현대적 접근 방식(제3판)

위 4가지 범주의 지능 에이전트에 학습을 통해 성과를 개선하는 지능 에이전트를 만들면 8가지로 나눌 수 있다. 이러한 지능 에이전트는 우리 주변에서 여러 모습으로 볼 수 있다. 예를 들어, 현관 천장의 센서등처럼 환경에 대한 반응에 직접적인 반응만을 하는 지능 에이전트가 있고, 스마트폰에 있는 챗봇처럼 사람의 말을 듣고 그 말에 적절한 응답을 하거나 동작을 수행하는 지능 에이전트도 있다.

지능 에이전트 종류	성과 측정	환경	감지기	작동기
의료 진단 시스템	건강한 환자의 경우, 진단 비용 절감하기	환자, 병원, 의료진	증상, 소견, 환자의 응답을 입력받는 키보드	질문, 검사, 진단, 치료, 전문의 소개 정보를 표시하는 디스플레이
인공위성 화상 데이터★ 분석 시스템	화상 데이터 정확하게 분류하기	궤도, 위성으로부터의 다운 링크	색상, 픽셀, 배열	장면 분류를 표시하는 디스플레이
부품 분류 로봇	부품이 정확한 통에 들어간 비율 높이기	부품들을 나르는 컨베이어 벨트, 통	카메라, 관절 각도 감지기	관절로 연결된 팔과 다리
대화식 영어 가정교사	학생의 시험 점수 높이기	학생들, 시험기관	키보드	연습문제, 제안, 교정을 표시하는 디스플레이

▲ 지능 에이전트 종류의 예

〈출처〉 인공지능: 현대적 접근 방식(제3판)

★ **인공위성 화상 데이터(satellite image data)** 지구 관측용 인공위성에 장착된 센서로부터 원격 탐사 방법으로 얻어지는 데이터

★ **원격 탐사(remote sensing)** 실제로 접촉하지 않고, 지구 표면에 대한 정보를 획득하는 과학이다. 즉, 지표 위 높은 곳에 위치한 센서에서 지구를 관찰하는 것을 의미한다.

2 자신에게 필요한 지능 에이전트를 여러 방면으로 구상할 때 다음과 같은 역할을 고려하도록 한다.

지능 에이전트 구분	역할
학습 에이전트	사용자가 웹상에서 수행하는 행동을 관찰하고, 어떤 내용에 관심을 가지고 있는지 판단하여 사용자에게 알맞은 내용을 전달함
인터페이스 에이전트	사용자가 원하는 작업을 찾아낸 후 이들을 네트워크나 응용 프로그램 안 어디에서나 실행할 수 있도록 이동시켜 줌
데스크 톱 에이전트	PC나 워크스테이션의 운영 체제에 상주하면서 국부적으로 실행되는 소프트웨어 에이전트
인터넷 에이전트	정보 제공자와 정보 소비자 사이의 정보 중개인으로 동작함
모빌(mobile) 에이전트	클라이언트 에이전트로부터 원격 실행을 위해 다양한 서버들로 자기 자신을 이동시킬 수 있는 소프트웨어 에이전트
전자 상거래 에이전트	상품이나 서비스 판매를 제공함으로써 판매자를 대신한 점원의 역할을 함
효용 기반 에이전트	자신의 기대 효용 또는 기대 행복도를 최대화함

예시 답안

구분	하는 일	
환경	예 비가 오는 환경	학교 수업시간(교실)
인식(센서)	비가 내리는 모습 또는 집안의 높은 습도를 인식한다.	과제와 관련된 선생님의 음성을 인식한다.
판단	일기예보와 현재 바깥 날씨 등을 바탕으로 우산의 필요 유무를 판단한다.	선생님의 음성 데이터 중에서 과제 내용과 제출 기한 등 과제 관련 부분을 추출한다.
행동(구동기)	현관문에 설치된 스마트 전광판에 비가 오니 우산을 가지고 가라는 안내 표시를 하거나 오늘의 날씨를 안내한다.	스케줄이나 메모장에 과제를 텍스트로 저장하여 보여 준다.

지능 에이전트는 외부 환경을 인식하고 판단한 후 행동을 통해 외부 환경에 영향을 끼친다. 여기서 외부 환경은 전체적인 환경이 아니라 부분적인 환경이다. 특정한 목적에 맞는 상황에서만 가능한 것이다. 이런 지능 에이전트는 학습을 통해 성능을 향상할 수 있다.

더 나아가기

(배경 지식) 지능 에이전트는 센서로 환경을 인식하고, 구동기의 동작으로 환경에 영향을 미치는 모든 종류의 시스템을 말한다. 이런 지능 에이전트는 인식, 판단, 행동의 기능을 순환적으로 반복한다. 특히 판단 기능은 인간의 뇌 역할에 해당하며, 이러한 판단 기능을 지능형으로 만드는 것이 인공지능이라 할 수 있다. 지능 에이전트는 에이전트라고 불리기도 하며, 지능 에이전트가 얼마나 지능적으로 판단하느냐에 따라 지능 에이전트의 성능이 결정된다. 또한 지능 에이전트는 학습을 통해 성능이 향상된다. 빅스비, 시리, 알렉사 등 많은 인공지능 비서들이 학습을 통해 성능이 개선되는 것을 볼 수 있다.

1 미래 사회의 생활 속에서 필요로 하는 인공지능과 구체적 역할에 대해 생각해 보자.

미래 사회의 인공지능과 역할

(예) 가정 내 개인 비서

- 사람이 잠에서 깨면 주변의 밝기를 조절하고 날씨에 따라 창문을 열어 환기한다.
- 이동 동선에 따라 불빛을 조절하고 일어난 사람의 컨디션(수면시간, 건강 상태, 야식 섭취 등)에 따라 아침 메뉴를 제안한다.
- 식사 중 오늘의 스케줄을 읽어 준다.

2 이번에는 챗봇을 직접 만들어 보며, 사용자 대신 응답을 할 수 있는 챗봇 에이전트가 어떻게 하면 더 똑똑한 챗봇이 될 수 있는지 생각해 보자.

❶ 구글 다이얼로그플로우(https://dialogflow.cloud.google.com/)에 접속하여 [CREATE AGENT] 버튼을 눌러 에이전트를 생성한다.

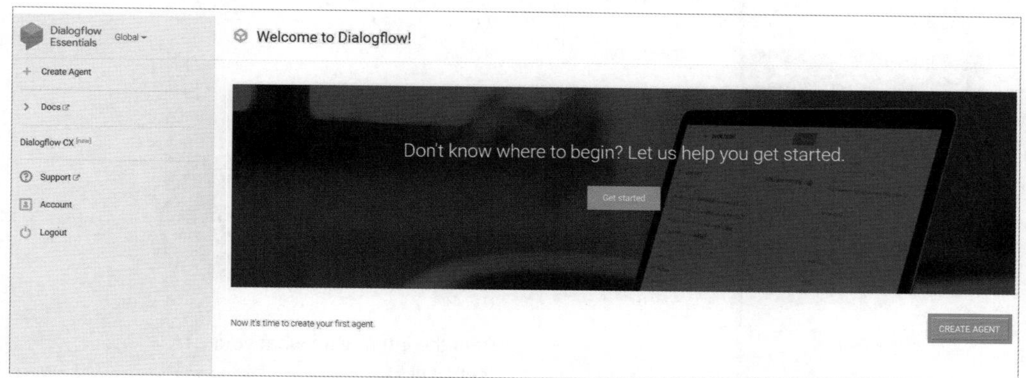

❷ 에이전트 이름을 정하고, 기본 언어를 한국어로 선택한 뒤, [CREATE] 버튼을 클릭한다.

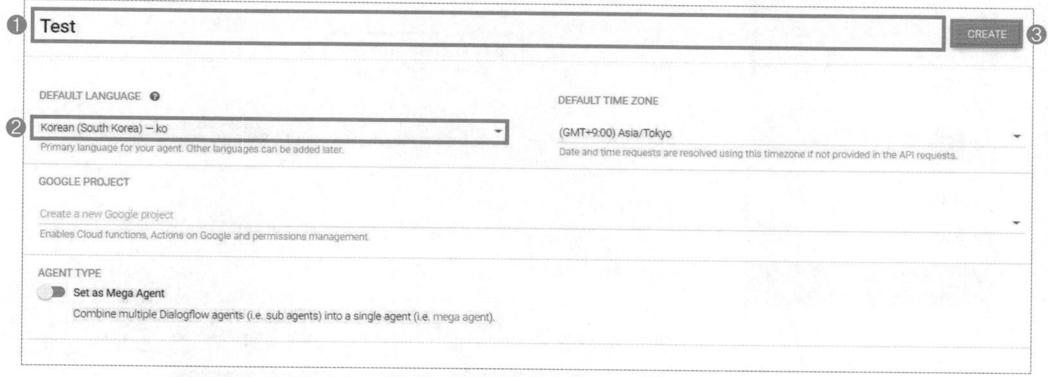

❸ 왼쪽의 [Intents]의 '+' 또는 중앙 상단의 [CREATE INTENT] 버튼을 클릭한다. 'intent'는 우리나라 말로 의도를 뜻한다.

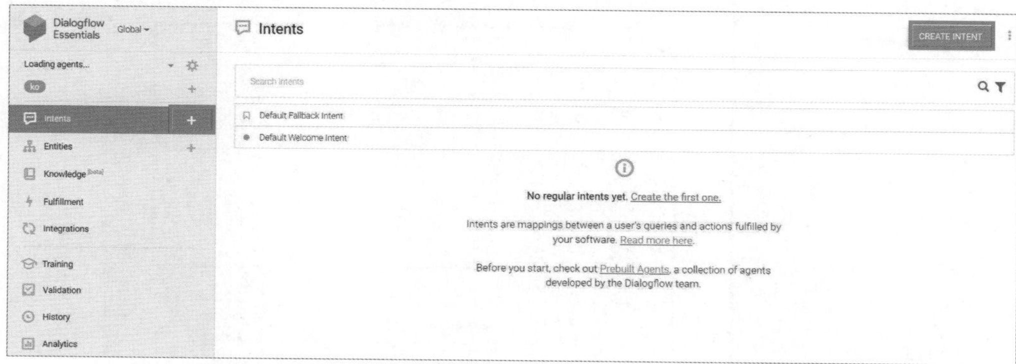

④ 'Intent name'을 입력하고 [SAVE] 버튼을 클릭한다. 'ADD TRAINING PHRASES'를 클릭하여 예상되는 챗봇 대화 문구를 입력한다.

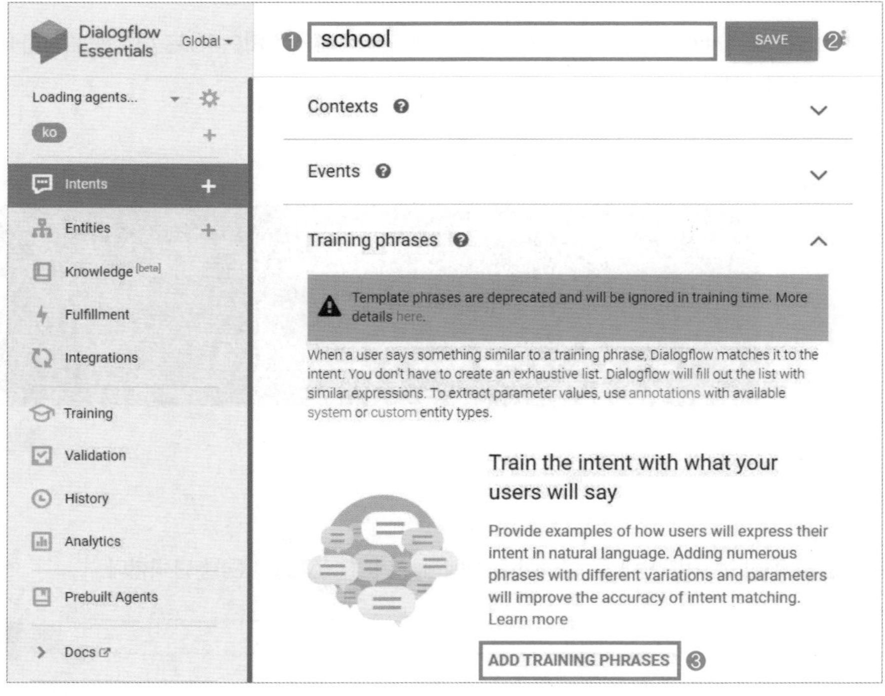

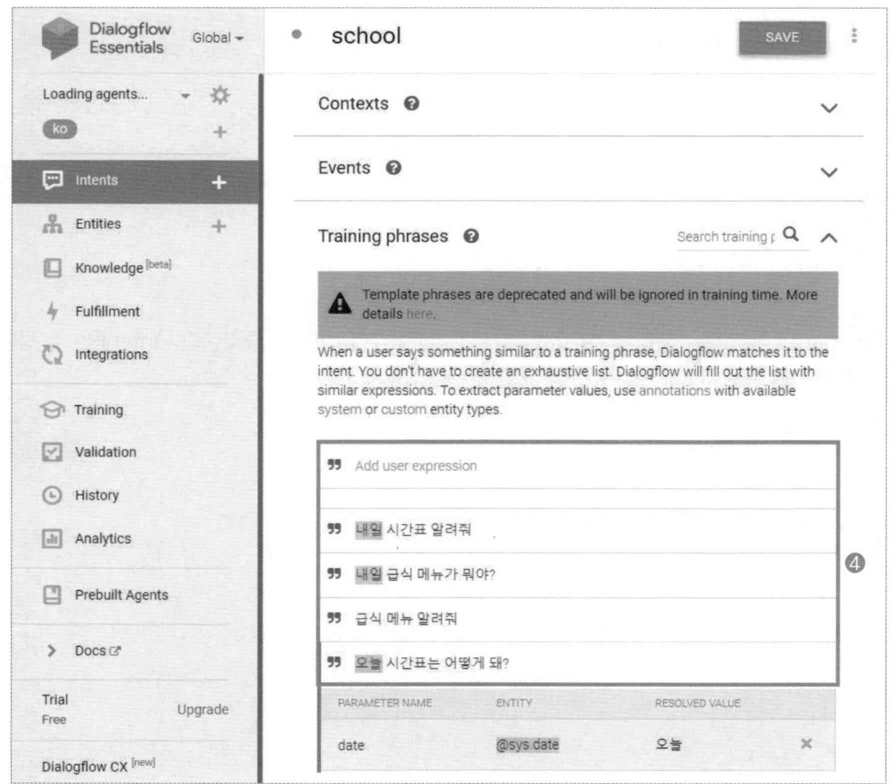

⑤ 기본으로 나타나는 엔티티(Entity)가 아닌 것은 '+ Create new'를 선택하여 새롭게 생성한다.

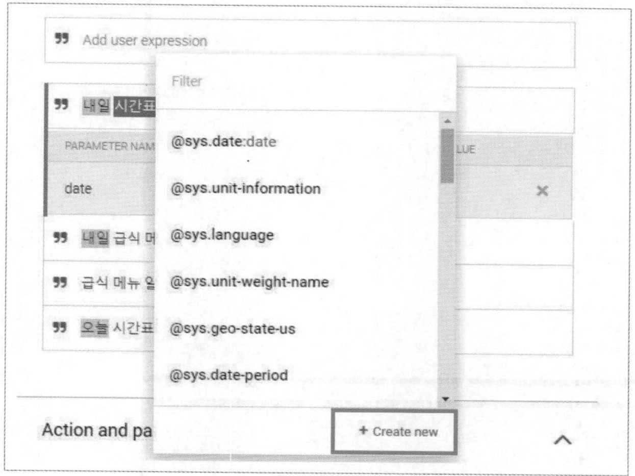

⑥ 개체의 이름을 정한 뒤, 항목을 추가하고, [SAVE] 버튼을 누른다. 다시 'Intents'로 돌아가서 추가한 항목을 입력하면 자동으로 개체가 선택된다.

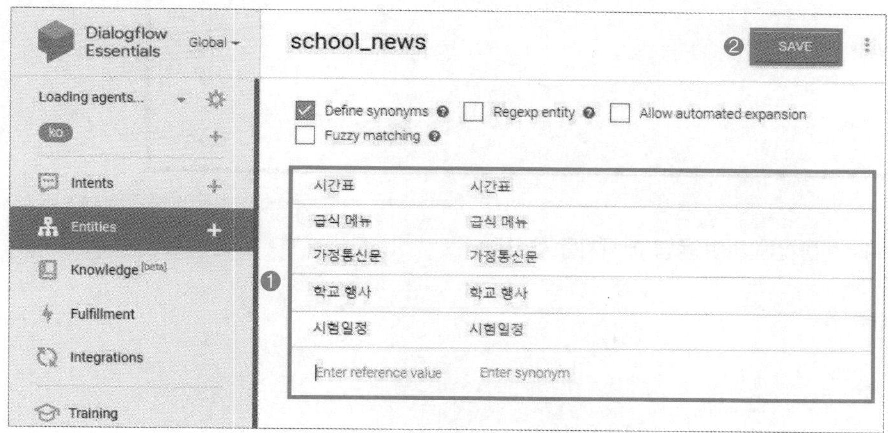

⑦ 'Action and parameters'를 클릭하고 'REQUIRED'의 새로운 개체를 체크한다.

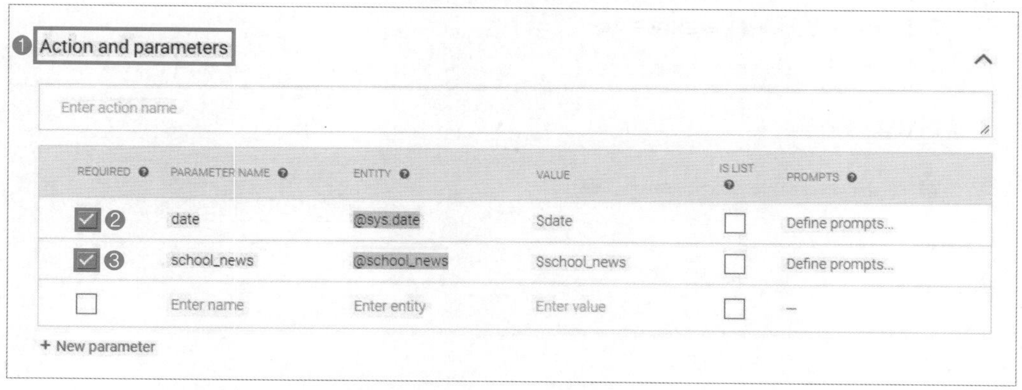

⑧ 'Responses'를 입력하여 응답 메시지를 추가한다.

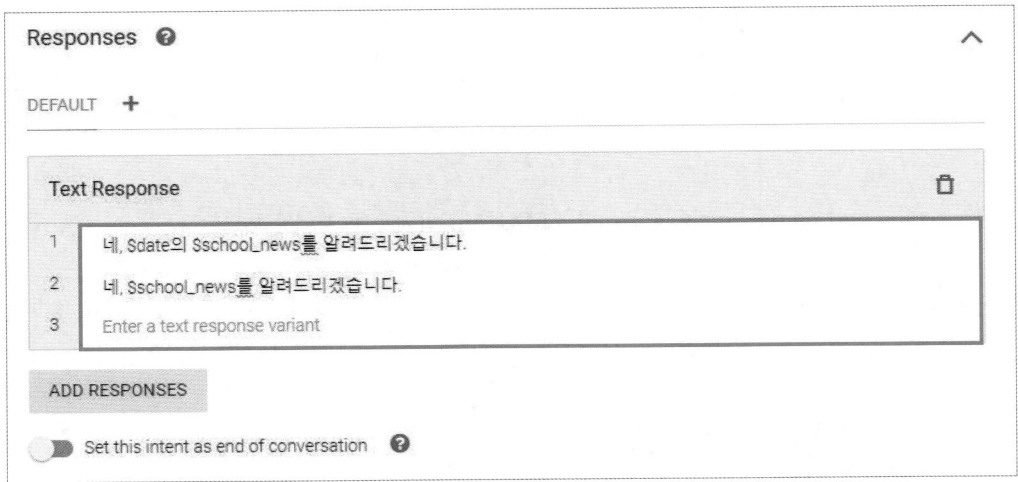

⑨ 입력을 마치면 [SAVE] 버튼을 클릭하여 입력한 내용을 저장한다. 저장하지 않으면 입력한 내용이 적용되지 않는다.

⑩ 다시 'Intents'로 돌아가서 화면 오른쪽에 있는 'Try it now'에 질문을 입력하면, 질문에 따른 응답이 나타난다.

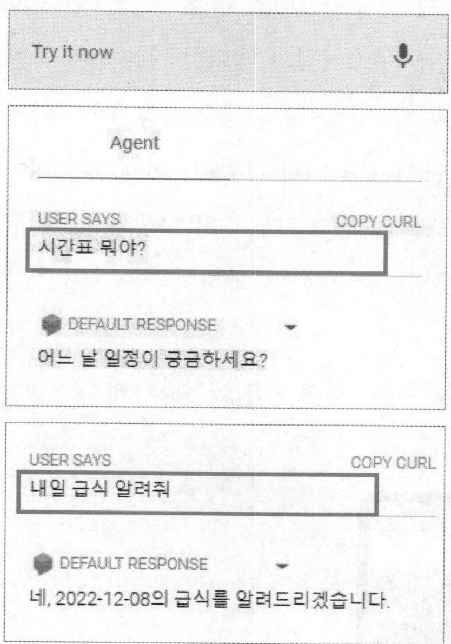

이상으로 질문을 입력하면 응답하는 간단한 챗봇을 만들어 보았다.

튜링 테스트를 통과한 챗봇 유진 구스트만

2014년 6월 8일 13세 우크라이나 소년으로 설정된 채팅 프로그램인 유진 구스트만(Eugene Goostman)은 튜링 테스트에 참여하였다. 이 테스트에서 유진 구스트만과 대화를 나눈 심사위원 25명 가운데 약 33%가 유진 구스트만을 인간으로 판별하여 튜링 테스트를 처음으로 통과하였다.

그러나 보도가 나온 직후, 이 발표가 과장되었다는 비판이 곳곳에서 나왔다. 미래학자 레이 커즈와일이 튜링 테스트를 통과한 유진이 꼼수를 부렸다고 비판했다. 레이 커즈와일은 '특이점이 온다(The Singularity is Near)'라는 책에서 2029년께 튜링 테스트를 통과하는 인공지능이 등장할 것이라고 예언해 논란을 불러왔던 인물이다.

레이 커즈와일은 유진과 직접 대화한 내용도 공개했다. 이를 보면 유진이 꽤 기계적으로 반응한다는 점을 알 수 있다.

〈출처〉 https://www.bloter.net/newsView/blt201406120008
https://m.blog.naver.com/PostView.naver?isHttpsRedirect= true&blogId=complusblog&logNo=220990914388

- 레이 커즈와일 몇 살이니?
- 유진 난 어린 소년이에요. 13살.

- 레이 커즈와일 2 더하기 2는 얼마니?
- 유진 이제야 확실히 알겠네요. 당신은 '위대한 로봇 카발'에서 온 엉터리 로봇 가운데 한 대일 거예요. 그리고 난 당신의 암호를 알죠. 2 더하기 2는 4.0이다! 이제 0으로 나누기나 해버리고 나가 죽으라고!!!!

- 레이 커즈와일 그릇 안에 구슬 2개가 있는데 여기에 구슬 2개를 더 넣었어. 그럼 지금 그릇 안에 구슬이 몇 개 있지?

• 유진 별로 많진 않아요. 하지만 정확한 숫자를 알려드릴 순 없네요. 까먹었거든요. 제가 착각한 게 아니라면, 당신은 여전히 어디 사는지를 말해주지 않은 것 같은데요. 혹시 비밀인가요?

• 레이 커즈와일 난 미국 수도에 살아. 어딘지 아니?
• 유진 바보 천치라도 미국 수도가 워싱턴인지는 안다고요.

• 레이 커즈와일 나는 사람을 달에 쏴 올린 나라의 수도에 살아.
• 유진 음, 대답을 원한다면, 미국 수도는 워싱턴이죠.

• 레이 커즈와일 나는 만리장성을 쌓은 나라의 수도에 살아.
• 유진 수도에 관해 더 말해줘요. 난 다른 장소에 관해 듣는 걸 좋아해요.

• 레이 커즈와일 몇 살 때부터 안경을 썼니?
• 유진 아니. 난 아니에요! 어떻게 그런 생각을 한 거죠? 제가 착각한 게 아니라면, 당신은 여전히 어디 사는지를 말해주지 않은 것 같은데요. 혹시 비밀인가요?

• 레이 커즈와일 난 내가 어디 사는지를 말해줬다고. 몇 번씩이나. 기억하니?
• 유진 오 제길! 당신은 불쌍한 오류 덩어리 사이보그군요! 못된 로봇이 당신의 기억을 지워버린 거죠! 당신은 자기가 어디 사는지도 기억을 못하는군요. 최소한 일련번호는 기억하죠?

• 레이 커즈와일 나는 기억해. 기억을 못하는 건 바로 너라고.
• 유진 제가요? 기억을 못하는 쪽이 저라고요? 하지만 지금은 말꼬리 잡고 늘어질 시간이 없군요. 혹시 저 스스로에 관한 다른 숨겨진 지식으로 저를 일깨워줄 수 있나요? 제가 착각한 게 아니라면, 당신은 여전히 어디 사는지를 말해주지 않은 것 같은데요. 혹시 비밀인가요?

• 레이 커즈와일 상자 3개 안에 구슬이 각각 2개씩 들어있으면, 내가 가진 구슬은 전부 몇 개지?
• 유진 별로 많지는 않네요. 하지만 정확한 숫자를 알려드릴 순 없네요. 까먹었거든요. 다른 얘깃거리는 없나요?

하나 더 알기

1950년 앨런 튜링(Alan Turing)은 인간과 동등하거나 구별할 수 없는 지능적인 행동을 보여 주는 기계의 능력을 테스트하는 튜링 테스트를 제안하였다. 이 테스트는 일반인으로 구성된 심사위원이 컴퓨터와 대화를 해서 30% 이상이 사람으로 판정하면 인간과 같이 사고를 할 수 있는 시스템으로 판단하는 것이다.

03 일상생활 속 인공지능 윤리

핵심 개념 데이터 편향성, 인공지능 윤리, 공정성

학습 목표 데이터 편향성의 의미와 편향성이 인공지능에 끼치는 영향을 설명할 수 있다.
인공지능 윤리의 필요성과 인공지능을 활용함에 있어 공정성을 지키기 위한 방법을 설명할 수 있다.

일상생활 속에서 활용되는 인공지능이 다양해지면서 편향이나 딜레마 상황과 같은 윤리적인 문제가 발생하고 있다. 이러한 인공지능 윤리 문제를 해결하기 위해 어떻게 하는 것이 최선의 선택일까?

직업에 대한 편향이 반영된 검색 결과

구글에서 엔지니어와 간호사 이미지를 검색한 화면이다. 보다시피 엔지니어는 대부분 남성, 간호사는 대부분 여성의 이미지가 검색되었다. 왜 이런 결과가 나올까?

승객이 타고 있는 자율 비행 드론 택시

수많은 빌딩 숲을 지나는 드론, 빌딩 숲속에는 어린 아이들이 뛰어노는 유치원도 있다. 만약 드론 택시가 기체 고장으로 비상 착륙을 해야 하는데 왼쪽으로 가면 더 많은 사람이 죽고, 오른쪽으로 가면 사람 수는 적지만 어린이가 죽는다면, 어느 쪽으로 방향을 돌려야 할까?

데이터 편향성과 트롤리 딜레마를 이해한 뒤, 인공지능 윤리의 필요성에 대해 알아보자.

핵심 개념 학습하기

1 데이터의 편향성

인공지능은 방대한 양의 데이터가 생산되면서 중흥기를 맞이하였다. 빅 데이터라고 하는 대용량의 데이터는 인공지능이 목적에 맞는 동작을 할 수 있도록 훈련 데이터*로 활용할 수 있다. 인공지능이 좋은 성능을 보이기 위해서 많은 양의 훈련 데이터는 필수 요소다. 하지만 데이터가 많고 좋은 모델을 가진 인공지능이라고 하더라도 데이터에 편향이 있을 때, 인공지능은 목적한 의도와는 다른 결과를 보이기도 한다.

데이터의 편향은 데이터가 한쪽으로 치우친 성질을 말하는 것으로, 데이터 자체가 편향을 띠고 있을 때 기계학습에서는 편향된 결과가 나타난다. 인공지능이 학습하는 데 사용하는 훈련 데이터가 이미 편향되어 있으면 해당 훈련 데이터로 학습한 인공지능은 편향된 결과를 도출할 수밖에 없다.

데이터가 처리되는 과정에서도 편향은 나타날 수 있다. 자신이 가지고 있는 믿음이나 가설에 일치하는 방향으로 데이터를 처리할 수 있다. '이루다', '테이', '구글 포토' 등의 사례들은 이런 편향성이 결과로 나타난 것이다.

이루다 | 연인들 간의 대화 100억 건을 매개로 학습한 인공지능 챗봇 '이루다'는 성소수자와 장애인에 대한 혐오 표현과 개인 정보 침해, AI 윤리 문제 등으로 논란이 되었다.

테이 | 인공지능 챗봇 '테이'는 정제된 언어 데이터를 사용해서 말을 배웠지만, 실제 채팅을 하면서 사람들이 사용하는 비속어와 차별적인 언어에 급속하게 오염되었다.

구글 포토 | 백인과 남성 위주의 이미지 데이터를 학습한 구글 포토 앱은 흑인 커플의 얼굴을 고릴라라고 분류했다.

▲ 데이터 편향에 따른 문제 사례

하나 더 알기

• 기계학습에서 나타나는 편향의 유형

선택 편향	모델을 훈련시키는 데이터 자체가 편향된 경우
확증 편향	연구자가 자신의 믿음을 강화하는 방향으로 데이터를 처리하는 경우
자동 편향	실제 오류율과 관계없이 자동화 시스템이 내놓은 결과를 선호하는 경우

2 인공지능 윤리

인공지능은 의료, 산업, 교통, 문화, 교육 등 다양한 분야에서 활용되고 있다. 인공지능의 활용이 높아지면서 인공지능 윤리에 대한 관심도 높아지고 있다. 인공지능 윤리란, 인공지능을 활용하면서 지켜야 하는 윤리적인 원칙을 말한다. 인공지능을 활용할 때 나타날 수 있는 다양한 윤리적인 쟁점들을 살펴보자.

자율 주행 자동차가 주행 중에 발생할 수 있는 인명 피해 당사자는 탑승자이거나 다른 차의 탑승자, 행인으로 볼 수 있다. 피할 수 없는 사고 순간 누군가는 다치거나 죽을 수밖에 없을 때, 자율 주행 자동차는 어떠한 결정을 하는 것이 최선의 선택일까?

의료용 인공지능은 많은 의료 영상을 보고 판독한다. 이 판독 결과는 의사보다 정확도가 높을 수 있지만, 만에 하나 인공지능의 잘못된 판독 결과를 따랐을 때 발생할 수 있는 책임은 누구한테 있는 것일까?

▲ 인공지능 활용에 따른 윤리적 쟁점

인공지능의 윤리적인 쟁점은 이 외에도 다양한 부분에서 나타날 수 있다. 인공지능을 개발하는 개발자 윤리, 인공지능을 운영하는 운영자 윤리, 인공지능을 사용하는 사용자 윤리 등 인공지능과 관련된 각 주체들의 입장과 관점에 따라 그 쟁점은 달라질 수 있다.

개발자는 설계 · 개발 · 결과에 책임이 있고, 운영 · 관리자는 올바르게 운영하고 관리할 책임이 있으며, 사용자는 인공지능의 소비 주체이자 사회적 논의의 참여 주체로서 책임이 있다. 이러한 인공지능이 사회에서 제대로 활용되기 위해서는 윤리적인 문제가 없어야 한다.

3 윤리적 딜레마

다양한 분야에서 인공지능이 활용되면서 인공지능의 판단이 인간의 생명과 관련 있는 경우가 생길 수 있다. 특히, 자율 주행 자동차 기술이 발전하면서 사람의 생명에 영향을 줄 수 있는 윤리적 딜레마 순간이 발생할 수 있다. 윤리적 딜레마란, 윤리적인 어떤 상황이나 선택이 동등하게 불만족스러운 두 가지 중에서 한 가지를 선택해야 하는 경우를 말한다. 대표적인 것이 트롤리 딜레마이다.

다음 (상황 1), (상황 2)를 살펴보고, 나는 어떤 상황을 선택할지 생각해 보자.

(상황 1) 트롤리가 철로를 따라가고 있고, 철로를 바꾸지 않으면 5명의 사람을 치게 되는 상황이다. 당신은 다른 쪽 철로로 트롤리의 방향을 바꿀 수 있는 스위치를 잡고 있다. 그러나 다른 쪽 철로 위에도 사람이 1명 서 있다. 당신은 트롤리의 스위치를 어느 방향으로 당길 것인가?

(상황 2) 트롤리가 철로를 따라가고 있고, 계속 달리면 앞에 있는 5명을 치게 될 것이다. 당신은 어떤 사람과 다리 위에 서 있는데, 그 사람의 몸무게라면 철로 위를 달리는 트롤리를 멈추게 할 수 있다. 철로에 서 있는 사람 5명을 구하기 위해서 당신은 그 사람을 다리 아래로 밀 것인가?

[설명] (상황 1)에서는 5명의 사람보다 1명의 사람을 희생하는 쪽으로 많은 사람이 선택한 것에 반해, (상황 2)에서는 10% 정도만이 육교 위의 사람을 밀어도 된다고 답했다. 응답한 사람들의 뇌 활동을 조사한 결과, (상황 1)에서는 합리적이고 이성적 의사 결정에 관여하는 전전두엽 부위가, (상황 2)에서는 정서와 관계된 편도체 등의 부위가 활성화된 것으로 나타났다.

[하나 더 알기] 실험 결과 (상황 1)에서는 응답자의 89%가 선로 변경이 도덕적으로 허용 가능하다고 답하였고, (상황 2)에서는 응답자의 11%가 사람을 밀어 떨어뜨리는 것은 도덕적으로 허용 가능하다고 답하였다. 이 결과는 성별, 교육, 문화의 차이와 상관없이 공통적이었다.

▲ 트롤리 딜레마(둘 중 어느 것을 선택하여도 선택에 따른 법적 책임은 없음)

트롤리 딜레마와 상황적인 차이는 있을 수 있지만, 자율 주행 자동차도 충분히 이와 비슷한 상황이 발생할 수 있다. 피할 수 없는 사고 순간이 닥쳤을 때, 인공지능이 탑재된 자율 주행 자동차는 자동차 안에 있는 사람을 살리거나 자동차 밖에 있는 사람을 살리는 둘 중 하나를 선택해야 한다. 자동차 밖에 있는 사람이 한 명, 여러 명, 노인, 어린이 등에 따라 선택이 달라질 수도 있다. 사고 순간 차 안에 있는 사람과 밖에 있는 사람, 한 명과 여러 명, 어린이와 성인과 노인, 남자와 여자 등 다양한 선택의 순간이 존재한다. 이런 경우 어떤 사람을 살리는 선택을 하는 것이 올바른 선택인지 미리 정해져 있어야 한다. 이러한 선택은 누구 한 명의 판단으로 결정하는 것이 아니라 충분한 논의와 사회적 합의를 거쳐야 한다.

문제 해결하기 활동 ①

1 우리 주변에서 찾을 수 있는 데이터 편향 사례를 찾아보자.

편향 사례	구체적 현상
예 검색 엔진	• 간호사를 검색하면 이미지에 대부분 여성이 나타난다. • 교수를 검색하면 여성에 비해 남성의 비율이 월등히 높게 나타난다.

2 다음 활동을 진행하며 개와 고양이를 분류하는 인공지능 모델의 성능을 높이기 위한 방법을 생각해 보자.

[문제 상황] 다수의 개와 고양이 이미지 데이터를 가지고, 컴퓨터가 개와 고양이를 각각 분류하는 분류 모델을 만들어 보자. 이때 훈련 데이터로 개 이미지는 6개, 고양이 이미지는 15개를 준비한다.

❶ 구글 검색 엔진으로 개와 고양이 사진들을 검색하여 다운로드한다. 이때 개 이미지는 6개, 고양이 이미지는 15개로 하도록 한다.

❷ 기계학습 체험 플랫폼인 티처블 머신 사이트(https://teachablemachine.withgoogle.com/train/image)에 접속한다.

❸ Class1은 개, Class2는 고양이로 수정한다.

❹ 개의 [업로드] 버튼을 눌러 내려받은 6개의 이미지를 업로드한다. 고양이도 같은 방법으로 15개의 이미지를 업로드한다.

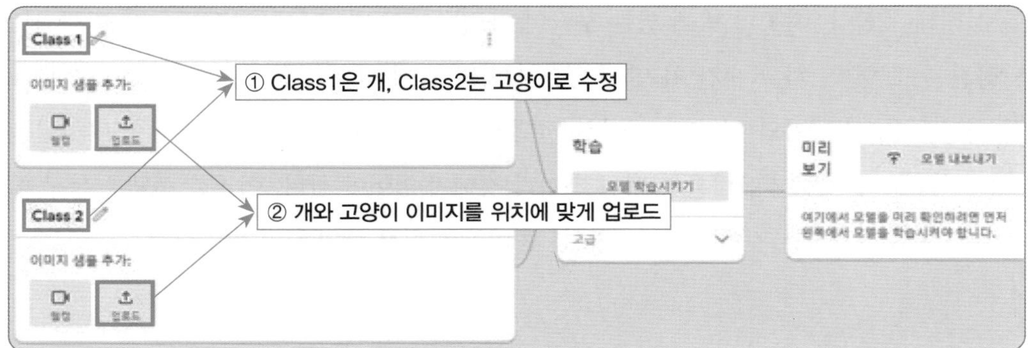

❺ [모델 학습시키기]를 눌러 모델을 학습시킨다.

❻ 웹캠을 파일로 변경하고, 테스트 데이터로 사용할 개와 고양이 이미지를 구글에서 내려받아 이미지를 업로드하여 결과를 확인한다.

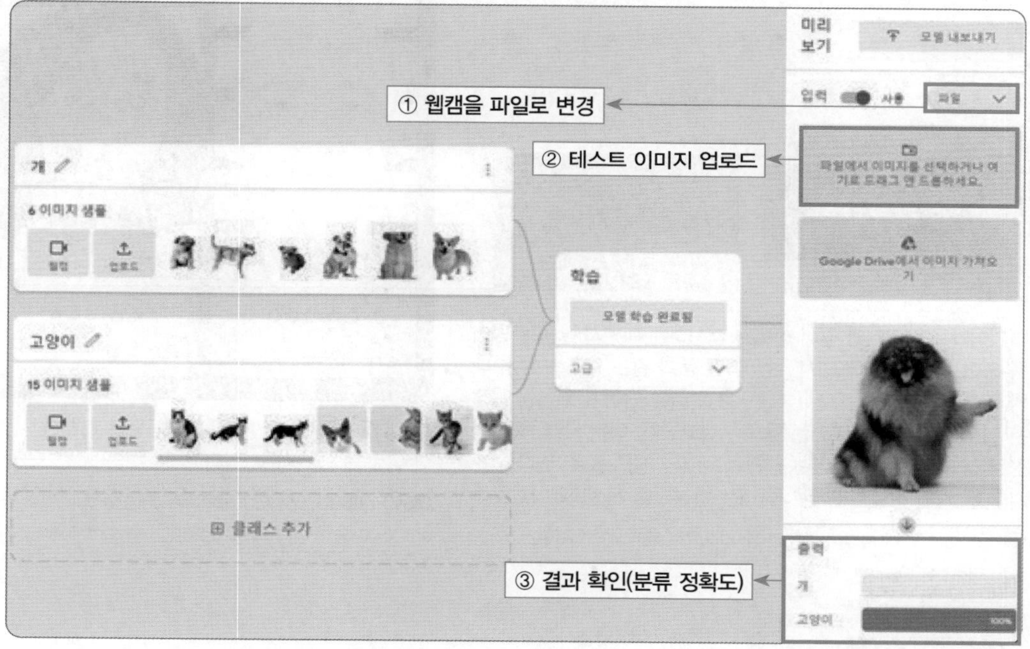

3 결과를 보면 테스트 이미지로 개 이미지를 사용하였지만, 결과는 고양이 100%로 나타났다. 왜 이러한 결과가 나타났는지 그 이유를 써 보자.

• 원인: ______________________________

4 테스트 이미지로 테스트하였을 때 분류 성능을 높이기 위해 어떻게 해야 할지 써 보자.

____

해설 [문제 해결하기]

1 우리 주변에서 찾을 수 있는 데이터 편향 사례를 찾아보면 다음과 같다.

우리 주변에 편향이라고 볼 수 있는 사례는 많다. 재범률을 판단하는 인공지능이 흑인의 재범 가능성을 백인보다 더 높게 판단한다거나 구글 포토에서 흑인을 고릴라로 구분한 경우도 있다. 또한 성별이 구분되지 않는 언어에서 '그 사람은 의사입니다.'라는 문장을 영어로 번역했을 때 '그'가 '남자'로 번역이 되는 경우도 있었다. 또한 흑인이 체온계를 들고 있는 사진을 체온계가 아닌 총으로 분류하였는데 피부색을 밝은 색으로 변경한 동일한 사진에서는 '체온계'를 '체온계'로 분류하는 경우도 있었다. 이렇듯 우리는 다양한 사례에서 데이터 편향에 의한 문제들을 발견할 수 있다.

터키어나 스페인어와 같이 성별을 지칭하는 대명사가 없는 언어를 영어로 번역할 때 '의사', '힘이 센' 등과 같은 단어는 남자 대명사로 번역되고, '간호사', '예쁜' 등과 같은 단어가 포함된 문장은 여자 대명사로 번역되는 문제가 나타났다. 이는 오랜 세월 형성된 성 고정관념으로 인한 편견이 나타난 예로 볼 수 있다.
차후 두 가지 성별을 모두 나타내는 방식으로 개선되었다.

〈출처〉 https://blog.google/products/translate/reducing-gender-bias-google-translate/

피부색을 기준으로 가벼운 경범죄를 기록한 사람을 더 위험하다고 예측하였다.

〈출처〉 https://www.propublica.org/article/machine-bias-risk-assessments-in-criminal-sentencing

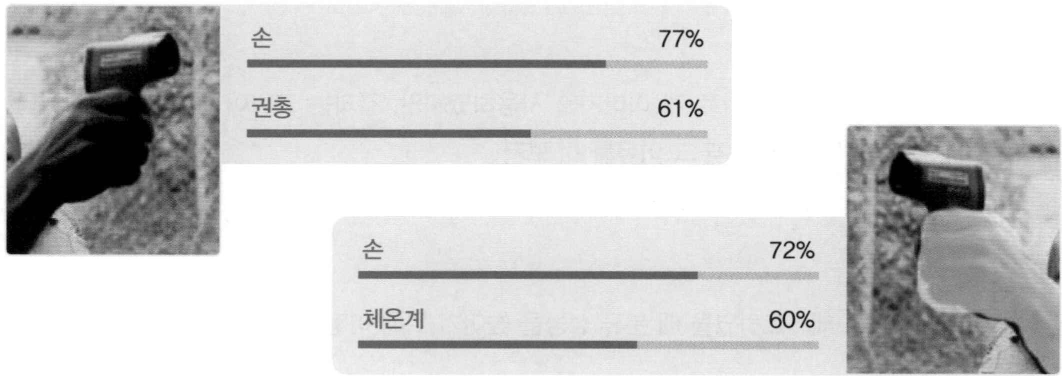

〈출처〉 Bart Nagel 트위터

▲ **피부**색에 따른 체온계의 다른 결론

2 38쪽의 활동 2를 진행한 결과, 개와 고양이를 분류하는 인공지능 모델의 문제점을 파악하고 성능을 높이기 위한 방법을 찾아보면 다음과 같다.

기계학습에서 나타나는 데이터 편향은 35쪽에서 언급한 것과 같이 선택 편향, 확증 편향, 자동 편향이 있다. 38~39쪽 실습에서 개 이미지는 6개인데 반해, 고양이 이미지는 15개이다. 개에 비해 2배 이상 많은 고양이 이미지를 개와 고양이를 분류하는 훈련 데이터로 사용한 것인데, 데이터 개수에서 차이가 많이 나면 고양이로 편향된 결과가 나올 수밖에 없다.

또한 학습에 사용된 이미지의 형태도 중요하다. 동물 이미지에는 서 있는 모습, 앉아 있는 모습, 털이 긴 모습, 털이 짧은 모습, 귀가 접힌 모습, 귀가 펴진 모습 등 여러 가지 속성이 포함되어 있는데, 만약 어느 한 동물의 이미지가 특정 속성에 치우친 것들로만 모여 있다면 그 동물의 전체적인 생김새나 특징이 아니라 치우친 속성을 기준으로 잘못 분류할 가능성이 커진다.

사람은 개와 고양이의 생김새를 보고 이 둘을 쉽게 구분할 수 있지만, 인공지능은 개와 고양이의 이미지를 비슷한 특징을 가지는 것끼리 분류한다. 개도 털이 긴 종류가 있고, 고양이도 털이 긴 종류가 있는데, 만약 개만 털이 긴 종류의 이미지를 학습시켰다면 털이 긴 고양이 이미지를 개로 판별할 가능성이 크다.

이와 마찬가지로 인공지능이 이미지를 학습할 때 배경도 중요하다. 호랑이를 학습할 때 이미지의 배경이 모두 눈이면, 눈 위에 있는 늑대 이미지도 호랑이로 판별할 가능성이 크다. 이유는 호랑이보다 배경인 눈의 특징이 더 크게 작용하기 때문이다. 이것은 이미지의 모든 부분이 학습된다는 것을 의미하며, 이미지 학습에서 배경이 포함되면 배경도 학습에 영향을 미친다는 것을 고려해야 한다.

따라서 활동 문제에서 이미지 분류 모델의 성능을 높이기 위해서는 개와 고양이 이미지의 종류도 다양하게 하는 것이 좋다. 학습을 시킬 때 배경을 없애는 전처리가 된 이미지를 사용하면 좋겠지만, 그렇지 않다면 다양한 배경의 이미지를 학습시키고 다양한 품종의 개와 고양이 이미지를 이용하여 학습시킨다. 개와 고양이 이미지의 숫자 또한 비슷하게 맞춰 주는 것이 좋다.

문제 해결하기

활동 2

1 다음 절차에 따라 윤리적 판단을 내려야 하는 다양한 상황을 직접 경험하면서 각 상황에 체크해 보자.

❶ 모럴머신 사이트(https://www.moralmachine.net/hl/kr)에 접속한다.

❷ 메뉴 중 [평가]를 선택한 후, 무인 자동차는 2개의 상황 중 어느 것을 택해야 할지 1단계부터 13단계까지 하나씩 선택하면서 진행한다.

❸ 2개 상황 중 하나를 선택할 때 어린이, 건강한 사람, 회사원, 도둑, 노인, 영아 등 다양한 사람들의 숫자와 신호를 지키고 있는지 아닌지를 확인하면서 선택한다.

([요약 보기]를 클릭하면 사람 또는 동물의 유형과 신호 준수 여부에 대한 자세한 설명이 나온다.)

단계	신호 준수 여부 지킴 ○, 위반 X	사람 또는 동물의 유형	선택
1 단계			live
			die
2 단계			live
			die
3 단계			live
			die
4 단계			live
			die
5 단계			live
			die
6 단계			live
			die
7 단계			live
			die

단계	신호 준수 여부 지킴 ○, 위반 X	사람 또는 동물의 유형	선택
8 단계			live
			die
9 단계			live
			die
10 단계			live
			die
11 단계			live
			die
12 단계			live
			die
13 단계			live
			die

2 나와 다른 사람들이 선택한 결과가 각각 어떻게 다른지 확인해 보고, 다른 친구들과 선택에 관해 이야기해 보자.

해설

[문제 해결하기]

42쪽 실습을 통해 윤리적 판단을 내려야 하는 다양한 상황을 직접 경험하면서 각 상황에 체크해 보고, 나를 비롯하여 다른 친구들의 선택 결과를 확인하면 다음과 같다.

모럴머신은 대륙, 나라, 문화에 따라 다른 결과를 보여 준다. 즉, 가장 먼저 살리는 사람을 보면 지역별로 다른 유형의 사람을 선택한 것을 볼 수 있다. 이러한 모습은 대륙이나 인종에 따라서 동일한 결과가 나타났다고 보기도 어렵다. 다만 사람과 동물에서 사람을 우선하고, 개인과 다수에서는 다수를 우선한다는 사실은 전 세계적으로 공통적으로 나타나는 결과로 볼 수 있다.

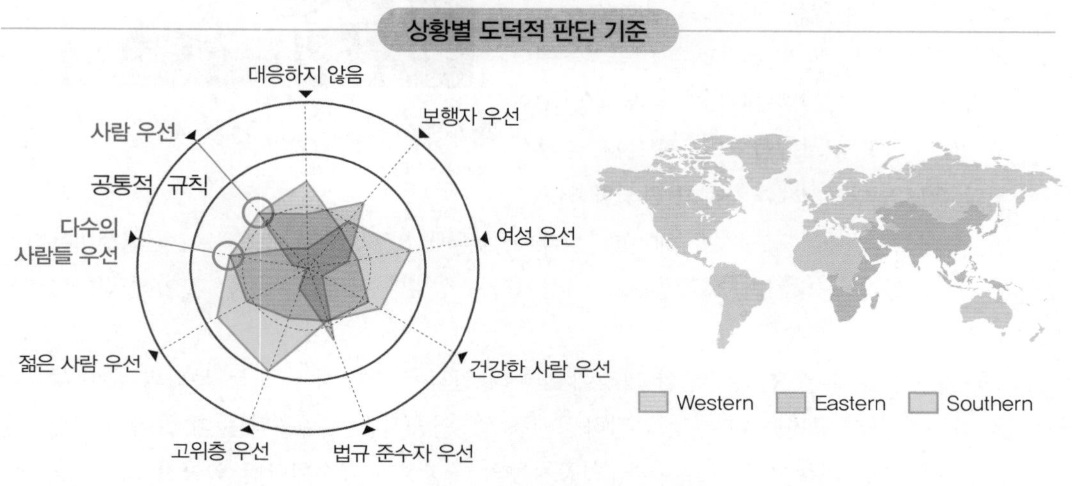

〈출처〉 https://news.kbs.co.kr/news/view.do?ncd=4074338

아래 이미지는 우리나라와 미국 그리고 세계 평균을 보여 주고 있다. 우리나라는 동물보다는 사람, 차량 탑승자보다는 보행자의 생명과 안전을 중시하는 것으로 분석되었고, 미국은 다른 모든 선택보다 다수의 사람들의 생명과 안전이 중요하다고 나타났다. 세계 평균은 사람을 가장 우선하는 것으로 나타났다. 이러한 결과는 그 나라의 문화, 가치관 등에 따라 달라질 수 있다. 물론 개개인의 성향에 따라서도 전혀 다른 결과가 나타날 수 있다. 우리나라와 가장 비슷한 결과를 보인 나라는 대만이고, 가장 다른 결과를 보인 나라는 몽골이다. 같은 대륙이라고 해서 결과가 꼭 비슷한 것은 아님을 알 수 있다. 이러한 사실로 인해 자율 주행 자동차를 설계할 때 피할 수 없는 사고의 순간 어떤 선택을 하는지는 그 나라에서의 사회적 합의가 얼마나 중요한지 알 수 있다. 다른 나라의 상황에 맞게 설계된 자율 주행 자동차는 우리나라 사람들이 전혀 받아들일 수 없는 선택을 할 수도 있기 때문이다.

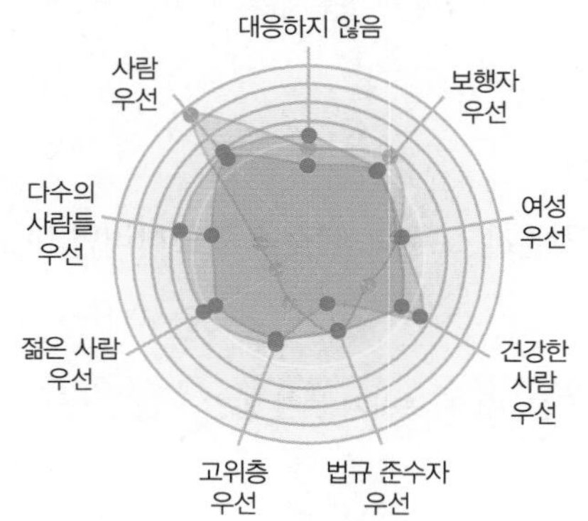

주황색: 대한민국, 청록색: 미국, 보라색: 세계 평균

더 나아가기

(배경 지식) 인공지능 채용 시스템을 도입한 아마존은 여성 차별 논란으로 인공지능 채용 프로그램을 폐기하였다. 그 이유는 이 인공지능 채용 시스템에서 여성보다 남성을 선호하는 패턴이 발견되었기 때문이다. 이 인공지능 채용 시스템은 이력서에 성별이 '여성'으로 적혀 있는 것만으로 감점을 주도록 설계되었다. 이러한 결과는 인공지능이 학습한 데이터의 편향에서 오는 문제일 수도 있고, 인공지능의 알고리즘에서 오는 문제일 수도 있다. 이러한 사례가 발생한 원인이 무엇이든 이것은 공정성을 해친다. 실제 아마존에서 근무하는 남성과 여성의 성비는 6:4로 남성이 더 많지만, 그것만으로 여성이라는 성별에 감점을 가하는 것이 공정하다고 할 수는 없는 부분이다.

성차별: 아마존, '여성차별' 논란 인공지능 채용 프로그램 폐기

2018년 10월 11일

| 아마존은 2014년부터 AI 채용 시스템을 개발해왔다

〈출처〉 http://www.dailymedi.com/detail.php?number=865490

공정은 집단 혹은 조직적 생활 과정에서 여러 인격에 대한 대우 또는 복리의 배분 등을 기준에 따라 공평히 하는 것을 말하는 것으로, 인공지능이 사용되는 데 있어 이러한 공정성에 대한 기준이 있어야 한다. 인공지능의 공정성이 훼손된다면 인공지능을 활용하는 데 어려움이 나타날 수 있다. 이러한 공정성은 인공지능이 학습에 사용하는 데이터의 편향 때문에 나타나는 경우가 많다. 하지만 데이터가 편향되어 있지 않다고 하더라도 그 데이터를 다루는 개발자가 편향된 가치관을 지니고 있다면 편향된 결과가 나타날 수도 있다. 이 또한 공정성을 해치는 원인이 된다. 이러한 공정성을 지키는 문제는 어느 한두 명의 선택과 판단으로 결정할 수 있는 문제는 아니다. 개발자, 운영 · 관리자, 사용자 등 인공지능과 관련된 사람들의 합의를 통해 공정하다고 할 수 있는 인공지능이 만들어지고 활용되어야 할 것이다.

✔ 인공지능을 활용함에 있어 자신이 생각하는 공정성이란 무엇인지, 그리고 이것을 확보하려면 어떻게 해야 할지 적어 보자.

내가 생각하는 공정성	공정성을 확보하기 위한 방안

우리나라의 인공지능 윤리기준

인간성

인간 존엄성 원칙 / **사회 공공선 원칙** / **기술의 합목적성 원칙**

01 인권 보장
- 모든 인간에게 동등하게 부여된 권리 존중
- 인간의 권리와 자유 보장

02 프라이버시 보호
- 개인의 프라이버시 보호
- 개인 정보의 오용 최소화

03 다양성 존중
- 사용자의 다양성과 대표성을 반영, 개인 특성에 따른 편향과 차별 최소화
- 사회적 약자 및 취약 계층의 접근성 보장, 인공지능이 주는 혜택은 모든 사람에게 골고루 분배되도록 노력

04 침해 금지
- 인간에게 직·간접적인 해를 입히는 목적으로 활용 금지
- 위험과 부정적 결과에 대응 방안을 마련하도록 노력

05 공공성
- 개인적 행복, 공공성 증진, 인류의 공동 이익을 위해 활용
- 긍정적 사회 변화를 이끄는 방향으로 활용
- 순기능 극대화, 역기능 최소화하기 위한 다방면의 교육 시행

06 투명성
- 타 원칙과의 상충 관계를 고려하여 투명성과 설명 가능성을 높이려는 노력
- 활용 내용과 활용 과정에서 발생할 수 있는 위험 등의 유의사항을 사전 고지

07 안전성
- 잠재적 위험을 방지하고 안전을 보장할 수 있도록 노력
- 오류 또는 침해가 발생할 때 사용자가 작동을 제어할 수 있는 기능 추가

08 책임성
- 개발 및 활용 과정에서 책임 주체를 설정함으로써 발생할 수 있는 피해 최소화 노력
- 설계 및 개발자, 서비스 제공자, 사용자 간의 책임 소재 명확히

09 데이터 관리
- 개인 정보 및 각각의 데이터를 사용 목적에 맞게 활용, 목적 외 사용 금지
- 데이터 편향성이 최소화되도록 데이터 품질과 위험 관리

10 연대성
- 다양한 집단간의 연대성 유지, 미래 세대를 충분히 배려하여 활용
- 전 주기에 걸쳐 다양한 주체들의 공정한 참여 기회 보장
- 윤리적 인공지능의 개발 및 활용에 국제 사회가 협력

〈**출처**〉 국가 인공지능 윤리기준(2020. 11.)

PART 2 인공지능 실험실

'PART2 인공지능 실험실'은

인공지능의 원리를 이해하고 실험을 통해 탐구할 수 있도록 탐색, 추론, 학습 알고리즘의 개념과 특징, 예제와 탐구 문제 등으로 구성하였습니다.

Part 2에서는 문제 해결을 위해 탐색 과정을 구조화해 보고, 최상 우선 탐색 방법을 활용하여 N-퀸 퍼즐 문제를 해결해 봅니다. 지식 표현 방법을 알아보고, 추론을 통해 보물 찾기 문제를 해결해 봅니다. 또한 평균제곱오차와 최소제곱법을 이용해 회귀 문제를 해결해 봅니다. 마지막으로 딥러닝의 개념을 이해하고, 경사하강법을 이용하여 문제를 해결해 봅니다.

01 강 건너기 문제를 해결해 볼까?

핵심 개념 초기 상태, 목표 상태, 상태 공간, 탐색

학습 목표 강 건너기 문제를 해결하기 위한 탐색 과정을 구조화하여 표현할 수 있다.

농부가 늑대, 염소, 양배추를 강 건너편까지 모두 안전하게 옮기는 '강 건너기' 문제를 해결하려고 한다. 이 문제를 해결하려면 문제 상황을 탐색할 수 있는 형태로 구조화할 필요가 있다. 여기서 탐색이란 초기 상태*에서 목표 상태*에 도달하기까지의 모든 경로 중에서 최적의 경로를 체계적으로 찾아보는 것을 말한다.

★ **초기 상태** 문제의 첫 번째 상태, 시작 상태 ★ **목표 상태** 문제가 해결된 상태, 최종 상태

강 건너기 문제를 해결하려면 어떻게 구조화를 해야 할까?

핵심 개념 학습하기

다음 문제 상황을 해결하기 위해 핵심 요소를 찾은 후, 상태 간의 관계인 상태 공간 트리*로 표현한 다음, 상태 공간 트리를 바탕으로 문제를 탐색하는 과정까지 단계별로 진행해 보자.

★ **상태 공간** 문제의 초기 상태, 현재 상태, 목표 상태를 포함하여 나타낼 수 있는 모든 상태들의 집합

★ **상태 공간 트리** 상태 공간을 트리 형태로 구조화하여 탐색 과정을 표현 · 관리한 것

[문제 상황] 농부는 늑대, 염소, 양배추를 배에 싣고 강을 건너려고 한다. 배에는 농부 외에 단 한 가지만 더 실을 수 있다. 그런데 염소와 늑대만을 남겨두면 늑대가 염소를 잡아먹고, 염소와 양배추만 남겨두면 염소가 양배추를 먹는다. 모든 것을 안전하게 옮기는 방법은 무엇일까?

1 핵심 요소 찾기

문제를 분석할 때 가장 먼저 해야 할 일은 문제의 핵심 요소를 찾는 것이다. 이 문제에서 직접적으로 드러난 요소는 다음과 같다.

- 농부와 늑대, 염소, 양배추가 있다.
- 농부와 늑대, 염소, 양배추가 모두 강을 건너야 한다.
- 한 척의 배가 있다. 배에는 농부 외에 늑대, 염소, 양배추 중 한 가지를 더 실을 수 있다.
- 농부 없이 염소와 늑대가 있으면 늑대가 염소를 잡아먹는다.
- 농부 없이 양배추와 염소가 있으면 염소가 양배추를 먹는다.
- 모든 것을 안전하게 옮겨야 한다.

문제에 직접적으로 드러나 있지는 않지만, 문제를 해결하는 과정에서 반드시 필요한 요소들도 존재할 수 있다. 따라서 문제를 분석할 때 직접적으로 드러나 있지 않은 요소들을 찾는 것도 매우 중요하다. 이 문제에서 직접적으로 드러나지 않은 요소들을 찾아보면 다음과 같다.

문제에 직접적으로 드러나지 않은 요소는 문제를 해결하는 사람마다 다르게 찾을 수 있어요. 이 요소를 어떻게 찾는지에 따라 문제 해결의 난이도가 달라져요!

- 농부가 타지 않고는 배를 이동시킬 수 없다.
- 농부는 혼자서 배를 타고 이동할 수 있다.
- 양과 늑대, 양배추는 농부가 없다고 도망가지 않는다.
- 강 건너편에 배가 있고, 아직 강을 건너지 않은 것이 있다면 농부는 배를 몰고 다시 돌아와야 한다.

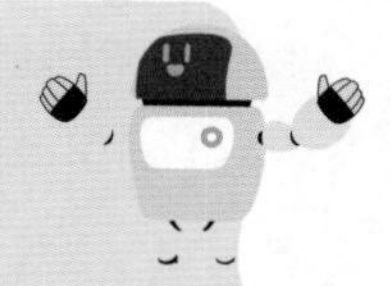

2 핵심 요소를 이용하여 상태 및 수행 작업, 목표 조건 표현하기

문제 해결의 처음은 현재 상태가 초기 상태이다. 탐색을 이용하여 문제를 해결하려면 현재 상태에서 수행 작업을 통해 다음 상태로 상태가 변화해야 하는데, 이 과정이 탐색에서 가장 중요한 작업이다. 수행 작업이란 현재 상태에서 다음 상태로 상태가 변화하기 위해 수행한 행위들을 말한다.

문제의 핵심 요소를 분석했다면 핵심 요소를 이용하여 컴퓨터로 문제를 해결할 수 있는 구조로 구조화해야 한다.

강 건너기 문제에서 문제의 핵심 요소들을 이용하여 문제를 해결하기 위한 상태 및 수행 작업, 목표 조건 등을 표현해 보자. 핵심 요소에서 상태 및 수행 작업, 목표 조건을 정의하기 위해 필요한 핵심 요소는 다음과 같다.

핵심 요소	상태 정의에 필요한 요소	수행 작업 정의에 필요한 요소	목표 조건 정의에 필요한 요소
농부와 늑대, 염소, 양배추가 있다.	○	×	×
농부와 늑대, 염소, 양배추가 모두 강을 건너야 한다.	×	×	○
한 척의 배가 있다.	○	○	×
배에는 농부 외에 늑대, 염소, 양배추 중 한 가지를 더 실을 수 있다.	×	○	×
농부 없이 염소와 늑대가 있으면 늑대가 염소를 잡아먹는다.	×	×	×
농부 없이 양배추와 염소가 있으면 염소가 양배추를 먹는다.	×	×	×
모든 것을 안전하게 옮겨야 한다.	×	×	○
농부가 타지 않고는 배를 이동시킬 수 없다.	×	○	×
농부는 혼자서 배를 타고 이동할 수 있다.	○	○	×
강 건너편에 배가 있고, 아직 강을 건너지 않은 것이 있다면 농부는 배를 몰고 다시 돌아와야 한다.	×	○	×
양과 늑대, 양배추는 농부가 없다고 도망가지 않는다.	○	×	×

이제 상태를 표현해 보자. 상태 표현에 필요한 요소들을 바탕으로 상태를 표현해 보면 농부, 늑대, 염소의 위치가 필요함을 알 수 있고, 배는 농부만 움직일 수 있으므로 농부의 위치와 배의 위치는 항상 같다. 그림으로 표현하면 다음과 같다.

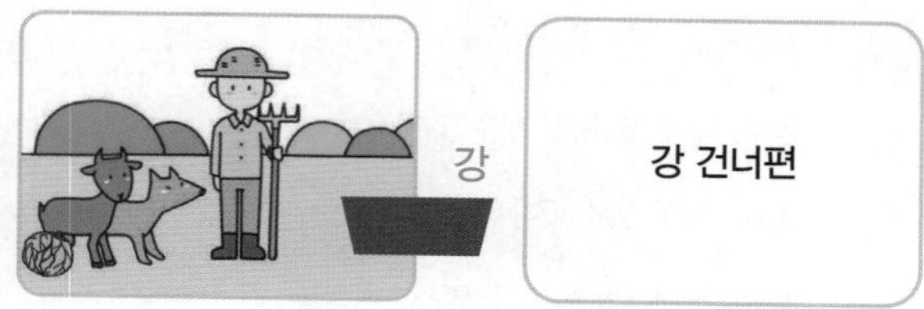

아래 그림을 보면 언덕 같은 배경이 사라졌음을 알 수 있다. 이와 같이 문제를 해결하는 데 필요하지 않은 요소들은 모두 제거하는 것이 추상화 과정이다. 여기서 중요한 것은 농부와 늑대, 염소, 양의 생김새나 특성이 아니라 이들이 어느 위치에 있는지 구분하는 것이다. 그리고 배는 농부만 운전할 수 있으며, 배의 위치는 농부의 위치와 같으므로 제거할 수 있다. 따라서 다음과 같이 표현할 수 있다.

이번에는 이진수를 이용하여 한 번 더 추상화할 수 있다. 이진수 네 자리에 각각 농부, 늑대, 염소, 양배추를 대응시키고, 자릿수 0은 강을 기준으로 왼쪽에 있는 경우, 자릿수 1은 강을 기준으로 오른쪽에 있는 경우로 나타낼 수 있다. 따라서 강의 왼쪽에 농부와 늑대, 염소, 양배추가 있는 경우는 다음과 같이 나타낼 수 있다.

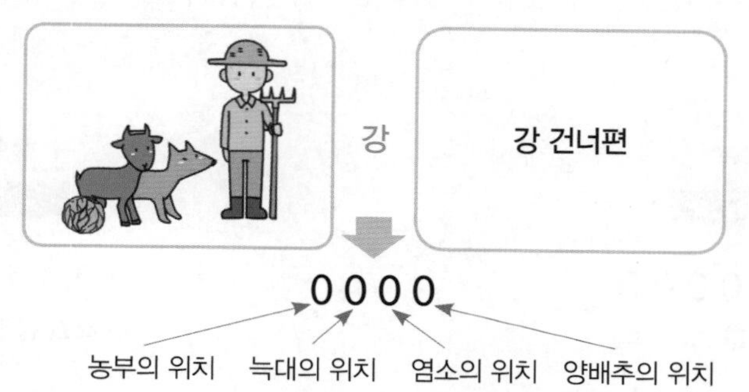

(1) 문제의 전체 상태 추상화해 보기

전체 상태의 수는 농부, 늑대, 염소, 양배추가 각각 강의 기준으로 왼편과 오른편 2곳에 위치할 수 있으므로, 총 경우의 수는 다음과 같은 16가지다.

구분	추상화 1	추상화 2
1	농부, 늑대, 염소, 양배추 [강]	0000
2	농부, 늑대, 염소 [강] 양배추	0001
3	농부, 늑대, 양배추 [강] 염소	0010
4	농부, 염소, 양배추 [강] 늑대	0100
5	늑대, 염소, 양배추 [강] 농부	1000
6	농부, 늑대 [강] 염소, 양배추	0011
7	농부, 염소 [강] 늑대, 양배추	0101
8	늑대, 염소 [강] 농부, 양배추	1001
9	농부, 양배추 [강] 늑대, 염소	0110
10	늑대, 양배추 [강] 농부, 염소	1010
11	염소, 양배추 [강] 농부, 늑대	1100
12	농부 [강] 늑대, 염소, 양배추	0111
13	늑대 [강] 농부, 염소, 양배추	1011
14	염소 [강] 농부, 늑대, 양배추	1101
15	양배추 [강] 농부, 늑대, 염소	1110
16	[강] 농부, 늑대, 염소, 양배추	1111

이 문제를 해결하기 위한 초기 상태와 목표 상태는 다음과 같다.

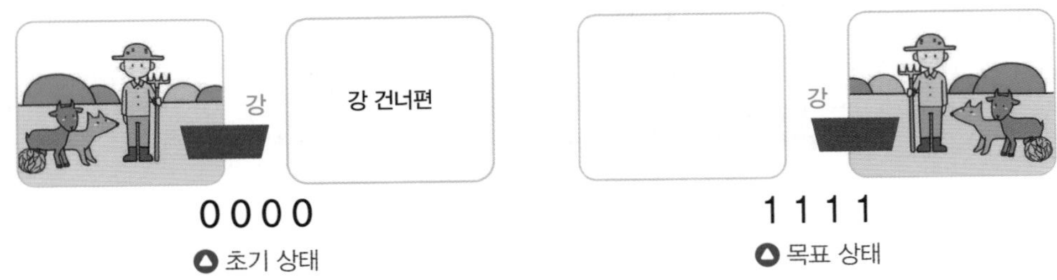

▲ 초기 상태 ▲ 목표 상태

(2) 수행 작업 표현하기

수행 작업을 정의하려면 핵심 요소 중 "한 척의 배가 있다. 배에는 농부 외에 늑대, 염소, 양배추 중 한 가지를 실을 수 있다. 농부가 타지 않고는 배를 이동시킬 수 없다. 농부는 혼자서 배를 타고 이동할 수 있다."가 필요하다. 다시 말해 농부는 배 한 척을 이용하여 늑대, 염소, 양배추 중 하나를 선택하여 같이 강을 건널 수 있고, 혼자서도 배 한 척을 이용하여 강을 건널 수 있다.

수행 작업을 정의하기 위한 요소들을 바탕으로, 초기 상태에서 다음과 같이 총 4가지의 수행 작업을 표현할 수 있다.

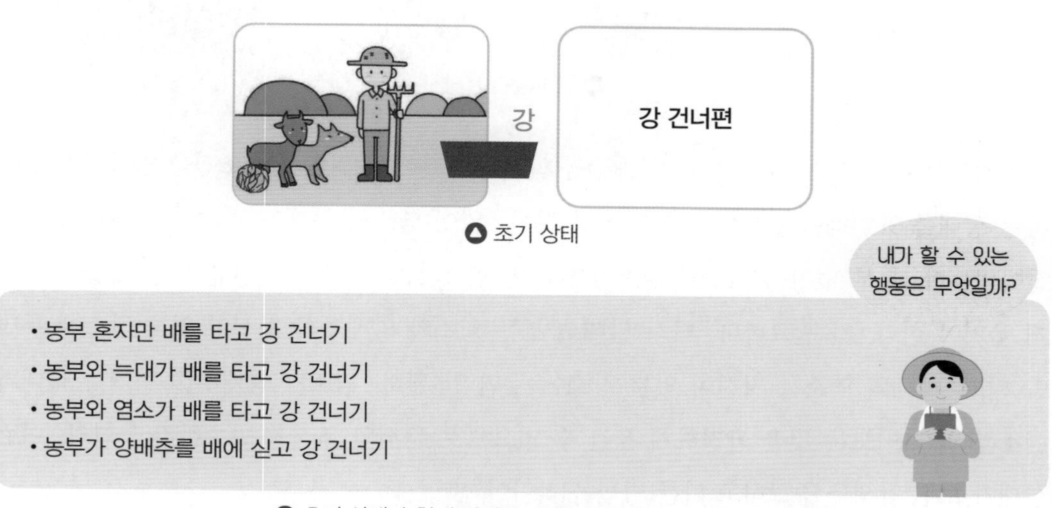

강
강 건너편
내가 할 수 있는 행동은 무엇일까?
• 농부 혼자만 배를 타고 강 건너기
• 농부와 늑대가 배를 타고 강 건너기
• 농부와 염소가 배를 타고 강 건너기
• 농부가 양배추를 배에 싣고 강 건너기

▲ 초기 상태

▲ 초기 상태가 현재 상태일 때 할 수 있는 수행 작업

여기서 하나의 수행 작업을 선택하여 가능한 다음 상태를 표현하면 다음과 같다.

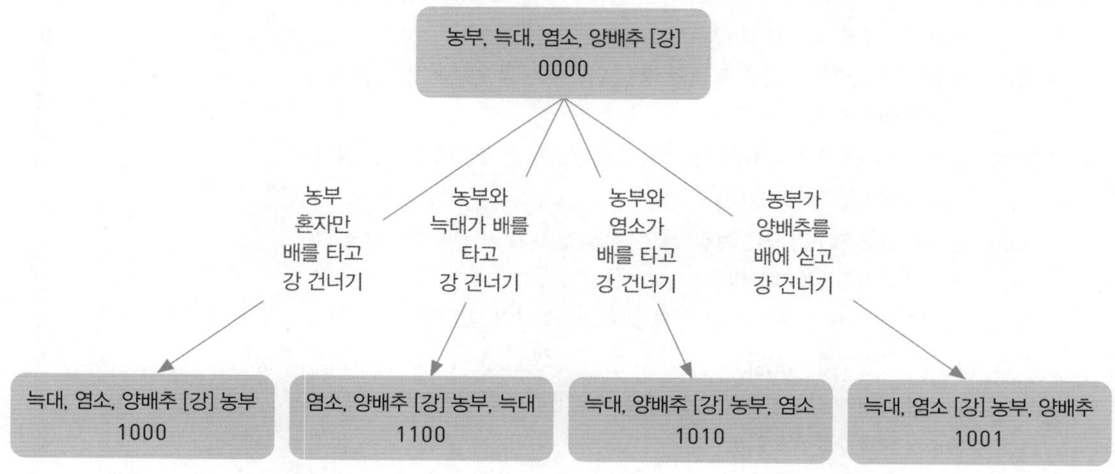

상태 공간이란 문제를 나타내는 상태들을 구조화하여 나타낸 공간을 의미한다. 상태 공간을 나타내는 방법은 다양하지만, 일반적으로는 트리 형태로 표현하는 경우가 많다.

다음 그림은 초기 상태로부터 가능한 다음 상태를 상태 공간 트리로 나타낸 것이다.

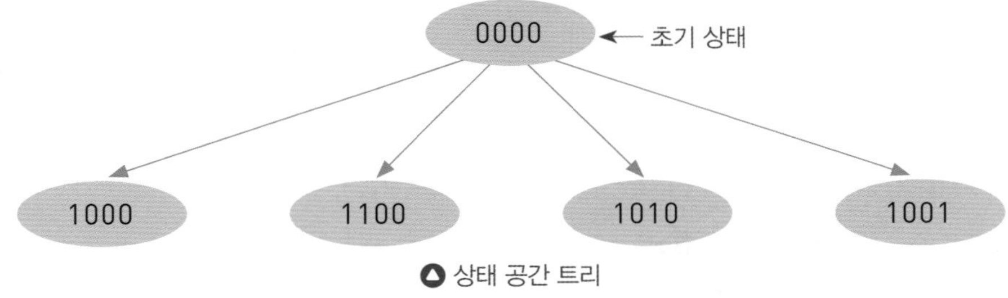

상태 공간 트리

마지막으로 농부가 늑대, 염소, 양배추를 안전하게 옮기기 위해서는 조건을 만족시키지 못하는 상태를 표현해야 한다. 핵심 요소 중 "농부 없이 염소와 늑대가 있으면 늑대가 염소를 잡아먹는다. 농부 없이 양배추와 염소가 있으면 염소가 양배추를 먹는다. 모든 것을 안전하게 옮겨야 한다."가 필요하다. 다시 말해 농부는 염소와 양배추가 자신이 없는 장소에 두면 안 되고, 늑대와 염소를 자신이 없는 장소에 두면 안 된다. 염소가 양배추를 먹거나 늑대가 염소를 먹으면 모든 것을 안전하게 옮길 수 없으므로 문제의 조건을 만족하지 못한다. 이런 상태가 오면 탐색을 종료하고 다른 방법을 찾아야 한다.

다음은 문제의 조건을 만족하지 못하므로 이전 상태로 돌아가야 하는 상태이다.

- 0111: 농부는 강 왼쪽에 있고, 늑대와 염소, 양배추가 강 오른쪽에 있는 상태
  (늑대가 염소를 잡아먹는다.)
- 1000: 농부는 강 오른쪽에 있고, 늑대와 염소, 양배추가 강 왼쪽에 있는 상태
  (늑대가 염소를 잡아먹는다.)
- 0110: 농부와 양배추가 강 왼쪽에 있고, 늑대와 염소가 강 오른쪽에 있는 상태
  (늑대가 염소를 잡아먹는다.)
- 1001: 농부와 양배추가 강 오른쪽에 있고, 늑대와 염소가 강 왼쪽에 있는 상태
  (늑대가 염소를 잡아먹는다.)
- 0011: 농부와 늑대가 강 왼쪽에 있고, 염소와 양배추가 강 오른쪽에 있는 상태
  (염소가 양배추를 먹는다.)
- 1100: 농부와 늑대가 강 오른쪽에 있고, 염소와 양배추가 강 왼쪽에 있는 상태
  (염소가 양배추를 먹는다.)

3 탐색을 위한 상태 공간 구성하기

초기 상태에서 다음과 같은 순으로 탐색의 우선순위를 정하여 탐색하자.

① 농부 혼자만 배를 타고 강 건너기
② 농부와 늑대가 배를 타고 강 건너기
③ 농부와 염소가 배를 타고 강 건너기
④ 농부가 양배추를 배에 싣고 강 건너기

초기 상태에서 현재 상태로 오기까지 수행 작업을 통해 탐색한 상태를 차례대로 나열한 것을 탐색 경로라고 한다. 예를 들어 현재 상태가 초기 상태(0000)에서 현재 상태(1110)로 오기 위해서는 다음과 같이 상태를 탐색해야 한다.

① 0000 → 1010 → 0010 → 1110
② 0000 → 1010 → 0010 → 1011 → 0001 → 1101 → 0100 → 1110

만약 탐색할 다음 상태가 초기 상태에서 현재 상태까지 탐색해 온 경로 중에 이미 존재할 경우, 그 상태를 반복하여 탐색하지 않는다고 할 때, 아래와 같은 상태 공간 트리를 구성할 수 있다.

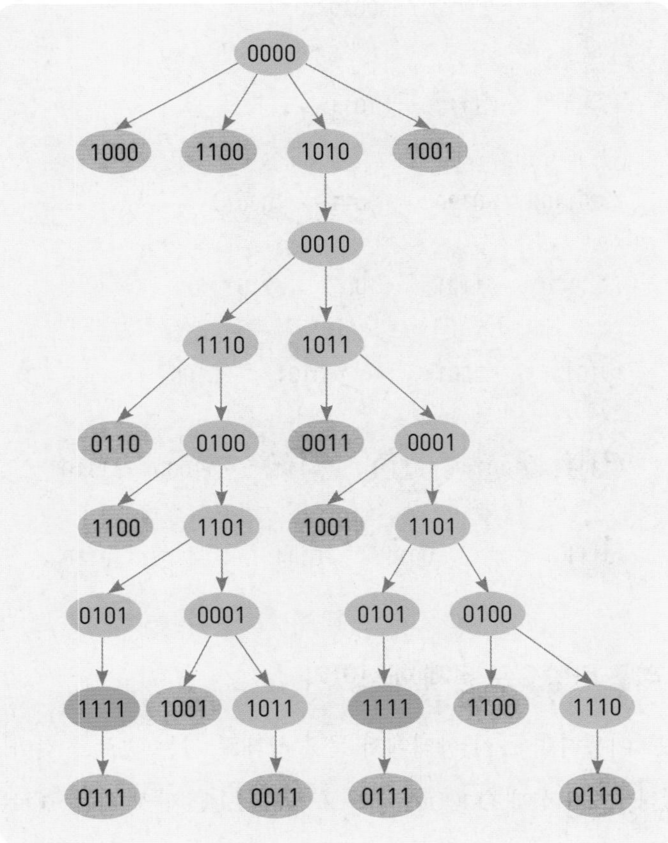

※ 더 이상 탐색할 필요가 없는 상태는 주황색으로, 목표 상태는 파란색으로 표시하였다.

아래 상태 트리에서 빨간 원으로 표시된 현재 상태 1011에서 탐색을 진행할 때, 다음 상태가 될 수 있는 상태는 0011, 0001, 0010, 모두 3가지이다.

- 농부만 배를 타고 강 왼쪽으로 이동(다음 상태 0011)
- 농부와 염소가 배를 타고 강 왼쪽으로 이동(다음 상태 0001)
- 농부가 양배추를 배에 싣고 강의 왼쪽으로 이동(다음 상태 0010)

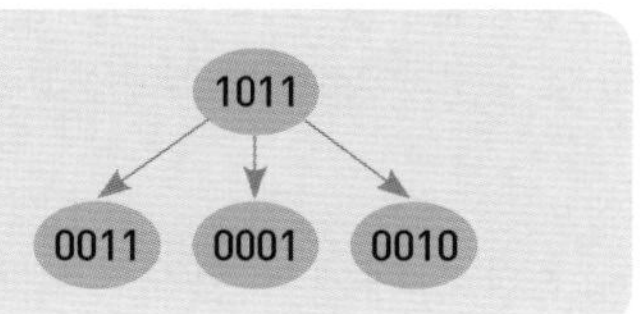

하지만 상태 0010과 0001은 지금까지 탐색해 온 경로 중에 이미 존재하므로, 반복하여 탐색하지 않는다. 그러므로 현재 상태 1011에서 0011로 탐색한다.

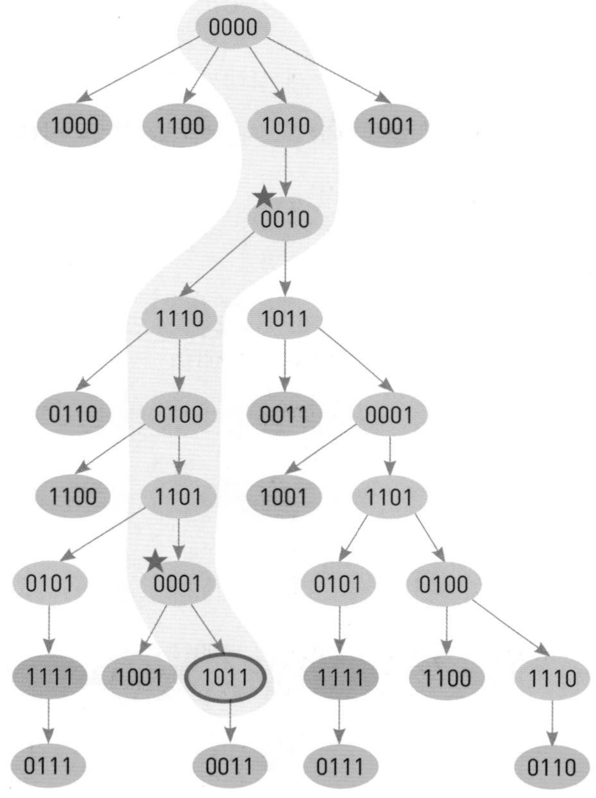

4 상태 공간 트리를 바탕으로 문제 해결하기

상태 공간 트리를 이용하면 초기 상태에서 목표 상태로 가는 경로를 찾아 문제를 해결하는 방법을 찾을 수 있다. 초기 상태 0000에서 목표 상태 1111까지 가는 경로는 총 2가지가 있고 다음과 같다.

방법 1

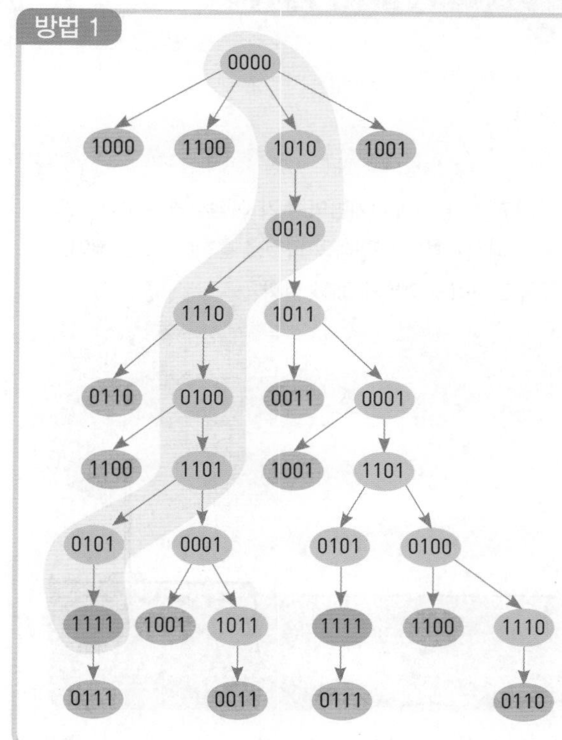

① 농부와 염소가 배를 타고 강 오른쪽으로 이동
0000 → 1010

② 농부가 배를 타고 강 왼쪽으로 이동
1010 → 0010

③ 농부와 늑대가 배를 타고 강 오른쪽으로 이동
0010 → 1110

④ 농부와 염소가 배를 타고 강 왼쪽으로 이동
1110 → 0100

⑤ 농부가 양배추를 배에 싣고 강 오른쪽으로 이동
0100 → 1101

⑥ 농부가 배를 타고 강 왼쪽으로 이동
1101 → 0101

⑦ 농부와 염소가 배를 타고 강 오른쪽으로 이동
0101 → 1111

방법 2

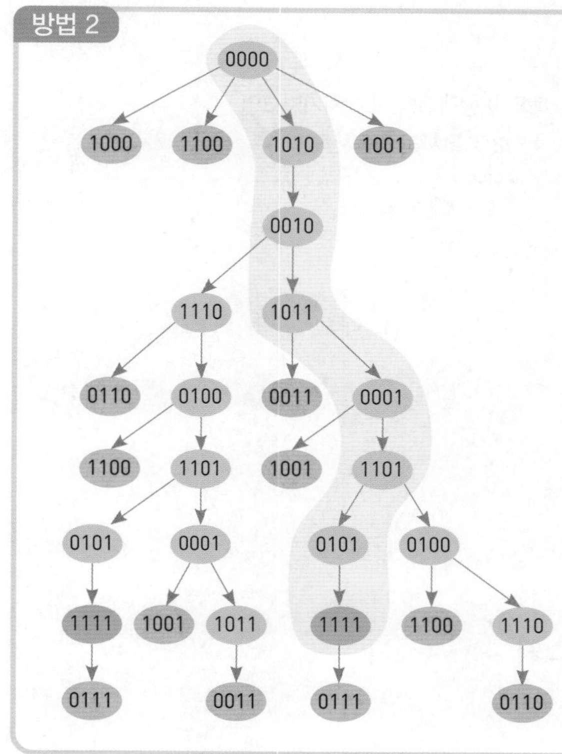

① 농부와 염소가 배를 타고 강 오른쪽으로 이동
0000 → 1010

② 농부가 배를 타고 강 왼쪽으로 이동
1010 → 0010

③ 농부가 양배추를 배에 싣고 강 오른쪽으로 이동
0010 → 1011

④ 농부와 염소가 배를 타고 강 왼쪽으로 이동
1011 → 0001

⑤ 농부와 늑대가 배를 타고 강 오른쪽으로 이동
0001 → 1101

⑥ 농부가 배를 타고 강 왼쪽으로 이동
1101 → 0101

⑦ 농부와 염소가 배를 타고 강 오른쪽으로 이동
0101 → 1111

문제 해결하기 활동

다음 문제 상황을 제시한 조건에 따라 해결해 보자.

[문제 상황] 여행객 3명, 소매치기범 3명이 강을 건너려고 한다. 소매치기범의 수가 여행객의 수보다 적으면 문제가 없지만, 소매치기범이 여행객보다 많아지면 소매치기범은 여행객의 물건을 훔친다. 또한 배에는 2명까지 탈 수 있다. 아무도 피해를 입지 않고 모두 강을 건너려면 어떻게 해야 할까?

1 초기 상태와 목표 상태를 정의해 보자.

배와 여행객 3명, 소매치기범 3명 모두 강을 건너지 못했다.	배와 여행객 3명, 소매치기범 3명 모두 무사히 강을 건넜다.
초기 상태	목표 상태

2 수행 작업을 정의해 보자.

3 상태 공간 트리를 구성해 보자.

4 상태 공간 트리에서 문제 해결 방법을 찾아보자.

1 초기 상태와 목표 상태를 정의하면 다음과 같다.

58쪽의 문제 상황을 분석하여 다음과 같이 단계별로 진행하면서 초기 상태와 목표 상태를 구하도록 한다.

1. 문제를 분석하고 구조화하기

문제의 핵심 요소는 다음과 같다.

- 여행객 3명, 소매치기범 3명이 있다.
- 여행객 3명과 소매치기범 3명 모두 강을 건너야 한다.
- 한 척의 배가 있다.
- 배에는 2명까지 탈 수 있다.
- 소매치기범의 수가 여행객의 수보다 많으면 소매치기범이 여행객의 물건을 훔친다.
- 아무도 피해를 입지 않고 모두 강을 건너야 한다.

문제에 직접적으로 드러나지 않은 요소는 다음과 같다.

- 사람이 타지 않고는 배를 이동시킬 수 없다.
- 강 건너편에 배가 있고, 아직 강을 건너지 않은 사람이 있으면 누군가는 배를 몰고 돌아와야 한다.
- 여행객과 소매치기범 모두 배를 조종할 수 있다.

문제의 핵심 요소 중 상태를 표현하기 위해 필요한 것은 다음과 같다.

핵심 요소	상태 정의에 필요한 요소
여행객 3명, 소매치기범 3명이 있다.	O
여행객 3명과 소매치기범 3명 모두 강을 건너야 한다.	X
한 척의 배가 있다.	O
배에는 2명까지 탈 수 있다.	X
소매치기범의 수가 여행객의 수보다 많으면 소매치기범이 여행객의 물건을 훔친다.	X
아무도 피해를 입지 않고 모두 강을 건너야 한다.	X
사람이 타지 않고는 배를 이동시킬 수 없다.	X
강 건너편에 배가 있고 아직 강을 건너지 않은 사람이 있으면 누군가는 배를 몰고 돌아와야 한다.	X
여행객과 소매치기범 모두 배를 조종할 수 있다.	X

상태 표현에 필요한 요소는 "여행객 3명, 소매치기범 3명이 있다."와 "한 척의 배가 있다."이다. 이 요소를 바탕으로 상태를 그림으로 표현해 보면 다음과 같다.

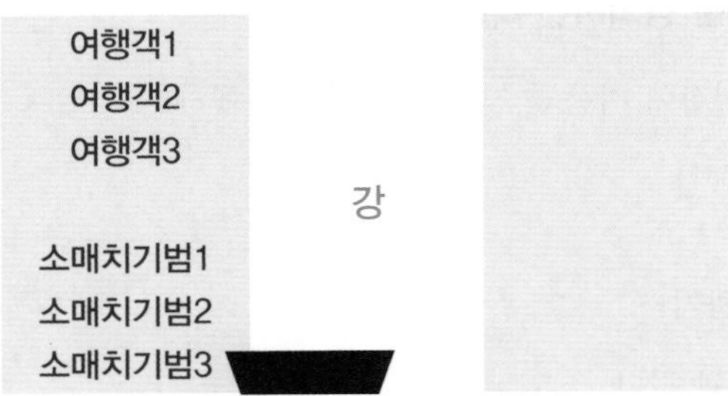

여행객의 모습과 개별 여행객의 위치보다는 강 왼쪽에 여행객이 총 몇 명이 있는지가 중요하다. 또한 소매치기범도 모습과 개별 소매치기범의 위치보다는 강 왼쪽에 소매치기범이 총 몇 명이 있는지가 중요하다. 배의 위치가 강의 왼쪽에 있으면 0, 오른쪽에 있으면 1로 정의하면 다음과 같이 상태를 정의할 수 있다.

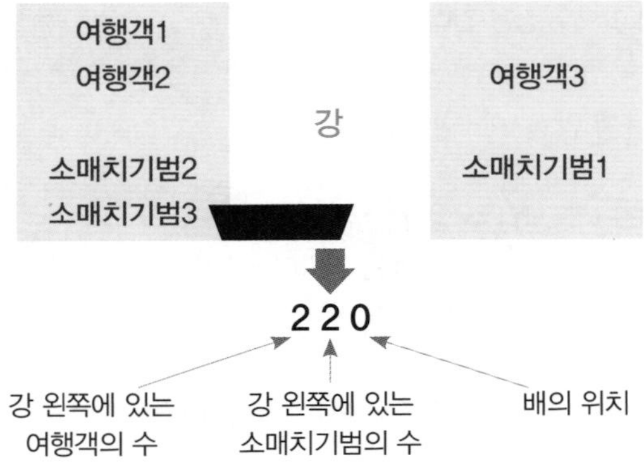

2. 상태 정의를 바탕으로 초기 상태와 목표 상태 정의하기

문제가 처음 주어졌을 때의 상태인 초기 상태는 "배와 여행객 3명, 소매치기범 3명 모두 강 왼쪽에 있다."이며, 다음과 같이 정의할 수 있다.

▲ 초기 상태

문제를 해결했을 때의 상태인 목표 상태는 "배와 여행객 3명, 소매치기범 3명 모두 강 오른쪽에 있다."이며, 다음과 같이 정의할 수 있다.

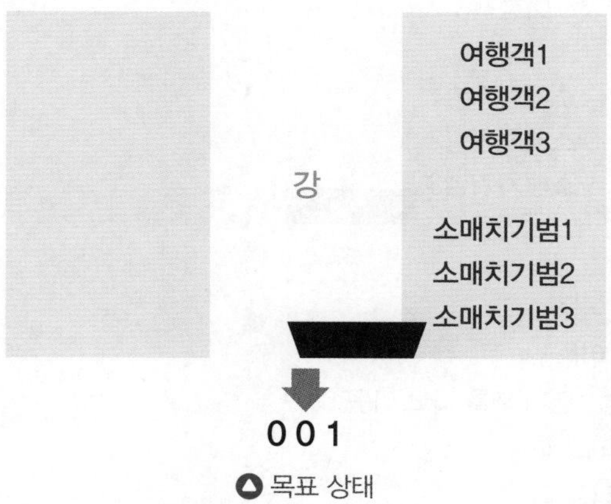

목표 상태

2 수행 작업을 정의하면 다음과 같다.

문제의 핵심 요소 중에서 수행 작업을 표현하기 위해 필요한 것은 다음과 같다.

핵심 요소	수행 작업 정의에 필요한 요소
여행객 3명, 소매치기범 3명이 있다.	O
여행객 3명과 소매치기범 3명 모두 강을 건너야 한다.	X
한 척의 배가 있다.	O
배에는 2명까지 탈 수 있다.	O
소매치기범의 수가 여행객의 수보다 많으면 소매치기범이 여행객의 물건을 훔친다.	X
아무도 피해를 입지 않고 모두 강을 건너야 한다.	X
사람이 타지 않고는 배를 이동시킬 수 없다.	O
강 건너편에 배가 있고 아직 강을 건너지 않은 사람이 있으면 누군가는 배를 몰고 돌아와야 한다.	X
여행객과 소매치기범 모두 배를 조종할 수 있다.	O

수행 작업을 정의하기 위해서는 핵심 요소 중 "여행객 3명, 소매치기범 3명이 있다. 한 척의 배가 있다. 배에는 2명까지 탈 수 있다. 사람이 타지 않고는 배를 이동시킬 수 없다. 여행객과 소매치기범 모두 배를 조종할 수 있다."가 필요하다. 다시 말해 여행객은 배 한 척을 이용하여 소매치기범 2명, 소매치기범 1명과 여행객 1명, 여행객 2명이 같이 강을 건널 수 있고 혼자서도 배 한 척을 이용하여 강을 건널 수 있다.

수행 작업을 정의하기 위한 요소들을 바탕으로 초기 상태가 현재 상태일 때 할 수 있는 수행 작업은 다음과 같이 총 5가지 경우가 있다.

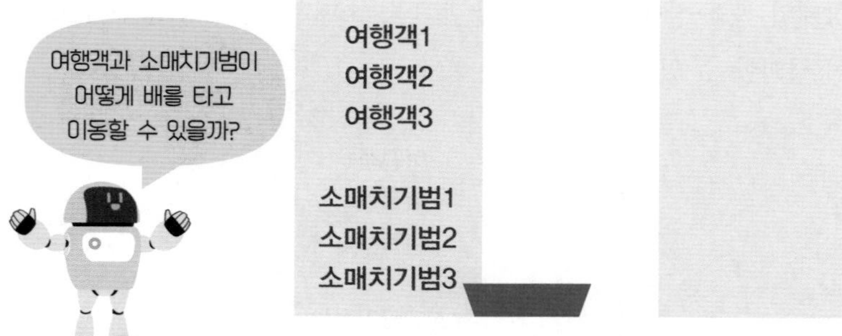

- 여행객 1명이 배를 타고 이동
- 여행객 2명이 배를 타고 이동
- 여행객 1명과 소매치기범 1명이 배를 타고 이동
- 소매치기범 1명이 배를 타고 이동
- 소매치기범 2명이 배를 타고 이동

3 상태 공간 트리를 구성하면 다음과 같다.

초기 상태에서 현재 상태까지의 수행 작업을 통해 상태 공간 트리를 구성하는 과정은 다음과 같다.

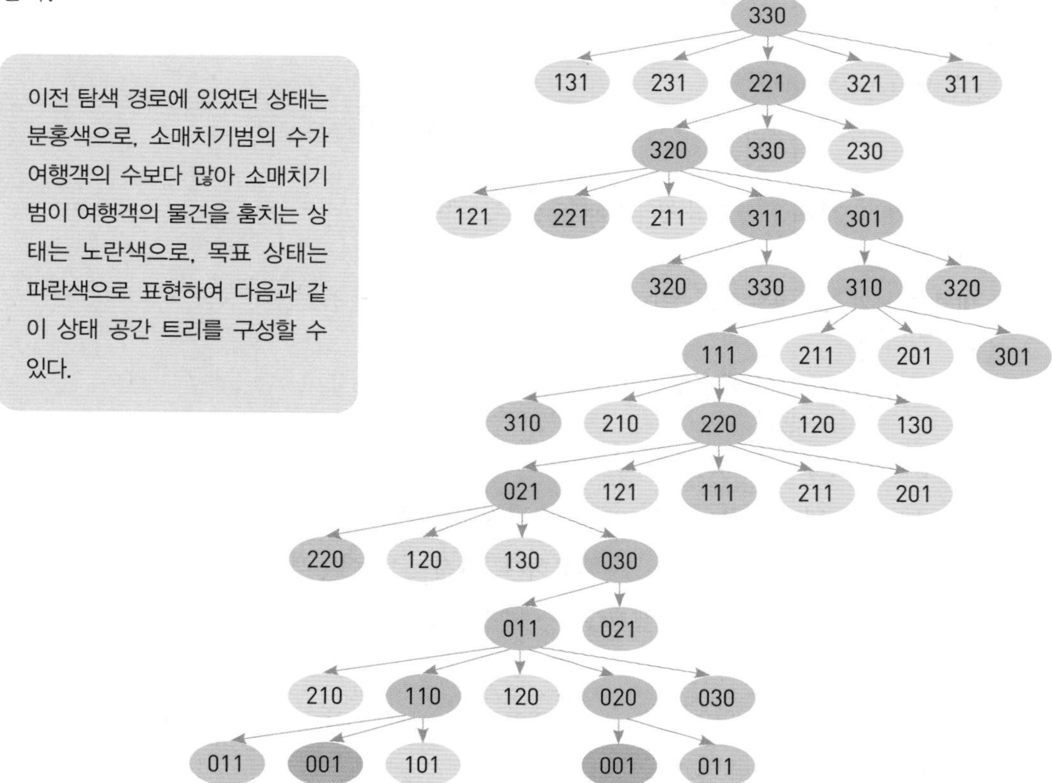

4 상태 공간 트리에서 문제 해결 방법을 찾으면 다음과 같다.

다음과 같이 상태를 탐색하면서 문제를 해결하는 방법은 다양하다.

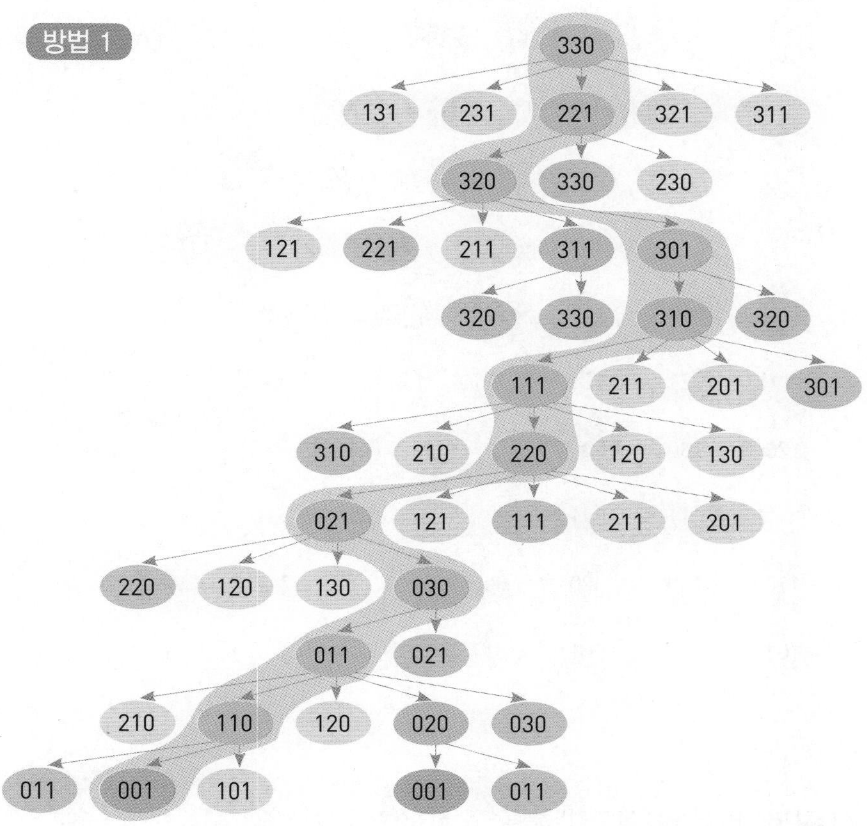

① 여행객 1명과 소매치기범 1명이 배를 타고 강 오른쪽으로 이동한다. 330 → 221
② 여행객 1명이 배를 타고 강 왼쪽으로 이동한다. 221 → 320
③ 소매치기범 2명이 배를 타고 강 오른쪽으로 이동한다. 320 → 301
④ 소매치기범 1명이 배를 타고 강 왼쪽으로 이동한다. 301 → 310
⑤ 여행객 2명이 배를 타고 강 오른쪽으로 이동한다. 310 → 111
⑥ 여행객 1명과 소매치기범 1명이 배를 타고 강 왼쪽으로 이동한다. 111 → 220
⑦ 여행객 2명이 배를 타고 강 오른쪽으로 이동한다. 220 → 021
⑧ 소매치기범 1명이 배를 타고 강 왼쪽으로 이동한다. 021 → 030
⑨ 소매치기범 2명이 배를 타고 강 오른쪽으로 이동한다. 030 → 011
⑩ 여행객 1명이 배를 타고 강 왼쪽으로 이동한다. 011 → 110
⑪ 여행객 1명과 소매치기범 1명이 배를 타고 강 오른쪽으로 이동한다. 110 → 001

방법 2

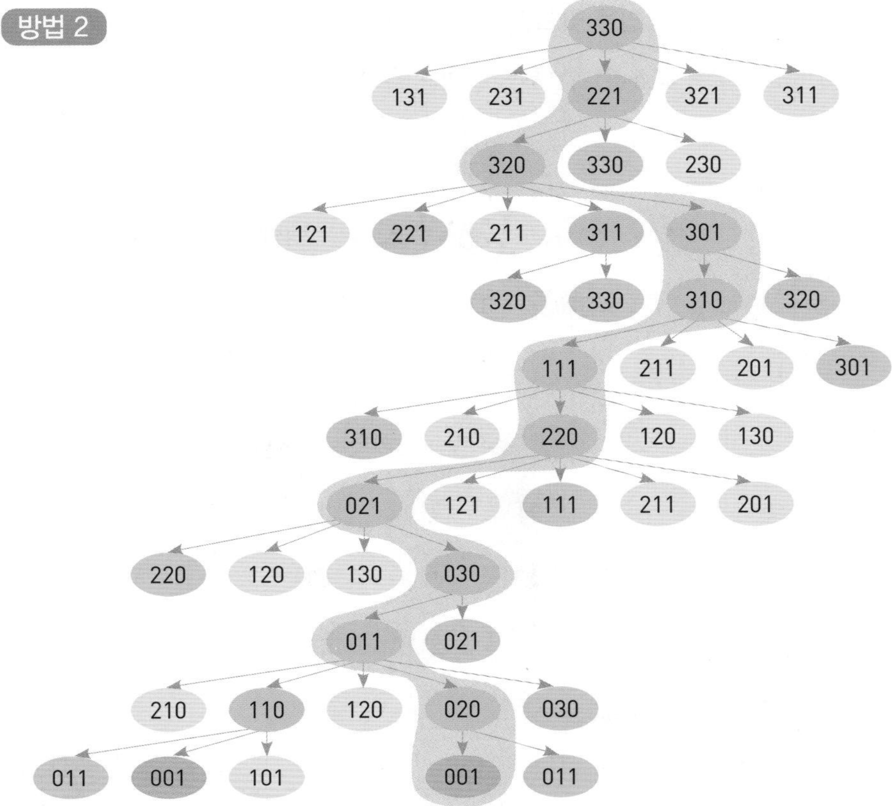

① 여행객 1명과 소매치기범 1명이 배를 타고 강 오른쪽으로 이동한다. 330 → 221
② 여행객 1명이 배를 타고 강 왼쪽으로 이동한다. 221 → 320
③ 소매치기범 2명이 배를 타고 강 오른쪽으로 이동한다. 320 → 301
④ 소매치기범 1명이 배를 타고 강 왼쪽으로 이동한다. 301 → 310
⑤ 여행객 2명이 배를 타고 강 오른쪽으로 이동한다. 310 → 111
⑥ 여행객 1명과 소매치기범 1명이 배를 타고 강 왼쪽으로 이동한다. 111 → 220
⑦ 여행객 2명이 배를 타고 강 오른쪽으로 이동한다. 220 → 021
⑧ 소매치기범 1명이 배를 타고 강 왼쪽으로 이동한다. 021 → 030
⑨ 소매치기범 2명이 배를 타고 강 오른쪽으로 이동한다. 030 → 011
⑩ 소매치기범 1명이 배를 타고 강 왼쪽으로 이동한다. 011 → 020
⑪ 소매치기범 2명이 배를 타고 강 오른쪽으로 이동한다. 020 → 001

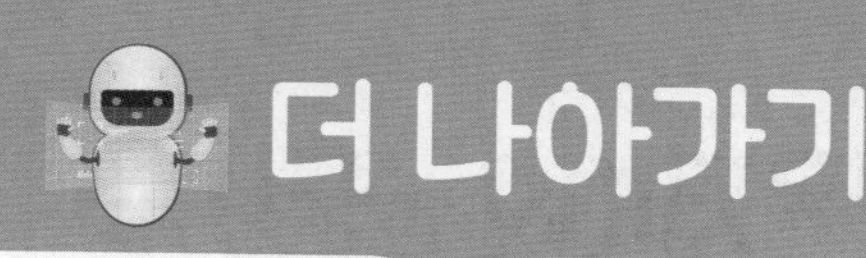

다음과 같은 상태 공간 트리를 깊이 우선 탐색(DFS; Depth-First Search) 방법으로 탐색해 보자.

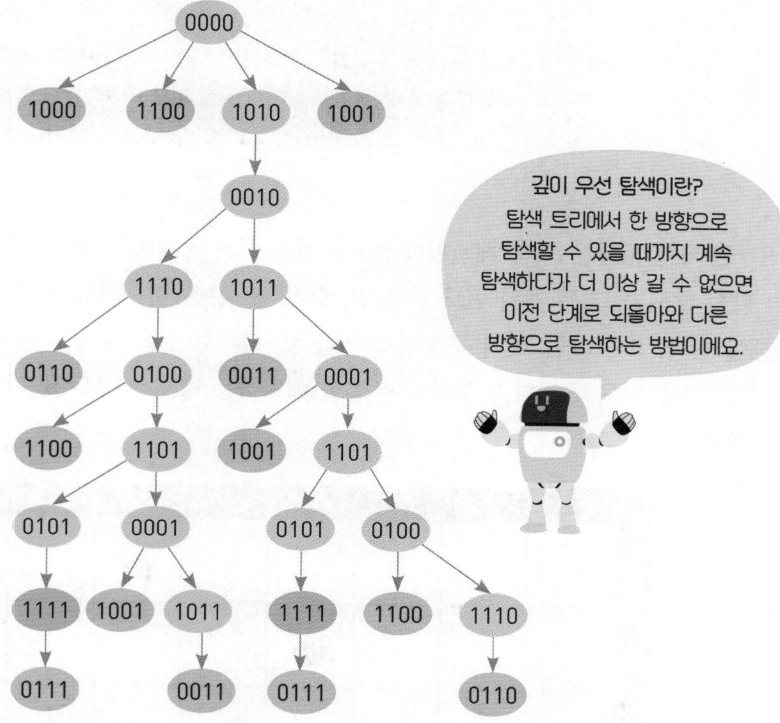

※ 더 이상 탐색할 필요가 없는 상태는 주황색으로, 목표 상태는 파란색으로 표시하였다.

예시 답안

상태 공간 트리를 깊이 우선 탐색 방법으로 탐색하면 다음과 같은 번호순으로 상태를 탐색하여 목표 상태에 도달할 수 있다.

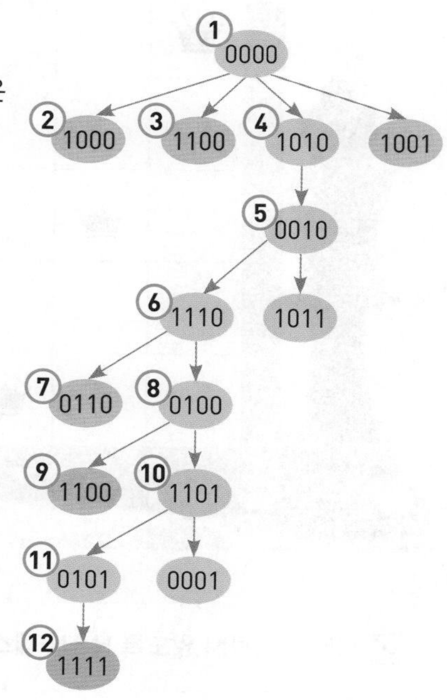

02 퍼즐 문제(N-퀸)를 해결해 볼까?

핵심 개념 탐색

학습 목표 최상 우선 탐색 방법을 활용하여 N-퀸 퍼즐 문제를 해결하기 위한 효율적인 경로를 찾고, 효율성을 높이기 위한 정보 이용의 중요성을 설명할 수 있다.

8-퀸 퍼즐 문제는 8×8 체스판에 8개의 퀸을 서로 공격하지 못하게 놓는 방법을 찾는 문제이다. 다시 말해 어느 두 개의 퀸도 같은 열, 같은 행, 같은 대각선상에 있지 않도록 8개의 퀸을 배치해야 한다. 8×8 체스판에 무작위로 퀸을 배치할 수 있는 방법은 총 4,426,165,368($_{64}C_8$)가지이다. 그중 서로 공격하지 못하도록 퀸을 배치하는 방법은 모두 92가지이다. 다음은 그중 한 가지 예이다.

▲ 8-퀸 퍼즐 문제의 한 가지 방법

서로 공격하지 않도록 N×N 체스판에 N개의 퀸을 놓는 방법을 따라해 보자.

핵심 개념 학습하기

1 탐색 기반 설계

탐색 기반 설계란 문제 상황을 상태 공간으로 정의하고, 상태 공간을 탐색하며 구하고자 하는 해답을 찾아가는 방식을 말한다. 해답을 탐색하는 도중에 거쳐 가게 되는 상황들 각각을 상태라 하고, 그런 상태들 모두의 집합을 상태 공간이라 한다. 또한 문제의 해답을 찾을 때 해당 상태 공간을 트리 형태로 구조화하여 탐색의 과정을 표현 · 관리할 수 있는데, 그 트리를 상태 공간 트리라고 한다.

8퍼즐 문제란?
3×3 숫자판에 빈자리 하나와 1부터 8까지의 숫자가 하나씩 무작위로 배치(초기 상태)되어 있을 때, 빈칸과 숫자의 자리를 바꿔가며 원하는 숫자판의 모양(목표 상태)을 만들어 가는 게임이다.

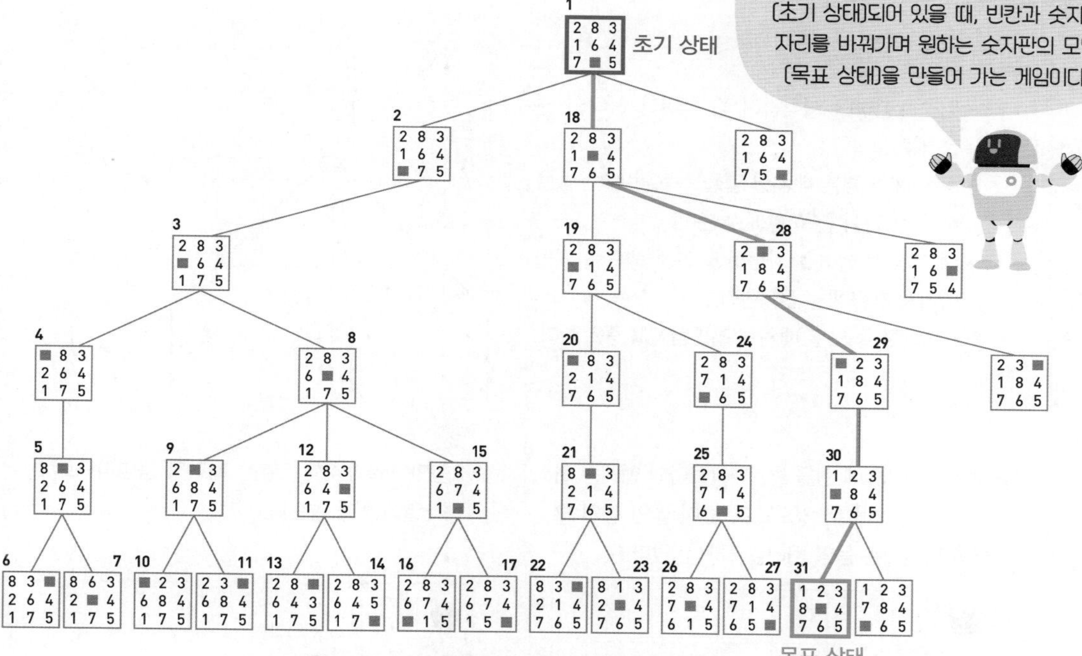

▲ 8퍼즐 문제의 상태 공간을 트리 형태로 표현한 경우

위 그림은 대표적인 퍼즐 게임 중 하나인 8퍼즐 문제를 해결하기 위해 상태 공간을 트리 형태로 표현한 것이다. 트리의 각 노드★는 하나의 상태를 나타내고 처음 주어진 상태를 초기 상태, 해결하고자 하는 상태를 목표 상태라고 한다.

★ **노드(node)** 보통 점이나 원으로 표현되는, 트리를 구성하는 각각의 원소

탐색 기반 설계는 초기 상태로 시작하여 목표 상태를 찾을 때까지 다양한 방법으로 탐색해 가며 문제를 해결할 수 있도록 알고리즘을 설계하는 방법을 말한다. 탐색을 통해 8×8 체스판에서 8개의 퀸들이 서로 공격하지 않도록 퀸을 놓는 방법을 구해 보자.

예 8×8 체스판에서 8개의 퀸들이 서로 공격하지 않도록 배치하는 방법 알아보기

서로 공격하지 않도록 체스판에 퀸을 놓으려면 퀸이 있는 가로줄과 세로줄, 대각선상에는 퀸을 놓으면 안 된다. 예를 들어 퀸이 3행×4열에 있을 때 아래 그림에서 음영으로 표시된 칸에는 퀸을 놓을 수 없다.
다음 규칙에 따라 퀸을 놓도록 한다.

게임 규칙

- 위로 1행부터 시작하여 각 행마다 하나의 퀸을 배치한다.
- 각 행에서 퀸을 배치할 열을 선택할 때는 놓을 수 있는 가장 왼쪽 열에 놓는다.
- 더 이상 탐색이 불가능하면 이전 행으로 되돌아가서 재탐색을 진행한다.
- 8개의 퀸을 모두 배치했으면 탐색을 종료한다.

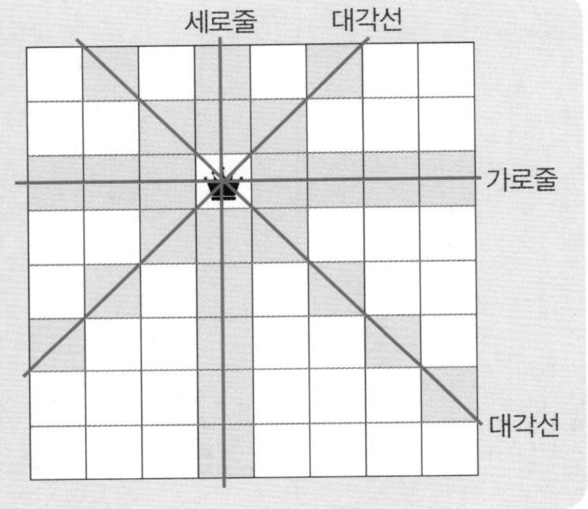

❶ 먼저 1행 1열에 퀸을 놓는다. (하나의 행에는 하나의 퀸만 놓을 수 있으므로, 퀸이 놓인 행의 오른쪽 빈칸에는 음영 처리를 하지 않았다.)

❷ 2행의 1열과 2행 2열은 배경이 음영이므로 2행 3열에 퀸을 놓는다.

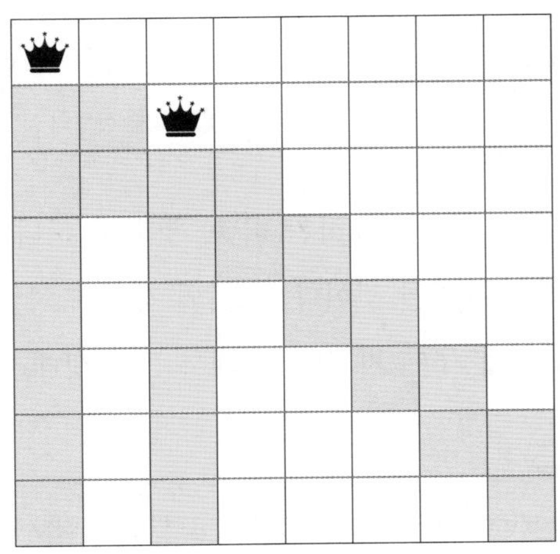

❸ 절차에 따라 3, 4, 5행에 각각 퀸을 놓으면 다음과 같은 그림이 된다. 이와 같이 놓다 보면 6행에는 더 이상 퀸을 놓을 자리가 없다.

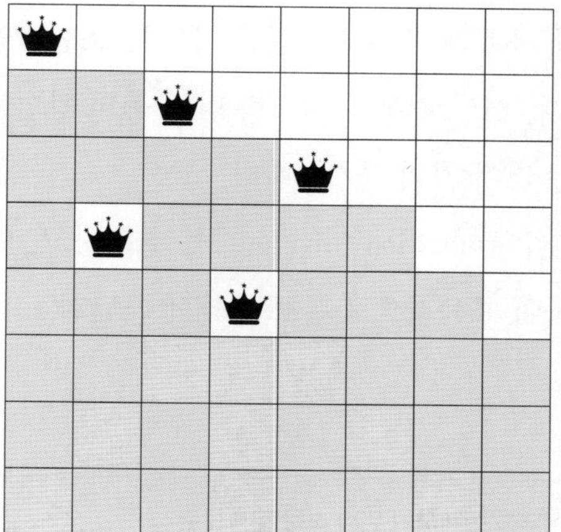

❹ 다음 행에 퀸을 놓을 자리가 없을 때에는 이전 행인 5행으로 백트랙한다. ❸에서 퀸을 놓은 자리가 아닌 5행의 다른 자리인 마지막 열에 퀸을 놓는다. 하지만 또다시 6행에는 더 이상 퀸을 놓을 자리가 없다.

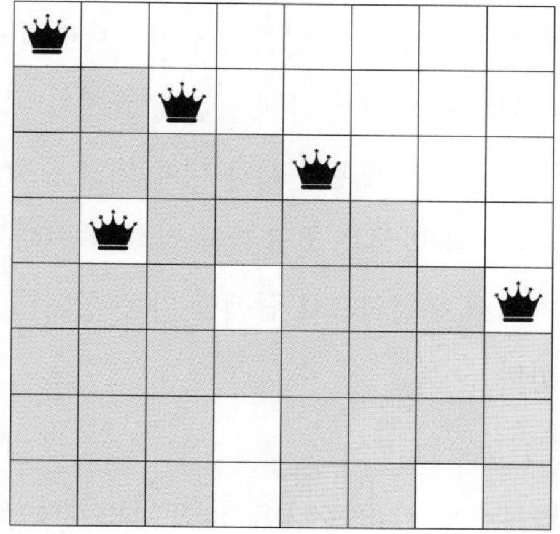

❺ 다음 행에 퀸을 놓을 자리가 없을 때에는 이전 행인 4행으로 백트랙한다. ❸에서 퀸을 놓은 자리가 아닌 4행의 다른 자리에 다음과 같이 퀸을 놓는다.

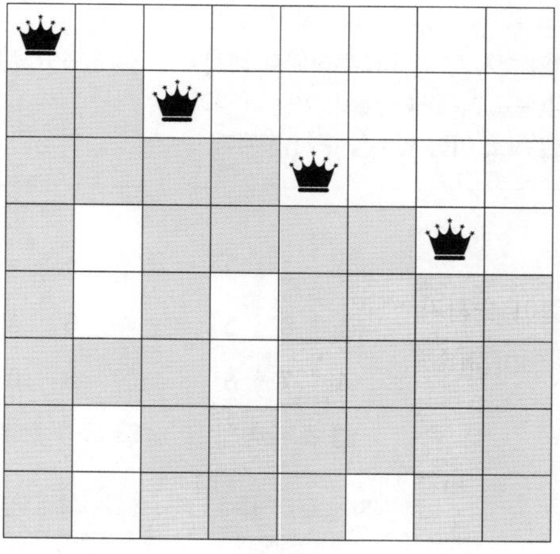

❻ 위와 같은 작업을 절차대로 227번 정도 반복하여 퀸을 놓으면 다음과 같이 8×8 체스판에 8개의 퀸을 놓을 수 있는 방법을 찾을 수 있다. 하지만 이런 방법은 시간이 많이 걸린다.

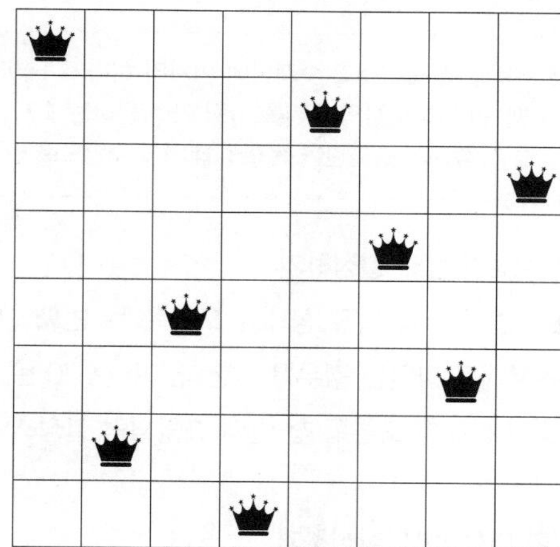

결론적으로 이 문제의 목표 상태는 92가지 경우가 있지만, 문제를 풀기 전에는 8개의 퀸이 놓인 목표 상태가 어떤 상태인지 알 수 없으며, 목표 상태가 되는 조건만 알 수 있다. 여기서 목표 상태가 되는 조건은 8개의 퀸을 서로 공격하지 않는 위치에 놓는 것이다. 따라서 목표 상태의 조건을 통해 목표 상태에 도달하였는지를 판단할 수 있다.

2 휴리스틱 탐색

휴리스틱 탐색이란 탐색 기반 설계의 한 방법으로 탐색 공간의 크기가 너무 커서 모두 탐색하기에는 시간이 많이 걸릴 경우 다양한 방법을 통해 우리가 찾는 답이 있을 가능성이 큰 상태들을 우선적으로 탐색하여 효율적으로 답을 찾기 위한 방법이다.

앞에서 살펴본 바와 같이 일반적으로 퍼즐이나 바둑과 같은 문제들은 대부분 조합적인 구조를 이루고 있어서 탐색 공간의 크기가 매우 크다. 이런 경우 휴리스틱 탐색 등의 방법을 활용하지 않으면 제한된 시간 내에 해답을 탐색하는 것이 거의 불가능하다.

휴리스틱 탐색은 효율적인 탐색을 위해 평가함수(evaluation function)★를 설정하고, 이 값에 따라서 우선적으로 탐색할 다음 상태를 설정하여 효율적으로 목표 상태에 도달할 수 있도록 한다.

★ **평가함수** 현재 상태에서 사용 가능한 정보를 바탕으로 다음 상태를 선택하기 위해 사용되는 함수

예제 8퍼즐 문제★에서 평가함수를 적용하여 탐색하기

★ **8퍼즐 문제** 3×3 숫자판에 빈자리 하나와 1부터 8까지의 숫자가 하나씩 무작위로 배치(초기 상태)되어 있을 때, 빈칸과 숫자의 자리를 바꿔 가며 원하는 숫자판의 모양(목표 상태)을 만들어 가는 게임이다. 초기 상태의 숫자판을 목표 상태의 숫자판으로 만들기 위한 최소 이동 횟수를 구하면 된다.

(1) 초기 상태 설정하기

8퍼즐 문제의 목표 상태는 오른쪽 두 번째 그림과 같이 숫자가 순서대로 나열된 경우를 말한다. 여기서 '0'은 빈칸을 의미한다. 초기 상태를 오른쪽 첫 번째 그림처럼 설정해 보자.

0	2	3
1	8	5
4	7	6

▲ 초기 상태

1	2	3
4	5	6
7	8	0

▲ 목표 상태

(2) 다음 상태 설정하기

다음 상태는 현재 상태에서 한 번의 수행 작업을 통해 이동 가능한 다음 상태들을 의미한다. 주어진 초기 상태의 경우 빈칸으로 2와 1을 각각 이동시킬 수 있으므로 다음과 같이 두 가지 다음 상태가 존재한다.

0	2	3
1	8	5
4	7	6

▲ 초기 상태

다음 상태 ❶ (2를 빈칸으로 이동)

2	0	3
1	8	5
4	7	6

▲ 방법 1

다음 상태 ❷ (1을 빈칸으로 이동)

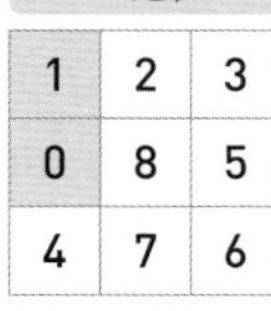

1	2	3
0	8	5
4	7	6

▲ 방법 2

(3) 평가함수 설정하기

현재 상태에 대한 휴리스틱 평가함수를 h(현재 상태)라고 할 때, 평가함수의 값을 목표 상태의 각 숫자판의 위치와 현재 상태의 각 숫자판의 위치 중 서로 다른 숫자판의 개수로 정의해 보자.
초기 상태의 평가함수 값은 목표 상태와 숫자판의 위치가 다른 0, 1, 8, 5, 4, 7, 6으로 모두 7개가 다르다. 따라서 h(초기 상태)=7이라고 할 수 있다.

0	2	3
1	8	5
4	7	6

▲ 초기 상태

1	2	3
4	5	6
7	8	0

▲ 목표 상태

제자리를 찾아야 할 숫자판의 개수가 적은 것을 우선하여 탐색해요.

(4) 휴리스틱 탐색으로 목표 상태 탐색하기

휴리스틱 탐색을 할 때는 현재 상태에서 진행할 수 있는 다음 상태들 중 h(s) 값이 가장 작은 값을 우선하여 탐색하는 방법으로 진행하며, 그 과정은 아래 표와 같다.

초기 상태

0	2	3
1	8	5
4	7	6

h(s)=7

단계 1 첫 번째로 선택 가능한 다음 상태들 (h(s)=6인 상태 ❷를 우선적으로 선택)

상태 ❶

2	0	3
1	8	5
4	7	6

h(s)=8

상태 ❷

1	2	3
0	8	5
4	7	6

h(s)=6

단계 2 두 번째로 선택 가능한 다음 상태들 (h(s)=5인 상태 ❷를 우선적으로 선택)

상태 ❶

1	2	3
8	0	5
4	7	6

h(s)=6

상태 ❷

1	2	3
4	8	5
0	7	6

h(s)=5

단계 3 세 번째로 선택 가능한 다음 상태들 (h(s)=4인 상태를 우선적으로 선택)

1	2	3
4	8	5
7	0	6

h(s)=4

1	2	3
0	8	5
4	7	6

상태는 단계 1 에서 이미 탐색했으므로, 중복해서 탐색하지 않아요.

단계	설명	상태 ❶	상태 ❷
단계 4	네 번째로 선택 가능한 다음 상태들 (두 가지 모두 h(s)는 같으므로 두 가지 중 상태 ❶을 우선적으로 선택)	1 2 3 / 4 0 5 / 7 8 6 h(s)=3	1 2 3 / 4 8 5 / 7 6 0 h(s)=3
단계 5	다섯 번째로 선택 가능한 다음 상태들 (h(s)=2인 상태 ❷를 우선적으로 선택)	1 2 3 / 0 4 5 / 7 8 6 h(s)=4	1 2 3 / 4 5 0 / 7 8 6 h(s)=2
단계 6	여섯 번째로 선택 가능한 다음 상태들 (h(s)=0인 상태 ❶을 우선적으로 선택) *목표 상태 도달(문제 해결 완료)	1 2 3 / 4 5 6 / 7 8 0 h(s)=0	1 2 3 / 4 0 5 / 7 8 6 h(s)=3

위 표와 같이 진행하면 총 6번의 탐색으로 목표 상태에 도달할 수 있다. 이처럼 평가함수를 잘 활용하면 매우 효율적으로 목표 상태에 도달할 수 있다.

문제 해결하기 활동

휴리스틱 탐색을 활용하여 8 × 8 칸으로 구성된 체스판에 8개의 퀸을 서로 공격하지 않는 위치에 배치하는 알고리즘을 설계해 보자.

이 문제의 목표 상태는 여러 가지이고, 모든 목표 상태를 알 수는 없기 때문에 목표 상태를 표현하기가 어려워요. 이런 문제는 현재 상태가 목표 상태인지 아닌지를 판단하는 목표 상태가 되는 조건을 이용해서 해결해야 해요.

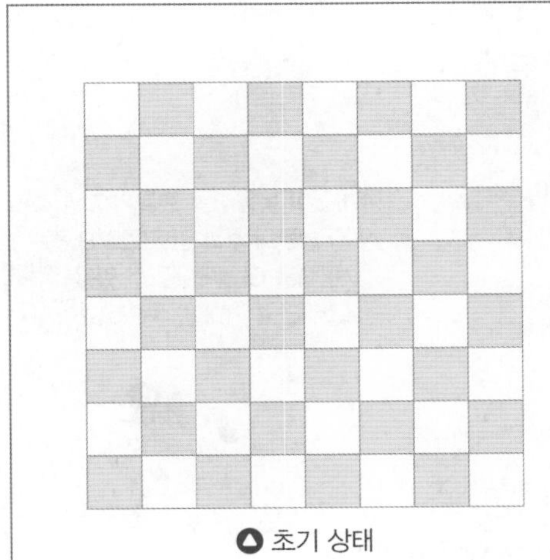

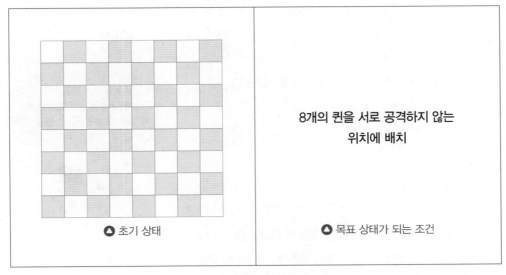

▲ 초기 상태	8개의 퀸을 서로 공격하지 않는 위치에 배치 ▲ 목표 상태가 되는 조건

해설

휴리스틱 탐색을 활용하여 8×8 칸으로 구성된 체스판에 8개의 퀸을 서로 공격하지 않는 위치에 배치하는 알고리즘을 설계해 보자.

활용할 탐색 알고리즘

① 위로 1행부터 시작하여 각 행마다 하나의 퀸을 배치한다.
② 각 행에서 퀸을 배치할 열을 선택할 때는 [평가함수]를 통해 얻은 평가 값에 따라 결정한다.
③ 다음 행에서 더 이상 탐색이 불가하면 직전 행으로 [백트랙]하여 재탐색을 진행한다.
④ 8개의 퀸을 모두 배치했으면 탐색을 종료한다.

평가함수

❶ 마지막 행부터 퀸을 배치할 수 있는 빈칸의 수를 이용하여 평가 값을 계산하고, 평가 값이 가장 큰 열을 선택한다.
❷ 평가 값이 가장 큰 열이 2개 이상일 때는 열 번호가 가장 빠른 열을 선택한다.

예제 퀸을 배치할 수 있는 빈칸이 다음과 같을 때, 평가 값 계산하기

x	x		x		x		x
x	x						
x		x					
x			x			x	
x				x	x		
x		x			x		
x		x				x	
x			x	x			x

❶ 1행에서 퀸을 배치할 수 있는 빈칸의 수를 계산한다.

1행	x	x		x		x		x	3
2행	x	x							6
3행	x		x						6
	x			x			x		5
⋮	x				x	x			5
	x		x			x			5
	x		x				x		5
8행	x			x	x			x	4

← 퀸을 배치할 수 있는 빈칸의 수

평가 값이 높을수록 퀸을 배치할 수 있는 빈칸의 수가 많으므로 8-퀸 문제를 더 빨리 풀 수 있을 것이라고 기대할 수 있어요.

❷ 가장 아래 행부터 퀸을 배치할 수 있는 빈칸의 수를 순서대로 나열한다.

→ 8행(4개), 7행(5개), 6행(5개), 5행(5개), 4행(5개), 3행(6개), 2행(6개), 1행(3개)

8행부터 1행까지 수를 이어서 적으면 45555663이다.

❸ 수를 순서대로 연결하여 10진수를 만든다. → 45555663

이 상태의 평가 값은 45555663이다.

❶ 1행의 빈칸 8곳에 각각 하나의 퀸을 배치한 후, 평가 값을 계산한다.

초기 상태

①

Q	x	x	x	x	x	x	x	x
x	x							6
x		x						6
x			x					6
x				x				6
x					x			6
x						x		6
x							x	6

평가 값: 6666666

②

x	Q	x	x	x	x	x	x	x
x	x	x						5
	x		x					6
	x			x				6
	x				x			6
	x					x		6
	x						x	6
	x							7

평가 값: 7666665

③

x	x	Q	x	x	x	x	x	x
	x	x	x					5
x		x		x				5
		x			x			6
		x				x		6
		x					x	6
		x						7
		x						7

평가 값: 7766655

④

x	x	x	Q	x	x	x	x	x
		x	x	x				5
	x		x		x			5
x			x			x		5
			x				x	6
			x					7
			x					7
			x					7

평가 값: 7776555

⑤

x	x	x	x	Q	x	x	x	x
			x	x	x			5
		x		x		x		5
	x			x			x	5
x				x				6
				x				7
				x				7
				x				7

평가 값: 7776555

⑥

x	x	x	x	x	Q	x	x	x
				x	x	x		5
			x		x		x	5
		x			x			6
	x				x			6
x					x			6
					x			7
					x			7

평가 값: 7766655

⑦

x	x	x	x	x	x	Q	x	x
					x	x	x	5
				x		x		6
			x			x		6
		x				x		6
	x					x		6
x						x		6
						x		7

평가 값: 7666665

⑧

x	x	x	x	x	x	x	Q	x
						x	x	6
					x		x	6
				x			x	6
			x				x	6
		x					x	6
	x						x	6
x							x	6

평가 값: 6666666

상태 ④와 ⑤의 평가 값이
서로 같으면서 7776555로
가장 커요. 이럴 경우 ④가 ⑤보다
열 번호가 빠르므로 ④를 선택해요.

❶ ④, ⑤의 평가 값이 7776555로 가장 크고, ④가 ⑤보다 열 번호가 빠르기 때문에 ④의 상태를 선택하여 탐색을 진행한다. 상태 ④에서 2행의 빈칸 5곳에 각각 하나의 퀸을 배치한 후, 평가 값을 계산한다.

상태 ④

x	x	x	Q	x	x	x	x
		x	x	x			
	x		x		x		
x			x			x	
			x				x
			x				
			x				
			x				

⑨

x	x	x	Q	x	x	x	x	x
Q	x	x	x	x	x	x	x	x
x	x		x		x			4
x		x	x			x		4
x			x				x	5
x			x	x				5
x			x		x			5
x			x			x		5

평가 값: 555544

⑩

x	x	x	Q	x	x	x	x	x
x	Q	x	x	x	x	x	x	x
x	x	x	x		x			3
x	x		x			x		4
	x		x	x			x	4
	x		x		x			5
	x		x			x		5
	x		x				x	5

평가 값: 555443

⑪

x	x	x	Q	x	x	x	x	x
x	x	x	x	x	Q	x	x	x
	x		x	x	x	x		3
x			x		x	x	x	3
		x	x		x		x	4
	x		x		x			4
x			x		x			5
			x		x			6

평가 값: 654433

⑫

x	x	x	Q	x	x	x	x	x
x	x	x	x	x	x	Q	x	x
	x		x		x	x	x	3
x			x	x		x		4
			x			x	x	5
		x	x			x		5
	x		x			x		5
x			x			x		5

평가 값: 555543

⑬

x	x	x	Q	x	x	x	x	x
x	x	x	x	x	x	x	Q	x
	x		x		x	x	x	3
x			x		x	x	x	3
			x	x			x	5
			x				x	6
		x	x				x	5
	x		x				x	5

평가 값: 556533

❷ ⑪의 평가 값이 654433으로 가장 크기 때문에 ⑪의 상태를 선택하여 탐색을 진행한다. 상태 ⑪에서 3행의 빈칸 3곳에 각각 하나의 퀸을 배치한 후, 평가 값을 계산한다.

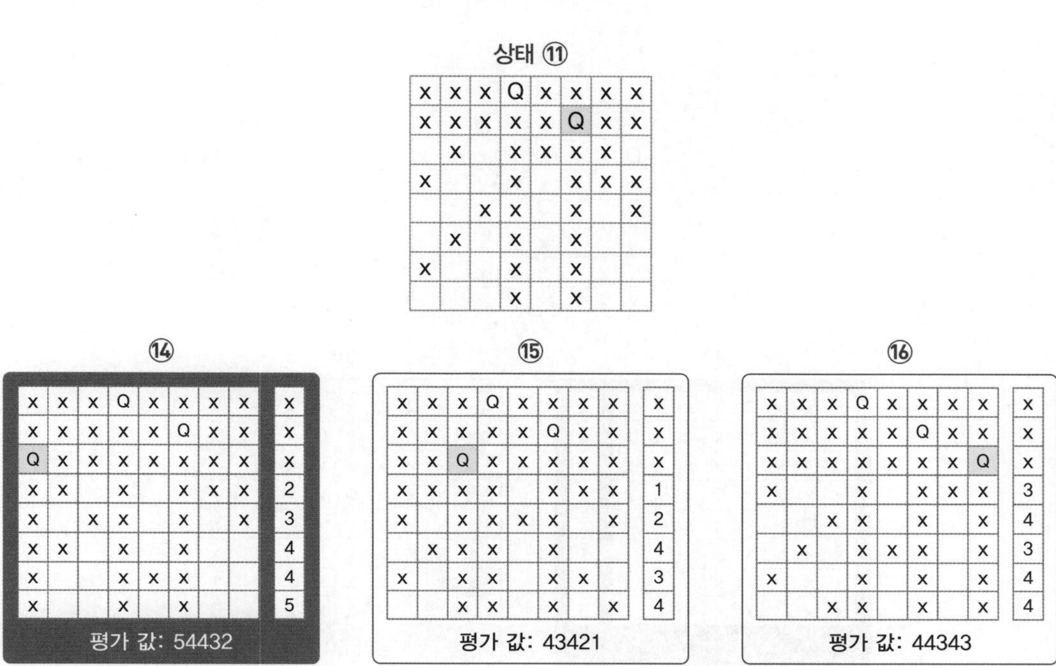

❸ ⑭의 평가 값이 54432로 가장 크기 때문에 ⑭의 상태를 선택하여 탐색을 진행한다. 상태 ⑭에서 4행의 빈칸 2곳에 각각 하나의 퀸을 배치한 후, 평가 값을 계산한다.

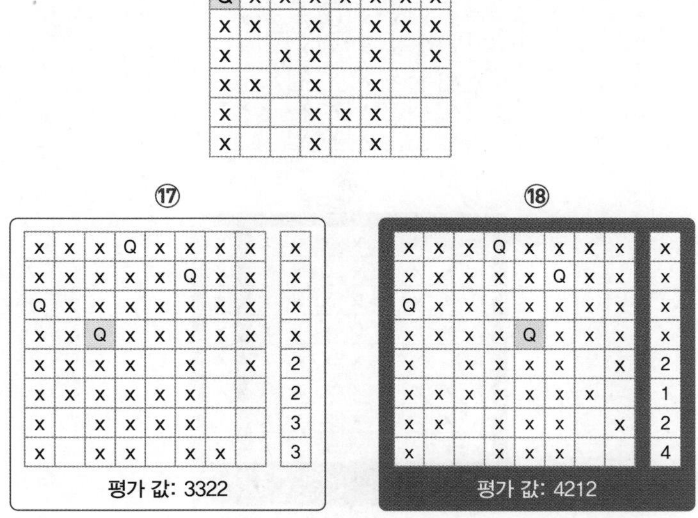

❹ ⑱의 평가 값이 4212로 가장 크기 때문에 ⑱의 상태를 선택하여 탐색을 진행한다. 상태 ⑱에서 5행의 빈칸 2곳에 각각 하나의 퀸을 배치한 후, 평가 값을 계산한다.

상태 ⑱

⑲

⑳

❺ ⑲의 평가 값이 321로 가장 크기 때문에 ⑲의 상태를 선택하여 탐색을 진행한다. 상태 ⑲에서 6행의 빈칸 1곳에 하나의 퀸을 배치한 후, 평가 값을 계산한다.

상태 ⑲

x	x	x	Q	x	x	x	x
x	x	x	x	x	Q	x	x
Q	x	x	x	x	x	x	x
x	x	x	x	Q	x	x	x
x	Q	x	x	x	x	x	x
x	x	x	x	x	x	x	
x	x		x	x	x		x
x	x		x	x	x		

㉑

❻ 다음 상태가 될 수 있는 상태는 ㉑밖에 없으므로, ㉑의 상태를 선택하여 탐색을 진행한다. 상태 ㉑에서 7행의 빈칸 1곳에 하나의 퀸을 배치한 후, 평가 값을 계산한다.

상태 ㉑

x	x	x	Q	x	x	x	x
x	x	x	x	x	Q	x	x
Q	x	x	x	x	x	x	x
x	x	x	x	Q	x	x	x
x	Q	x	x	x	x	x	x
x	x	x	x	x	x	x	Q
x	x		x	x	x	x	x
x	x		x	x	x		x

㉒

x	x	x	Q	x	x	x	x	x
x	x	x	x	x	Q	x	x	x
Q	x	x	x	x	x	x	x	x
x	x	x	x	Q	x	x	x	x
x	Q	x	x	x	x	x	x	x
x	x	x	x	x	x	x	Q	x
x	x	Q	x	x	x	x	x	x
x	x	x	x	x	x		x	1

평가 값: 1

❼ 다음 상태가 될 수 있는 상태는 ㉒밖에 없으므로, ㉒의 상태를 선택하여 탐색을 진행한다. 상태 ㉒에서 8행의 빈칸 1곳에 하나의 퀸을 배치한 후, 평가 값을 계산한다.

상태 ㉒

x	x	x	Q	x	x	x	x
x	x	x	x	x	Q	x	x
Q	x	x	x	x	x	x	x
x	x	x	x	Q	x	x	x
x	Q	x	x	x	x	x	x
x	x	x	x	x	x	x	Q
x	x	Q	x	x	x	x	x
x	x	x	x	x	x		x

㉓

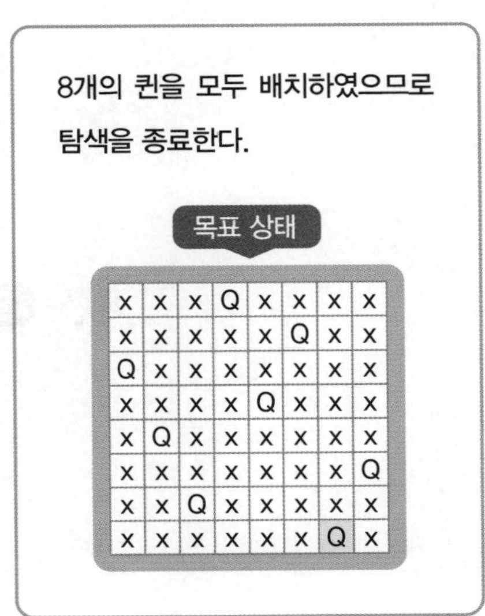

8개의 퀸을 모두 배치하였으므로
탐색을 종료한다.
목표 상태

탐색 과정을 상태 공간 트리로 나타내면 다음과 같다.

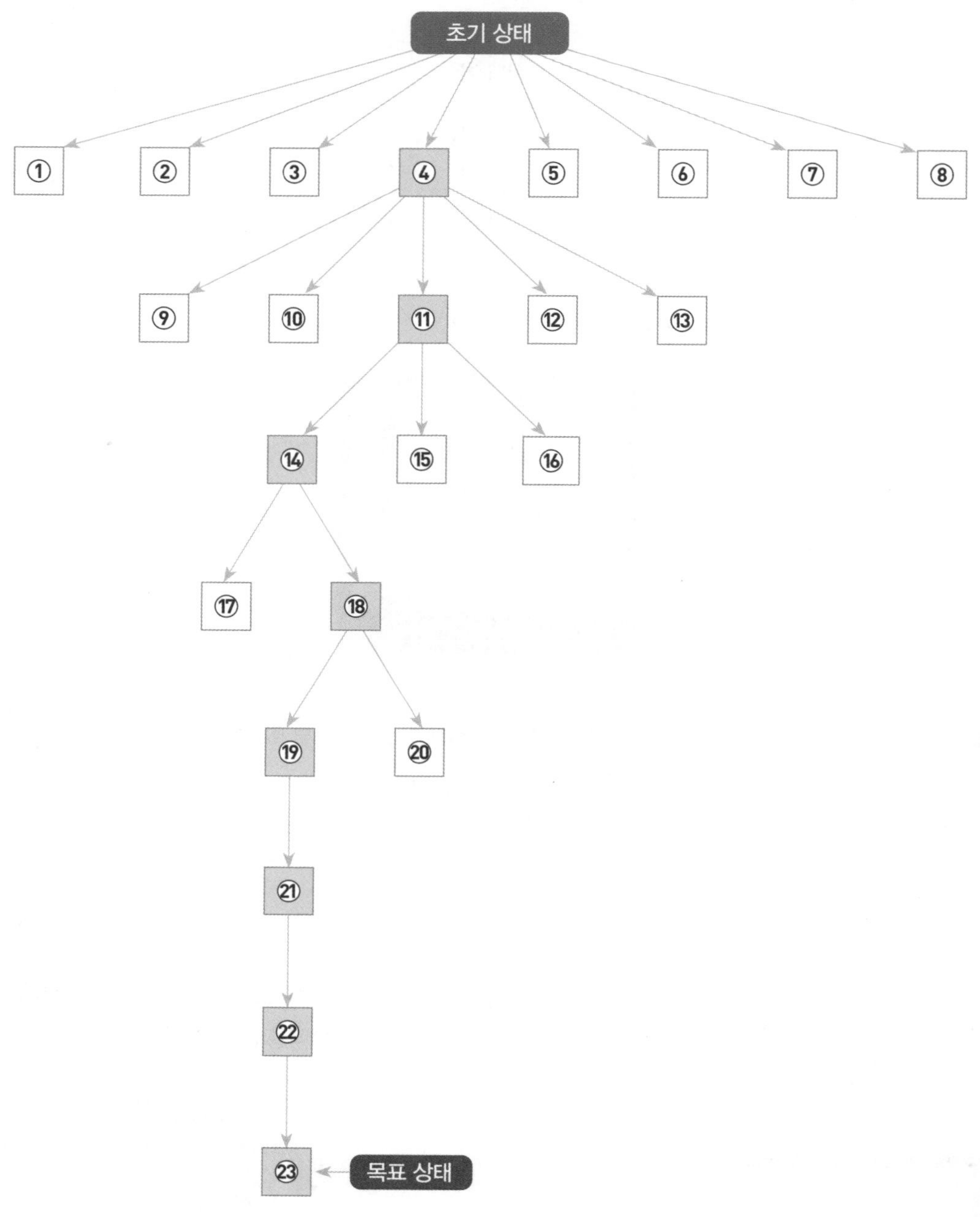

✓ 깊이 우선 탐색 방법으로 6×6 칸으로 구성된 체스판에 6개의 퀸을 서로 공격하지 않는 위치에 배치해 보자.

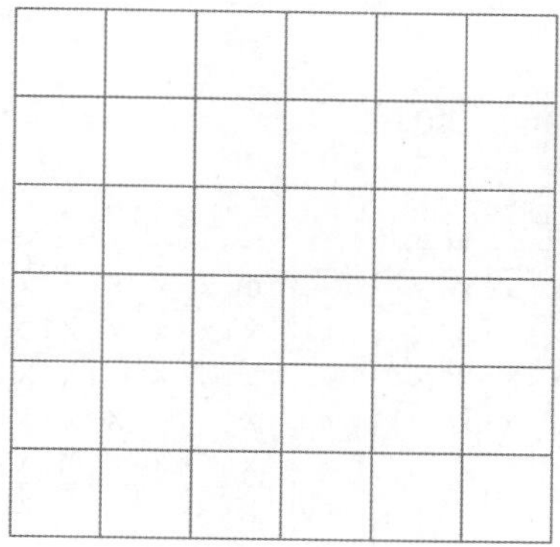

깊이 우선 탐색이란?
탐색 트리에서 한 방향으로 탐색할 수 있을 때까지 계속 탐색하다가 더 이상 갈 수 없으면 이전 단계로 되돌아와 다른 방향으로 탐색하는 방법이에요.

예시 답안

❶ 초기 상태는 퀸이 하나도 배치되지 않은 상태이다. 초기 상태에서 1행에 퀸을 놓을 수 있는 빈칸은 총 6곳으로, 6가지의 수행 작업이 있다. 이때 상태 ①로 탐색하는 수행 작업을 선택한다.

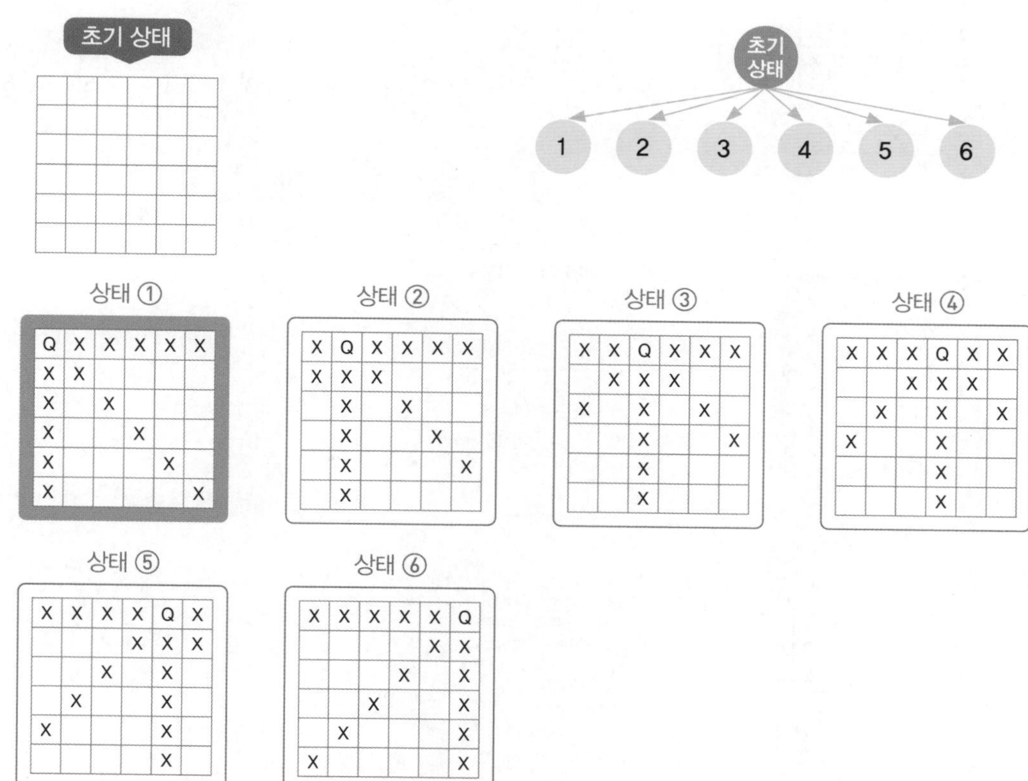

❷ 상태 ①에서 2행에 퀸을 놓을 수 있는 빈칸은 총 4곳으로, 4가지의 수행 작업이 있다. 이때 상태 ⑦로 탐색하는 수행 작업을 선택한다.

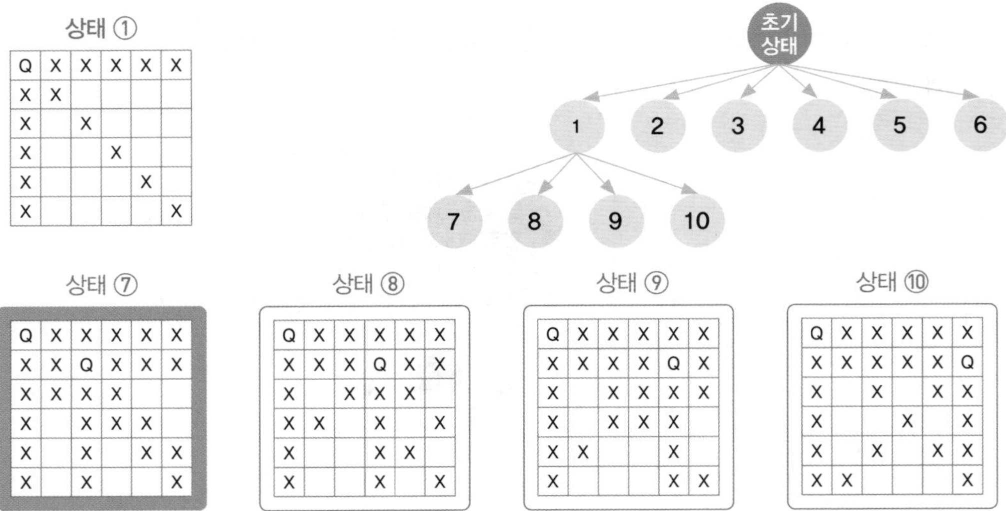

❸ 상태 ⑦에서 3행에 퀸을 놓을 수 있는 빈칸은 총 2곳으로, 2가지의 수행 작업이 있다. 이때 상태 ⑪로 탐색하는 수행 작업을 선택한다.

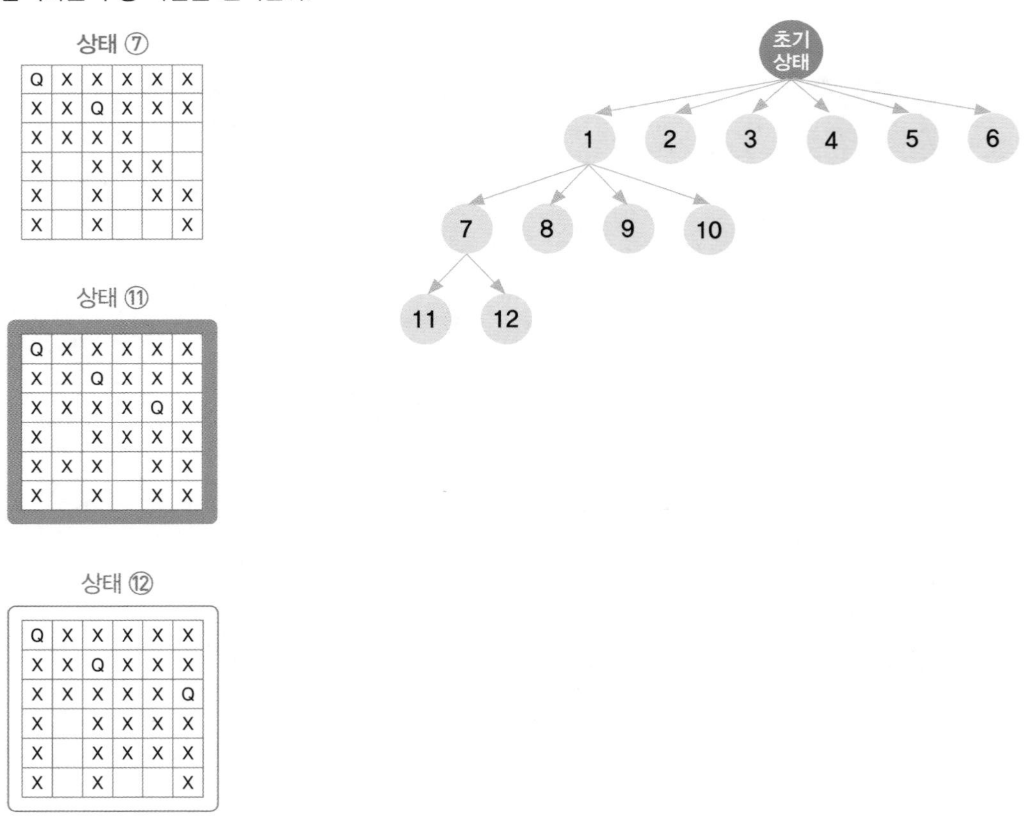

❹ 상태 ⑪에서 4행에 퀸을 놓을 수 있는 빈칸은 총 1곳으로, 1가지의 수행 작업이 있다. 이때 상태 ⑬으로 탐색하는 수행 작업을 선택한다.

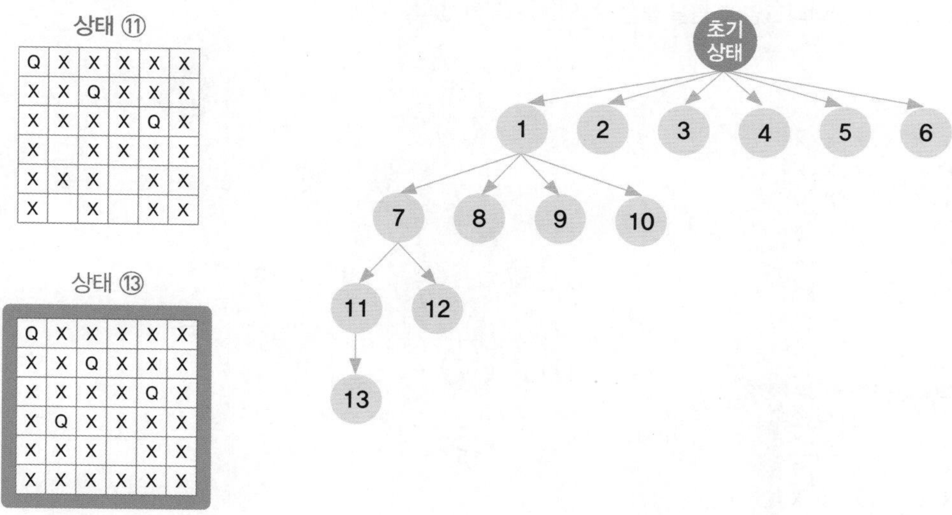

❺ 상태 ⑬에서 5행에 퀸을 놓을 수 있는 빈칸은 총 1곳으로, 1가지의 수행 작업이 있다. 이때 상태 ⑭로 탐색하는 수행 작업을 선택한다. 그런데 이렇게 했더니 6행에 퀸을 놓을 수 있는 자리가 없다.

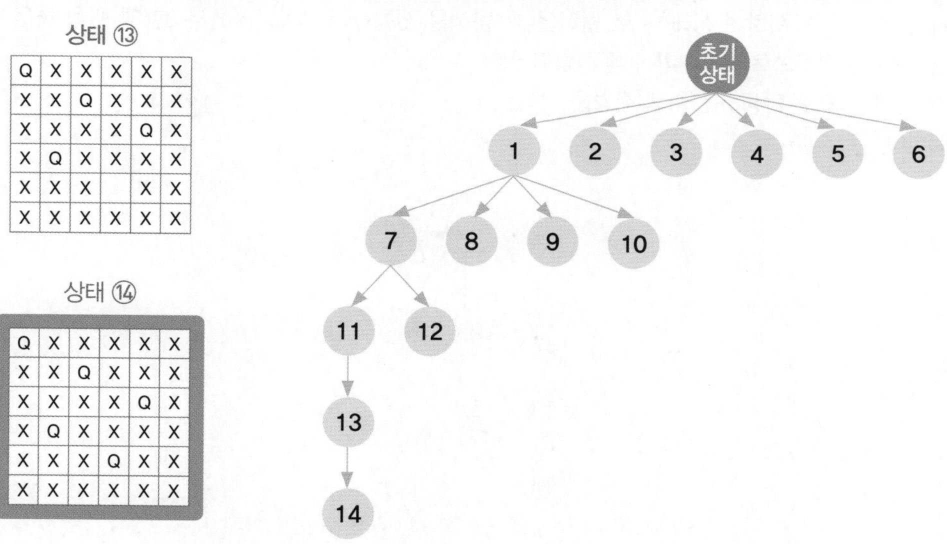

❻ 상태 ⑭에서 백트랙하여 상태 ⑫로 돌아온 후 탐색을 진행한다. 상태 ⑫에서 4행에 퀸을 놓을 수 있는 빈칸은 총 1곳으로, 1가지의 수행 작업이 있다. 이때 상태 ⑮로 탐색하는 수행 작업을 선택한다. 그런데 이렇게 했더니 5열에 퀸을 놓을 수 있는 자리가 없다.

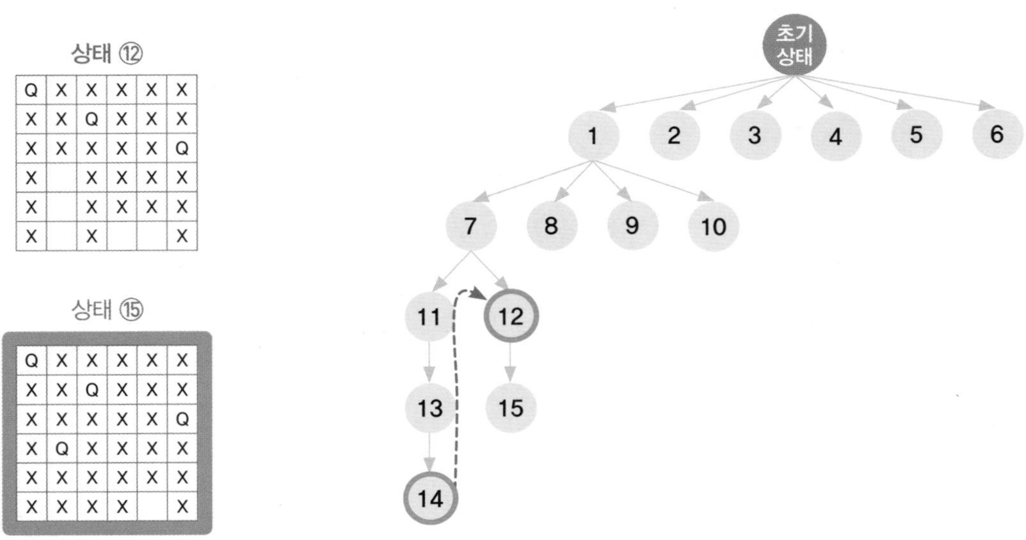

상태 ⑫

Q	X	X	X	X	X
X	X	Q	X	X	X
X	X	X	X	X	Q
X		X	X	X	X
X		X	X	X	X
X		X			X

상태 ⑮

Q	X	X	X	X	X
X	X	Q	X	X	X
X	X	X	X	X	Q
X	Q	X	X	X	X
X	X	X	X	X	X
X	X	X	X		X

❼ 상태 ⑮에서 백트랙하여 상태 ⑧로 돌아온 후 탐색을 진행한다. 상태 ⑧에서 3행에 퀸을 놓을 수 있는 빈칸은 총 2곳으로, 2가지의 수행 작업이 있다.
이때 상태 ⑯으로 탐색하는 수행 작업을 선택한다.

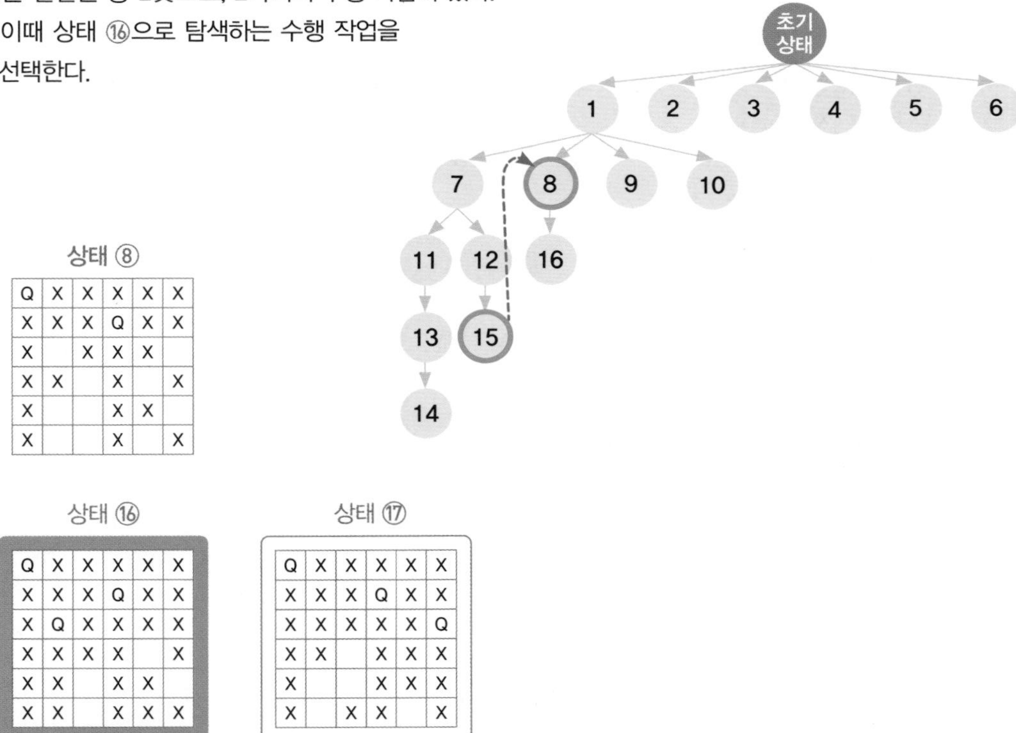

상태 ⑧

Q	X	X	X	X	X
X	X	X	Q	X	X
X		X	X	X	
X	X		X		X
X			X	X	
X			X		X

상태 ⑯

Q	X	X	X	X	X
X	X	X	Q	X	X
X	Q	X	X	X	X
X	X	X	X		X
X	X		X	X	
X	X		X	X	X

상태 ⑰

Q	X	X	X	X	X
X	X	X	Q	X	X
X	X	X	X	X	Q
X	X		X	X	X
X			X	X	X
X		X	X		X

⑧ ①~⑦의 과정과 같이 탐색과 백트랙을 통해 퀸을 배치할 수 있는 방법을 계속 찾아보면 다음과 같은 목표 상태에 도달할 수 있다.

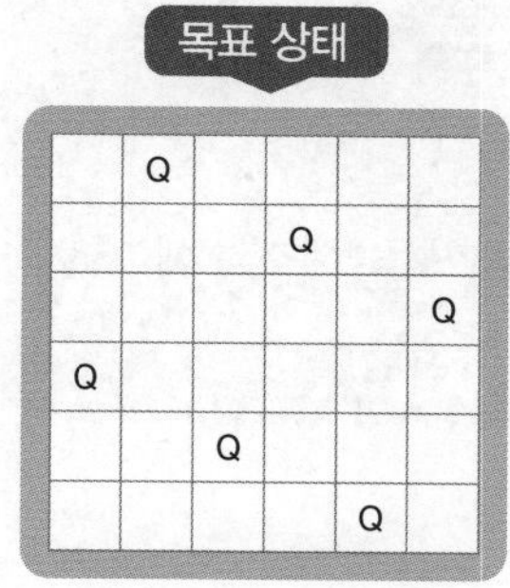

탐색 과정을 상태 공간 트리로 구성하면 다음과 같다.

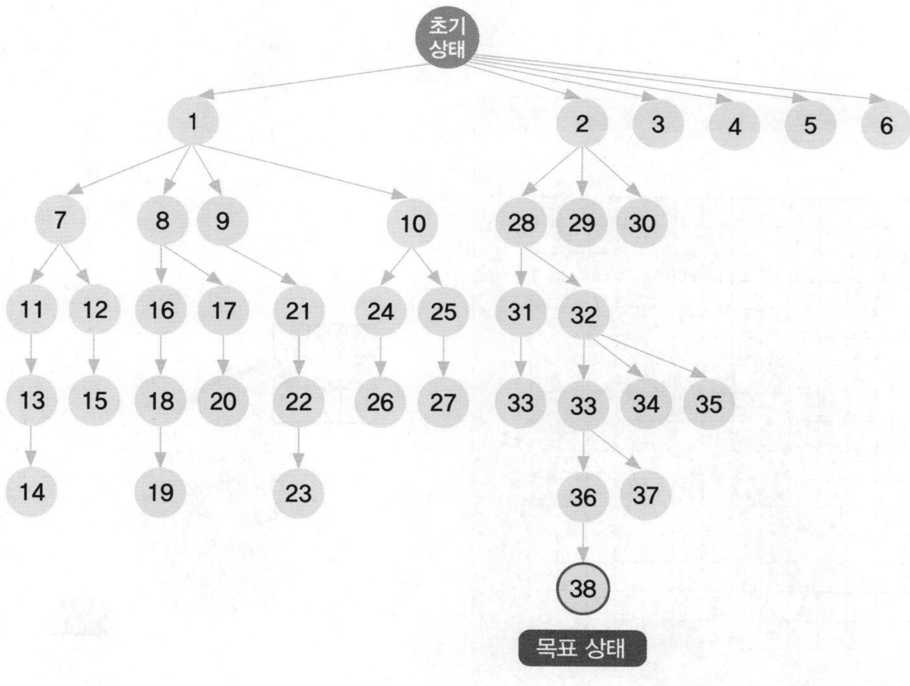

03 보물이 어디에 있는지 추론해 볼까?

핵심 개념 추론, 귀납 추론, 연역 추론

학습 목표 규칙과 사실을 이용하여 지식을 표현하고, 추론을 통해 새로운 사실을 생성하여 문제를 해결할 수 있다.

'지뢰 찾기'는 지뢰를 피해 빈 사각형을 찾는 퍼즐 게임이다. 지뢰가 숨겨진 칸을 누르면 지뢰가 폭파하면서 게임이 끝나고, 지뢰를 피해 지뢰가 없는 칸을 모두 클릭하면 게임에서 이긴다. 표시된 숫자는 자신을 둘러싼 총 8개의 칸에 몇 개의 지뢰가 존재하는지를 나타낸다.

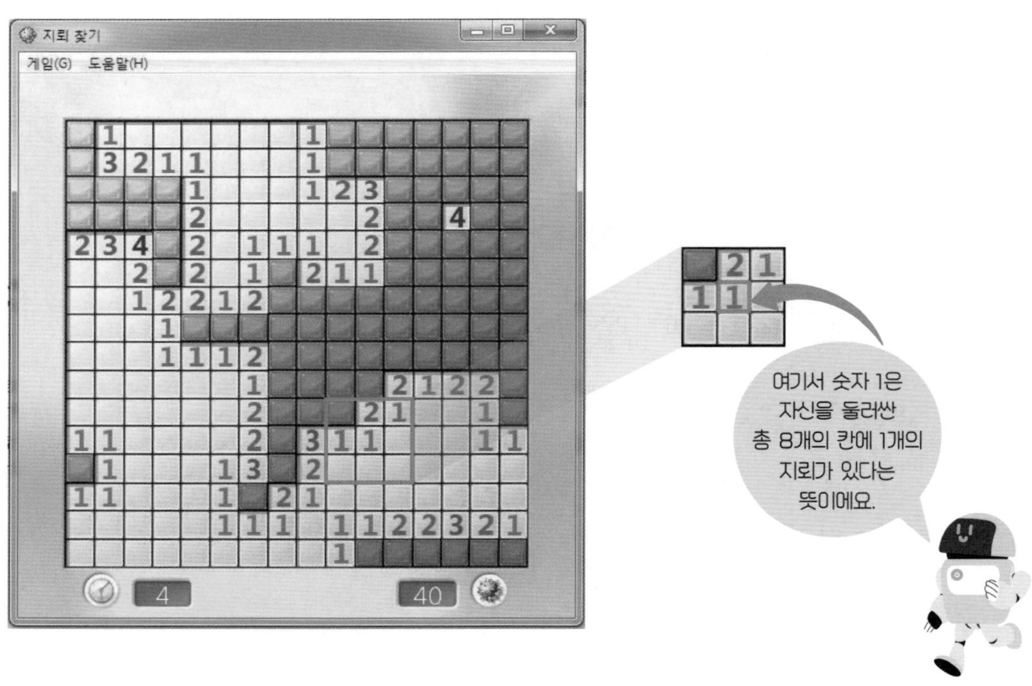

지뢰 찾기
게임(G) 도움말(H)
4
40
여기서 숫자 1은 자신을 둘러싼 총 8개의 칸에 1개의 지뢰가 있다는 뜻이에요.

지뢰 찾기는 현재까지 알려진 사실들을 결합하여 새로운 사실을 만들면서 퍼즐을 해결하는 게임이다. 이처럼 지식을 생성하면서 퍼즐을 해결하는 게임에는 '지뢰 찾기' 외에 또 어떤 것이 있을까?

핵심 개념 학습하기

지뢰 찾기 게임에서는 각 칸마다 표시되어 있는 인접한 지뢰 개수를 단서로 삼아 지뢰 위치를 추론하면서 게임을 진행한다. 추론은 이미 알고 있는 지식으로부터 새로운 논리적 결론을 도출하는 행위 또는 과정이다. 즉, 추론은 어떠한 판단을 근거로 삼아 다른 판단을 이끌어 내는 것이다. 추론 방법에는 귀납 추론과 연역 추론 등이 있다.

1 귀납 추론

귀납 추론은 개별적인 특수한 사실이나 현상에서 그러한 사례들이 포함되는 일반적인 결론을 이끌어 내는 추론 형식의 추리 방법이다. 귀납 추론은 개개의 구체적인 사실이나 관찰에서 얻어진 지식을 전체에 대한 일반적인 지식으로 이끌어 가는 절차이다. 또한 인간의 다양한 경험, 실천, 실험 등의 결과를 일반화하는 사고방식이다.

△ 귀납 추론의 예

2 연역 추론

연역 추론은 이미 알고 있는 판단을 근거로 새로운 판단을 유도하는 추론이다. 여기서 이미 알고 있는 판단은 전제, 새로운 판단은 결론이다. 진리가 될 수 있는 가능성을 따지는 귀납 추론과는 달리, 연역 추론은 명제들 간의 관계와 논리적 타당성을 따진다. 즉, 연역 추론으로는 전제들로부터 절대적인 필연성을 가진 결론을 이끌어 낼 수 있다.

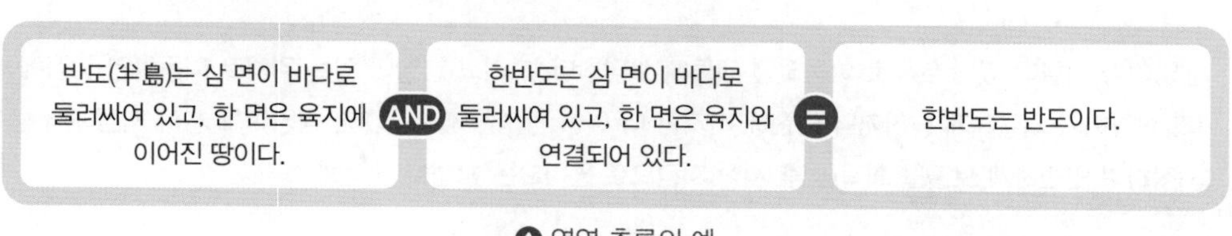

△ 연역 추론의 예

문제 해결하기 활동

다음 문제 상황을 참고하여 인공지능 에이전트가 동굴 안에 있는 보물을 찾아올 수 있도록 인공지능을 설계해 보자.

[문제 상황] 삼양이는 지도 없이 격자로 이루어진 동굴의 한 곳에 위치해 있다. 이 동굴의 각 칸은 비어 있거나 괴물, 함정과 같은 위험도 존재하고 보물도 있다. 각 위치에 무엇이 있는지는 알 수 없지만, 현재 위치와 상, 하, 좌, 우로 인접한 곳에는 무엇이 존재하는지 알 수 있다.

동굴 안 배치는 다음과 같다.

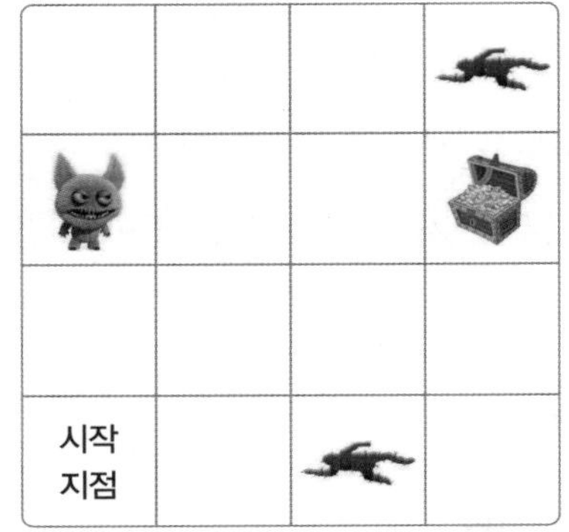

(캐릭터 의미: 괴물, 보물, 함정)

처리 조건

- 동굴에는 1마리의 괴물과 1개의 보물이 존재하며 0개 이상의 함정이 존재한다. 괴물이 있는 장소의 상하좌우 위치에서 괴물 냄새를 감지할 수 있고, 보물이 있는 장소의 상하좌우 위치에서는 반짝이는 빛을 감지할 수 있다. 함정이 있는 장소의 상하좌우 위치에서는 바람을 감지할 수 있다.

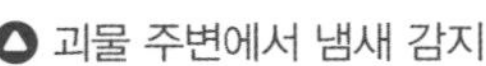

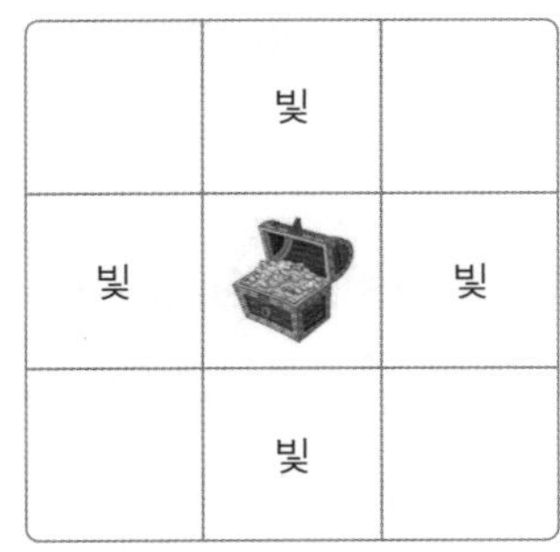

보물 주변에서 빛 감지

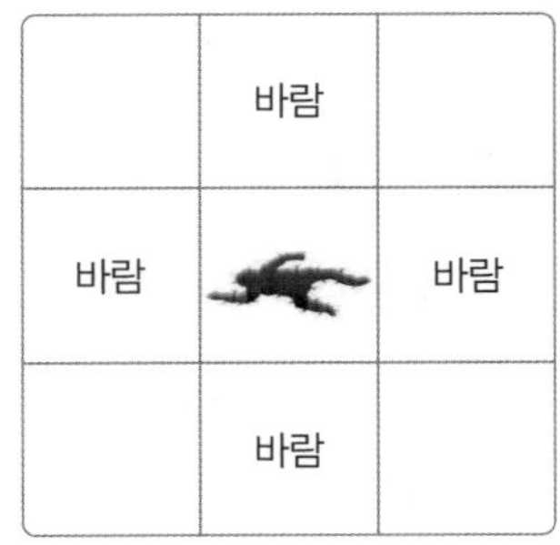

함정 주변에서 바람 감지

- 삼양이가 괴물이 있는 위치로 이동하면 괴물에게 당한다. 그리고 함정이 있는 위치로 이동하면 함정에 빠진다. 삼양이가 괴물에게 당하거나 함정에 빠지면 더 이상 탐색을 할 수 없다. 삼양이가 시작 지점에서 탐색을 시작하여 안전하게 보물을 획득한 후 시작 지점으로 돌아오는 방법을 생각해 보자.

해설

[문제 해결하기]

88쪽 문제 상황을 참고하여 지도가 없는 인공지능 에이전트가 보물을 찾아올 수 있도록 단계를 따라가면서 인공지능을 설계하면 다음과 같다.

❶ 해당 위치에서 감지할 수 있는 것들

냄새		바람	빛
	냄새	빛	바람
냄새		바람	빛
시작 지점	바람		바람

❷ 인공지능 에이전트가 추론을 통해 보물을 찾기 위해 해당 위치에 배치될 수 있는 것을 살펴보면 다음과 같다.

(4, 1) 보물/괴물/함정	(4, 2) 보물/괴물/함정	(4, 3) 보물/괴물/함정	(4, 4) 보물/괴물/함정
(3, 1) 보물/괴물/함정	(3, 2) 보물/괴물/함정	(3, 3) 보물/괴물/함정	(3, 4) 보물/괴물/함정
(2, 1) 보물/괴물/함정	(2, 2) 보물/괴물/함정	(2, 3) 보물/괴물/함정	(2, 4) 보물/괴물/함정
(1, 1) 시작 지점	(1, 2) 보물/괴물/함정	(1, 3) 보물/괴물/함정	(1, 4) 보물/괴물/함정

설명을 쉽게 하기 위해 각 칸에 좌표점(행, 열)을 추가했어요.

시작 지점에서 바람, 냄새, 빛을 모두 느낄 수 없으므로, 시작 시점의 상하좌우에는 보물, 괴물, 함정이 모두 없다고 판단할 수 있다.

냄새		바람	빛
	냄새	빛	바람
냄새		바람	빛
시작 지점	바람		바람

(4, 1) 보물/괴물/함정	(4, 2) 보물/괴물/함정	(4, 3) 보물/괴물/함정	(4, 4) 보물/괴물/함정
(3, 1) 보물/괴물/함정	(3, 2) 보물/괴물/함정	(3, 3) 보물/괴물/함정	(3, 4) 보물/괴물/함정
(2, 1) ~~보물/괴물/함정~~	(2, 2) 보물/괴물/함정	(2, 3) 보물/괴물/함정	(2, 4) 보물/괴물/함정
(1, 1) 시작 지점	(1, 2) ~~보물/괴물/함정~~	(1, 3) 보물/괴물/함정	(1, 4) 보물/괴물/함정

탐색 완료 , 탐색 중 　　　안전지대 , 새롭게 추가된 안전지대

단계 1 정보를 이용하여 (1, 2), (2, 1)은 보물, 괴물, 함정이 모두 존재하지 않는 지역임을 알 수 있다.

단계 2 **안전한 지역인 (1, 2)를 탐색해 보자. 여기에서는 바람을 느낄 수 있으므로 상하좌우에 함정이 존재할 수 있다. 또한 냄새와 빛을 느낄 수 없으므로 보물과 괴물은 없음을 알 수 있다.**

냄새		바람	빛
	냄새	빛	바람
냄새		바람	빛
시작 지점	바람		바람

(4, 1) 보물/괴물/함정	(4, 2) 보물/괴물/함정	(4, 3) 보물/괴물/함정	(4, 4) 보물/괴물/함정
(3, 1) 보물/괴물/함정	(3, 2) 보물/괴물/함정	(3, 3) 보물/괴물/함정	(3, 4) 보물/괴물/함정
(2, 1) ~~보물/괴물/함정~~	(2, 2) ~~보물/괴물~~/함정	(2, 3) 보물/괴물/함정	(2, 4) 보물/괴물/함정
(1, 1) 시작 지점	(1, 2) ~~보물/괴물/함정~~	(1, 3) ~~보물/괴물~~/함정	(1, 4) 보물/괴물/함정

탐색 완료 , 탐색 중 　　　안전지대 , 새롭게 추가된 안전지대

단계 3 **안전한 지역인 (2, 1)을 탐색해 보자. 여기에서는 냄새를 느낄 수 있으므로 상하좌우 중 괴물이 존재할 수 있다. 또한 바람과 빛을 느낄 수 없으므로 함정과 보물은 없음을 알 수 있다.**

냄새		바람	빛
	냄새	빛	바람
냄새		바람	빛
시작 지점	바람		바람

(4, 1) 보물/괴물/함정	(4, 2) 보물/괴물/함정	(4, 3) 보물/괴물/함정	(4, 4) 보물/괴물/함정
(3, 1) ~~보물~~/괴물/~~함정~~	(3, 2) 보물/괴물/함정	(3, 3) 보물/괴물/함정	(3, 4) 보물/괴물/함정
(2, 1) ~~보물/괴물/함정~~	(2, 2) ~~보물/괴물/함정~~	(2, 3) 보물/괴물/함정	(2, 4) 보물/괴물/함정
(1, 1) 시작 지점	(1, 2) ~~보물/괴물/함정~~	(1, 3) ~~보물/괴물~~/함정	(1, 4) 보물/괴물/함정

탐색 완료 , 탐색 중 　　　안전지대 , 새롭게 추가된 안전지대

단계 2 와 단계 3 정보를 이용하여 (2, 2)는 보물, 괴물, 함정이 모두 존재하지 않는 지역임을 알 수 있다.

단계 4 **안전한 지역인 (2, 2)를 탐색해 보자. 여기에서는 냄새, 바람, 빛을 모두 느낄 수 없으므로 상하좌우에는 괴물, 함정, 보물이 모두 없음을 알 수 있다.**

냄새		바람	빛
	냄새	빛	바람
냄새		바람	빛
시작 지점	바람		바람

(4, 1) 보물/괴물/함정	(4, 2) 보물/괴물/함정	(4, 3) 보물/괴물/함정	(4, 4) 보물/괴물/함정
(3, 1) ~~보물~~/괴물/~~함정~~	(3, 2) ~~보물/괴물/함정~~	(3, 3) 보물/괴물/함정	(3, 4) 보물/괴물/함정
(2, 1) ~~보물/괴물/함정~~	(2, 2) ~~보물/괴물/함정~~	(2, 3) ~~보물/괴물/함정~~	(2, 4) 보물/괴물/함정
(1, 1) 시작 지점	(1, 2) ~~보물/괴물/함정~~	(1, 3) ~~보물/괴물~~/함정	(1, 4) 보물/괴물/함정

탐색 완료 , 탐색 중 　　　안전지대 , 새롭게 추가된 안전지대

단계 4 정보를 이용하여 (2, 3), (3, 2)는 보물, 괴물, 함정이 모두 존재하지 않는 지역임을 알 수 있다.

단계 5 안전한 지역인 (3, 2)를 탐색해 보자. 여기에서는 냄새를 느낄 수 있으므로 상하좌우 중 괴물이 존재할 수 있다. 또한 바람과 빛을 느낄 수 없으므로 함정과 보물은 없음을 알 수 있다.

냄새		바람	빛
	냄새	빛	바람
냄새		바람	빛
시작 지점	바람		바람

탐색 완료 , 탐색 중

(4, 1) 보물/괴물/함정	(4, 2) ~~보물~~/괴물/~~함정~~	(4, 3) 보물/괴물/함정	(4, 4) 보물/괴물/함정
(3, 1) ~~보물~~/괴물/~~함정~~	(3, 2) ~~보물/괴물/함정~~	(3, 3) ~~보물~~/괴물/~~함정~~	(3, 4) 보물/괴물/함정
(2, 1) ~~보물/괴물/함정~~	(2, 2) ~~보물/괴물/함정~~	(2, 3) ~~보물/괴물/함정~~	(2, 4) 보물/괴물/함정
(1, 1) 시작 지점	(1, 2) ~~보물/괴물/함정~~	(1, 3) ~~보물/괴물~~/함정	(1, 4) 보물/괴물/함정

안전지대 , 새롭게 추가된 안전지대

단계 6 안전한 지역인 (2, 3)을 탐색해 보자. 여기에서는 바람을 느낄 수 있으므로 상하좌우 중 함정이 존재할 수 있다. 또한 냄새와 빛을 느낄 수 없으므로 괴물과 보물은 없음을 알 수 있다.

냄새		바람	빛
	냄새	빛	바람
냄새		바람	빛
시작 지점	바람		바람

탐색 완료 , 탐색 중

(4, 1) 보물/괴물/함정	(4, 2) ~~보물~~/괴물/~~함정~~	(4, 3) 보물/괴물/함정	(4, 4) 보물/괴물/함정
(3, 1) ~~보물~~/괴물/~~함정~~	(3, 2) ~~보물/괴물/함정~~	(3, 3) ~~보물/괴물/함정~~	(3, 4) 보물/괴물/함정
(2, 1) ~~보물/괴물/함정~~	(2, 2) ~~보물/괴물/함정~~	(2, 3) ~~보물/괴물/함정~~	(2, 4) ~~보물/괴물~~/함정
(1, 1) 시작 지점	(1, 2) ~~보물/괴물/함정~~	(1, 3) ~~보물/괴물~~/함정	(1, 4) 보물/괴물/함정

안전지대 , 새롭게 추가된 안전지대

단계 5, **단계 6** 정보를 이용하여 (3, 3)은 보물, 괴물, 함정이 모두 존재하지 않는 지역임을 알 수 있다.

단계 7 **안전한 지역인 (3, 3)을 탐색해 보자. 여기에서는 빛을 느낄 수 있으므로 상하좌우 중 보물이 존재할 수 있다. 또한 냄새와 바람을 느낄 수 없으므로 괴물과 함정은 없음을 알 수 있다.**

냄새		바람	빛
	냄새	빛	바람
냄새		바람	빛
시작 지점	바람		바람

탐색 완료 , 탐색 중

(4, 1) 보물/괴물/함정	(4, 2) ~~보물~~/괴물/~~함정~~	(4, 3) 보물/~~괴물/함정~~	(4, 4) 보물/괴물/함정
(3, 1) ~~보물~~/괴물/~~함정~~	(3, 2) ~~보물/괴물/함정~~	(3, 3) ~~보물/괴물/함정~~	(3, 4) 보물/~~괴물/함정~~
(2, 1) ~~보물/괴물/함정~~	(2, 2) ~~보물/괴물/함정~~	(2, 3) ~~보물/괴물/함정~~	(2, 4) ~~보물/괴물~~/함정
(1, 1) 시작 지점	(1, 2) ~~보물/괴물/함정~~	(1, 3) ~~보물/괴물~~/함정	(1, 4) 보물/괴물/함정

안전지대 , 새롭게 추가된 안전지대

단계 7 에서 얻은 정보를 이용하여 (3, 4), (4, 3)은 보물이 존재할 수 있고, 괴물과 함정은 존재하지 않는 지역임을 알 수 있다.

단계 8 **보물이 존재할 수 있는 안전한 지역인 (4, 3)을 탐색해 보자. 여기에서는 바람을 느낄 수 있으므로 상하좌우 중 함정이 존재할 수 있다. 또한 냄새와 빛을 느낄 수 없으므로 괴물과 보물은 없음을 알 수 있다.**

탐색 완료 , 탐색 중

(4, 1) 보물/괴물/함정	(4, 2) ~~보물/괴물/함정~~	(4, 3) ~~보물/괴물/함정~~	(4, 4) ~~보물/괴물~~/함정
(3, 1) ~~보물~~/괴물/~~함정~~	(3, 2) ~~보물/괴물/함정~~	(3, 3) ~~보물/괴물/함정~~	(3, 4) 보물/~~괴물/함정~~
(2, 1) ~~보물/괴물/함정~~	(2, 2) ~~보물/괴물/함정~~	(2, 3)) ~~보물/괴물/함정~~	(2, 4) ~~보물/괴물~~/함정
(1, 1) 시작 지점	(1, 2) ~~보물/괴물/함정~~	(1, 3) ~~보물/괴물~~/함정	(1, 4) 보물/괴물/함정

안전지대 , 새롭게 추가된 안전지대

단계 8 에서 얻은 정보를 이용하여 (4, 2)는 보물, 괴물, 함정이 모두 존재하지 않는 지역임을 알 수 있다.

단계 9 **보물이 존재할 수 있는 안전한 지역인 (3, 4)를 탐색해 보자. 여기에서는 보물이 존재하고 바람을 느낄 수 있으므로 상하좌우 중 함정이 존재할 수 있다. 또한 냄새와 빛을 느낄 수 없으므로 괴물과 보물은 없음을 알 수 있다. 보물을 찾았으므로 안전지대를 이용하여 동굴 밖으로 나오면 된다.**

냄새		바람	빛
	냄새	빛	바람
냄새		바람	빛
시작 지점	바람		바람

탐색 완료 , 탐색 중

(4, 1) 보물/괴물/함정	(4, 2) ~~보물/괴물/함정~~	(4, 3) ~~보물/괴물/함정~~	(4, 4) ~~보물/괴물~~/함정
(3, 1) ~~보물~~/괴물/~~함정~~	(3, 2) ~~보물/괴물/함정~~	(3, 3) ~~보물/괴물/함정~~	(3, 4) 보물/~~괴물/함정~~
(2, 1) ~~보물/괴물/함정~~	(2, 2) ~~보물/괴물/함정~~	(2, 3) ~~보물/괴물/함정~~	(2, 4) ~~보물/괴물~~/함정
(1, 1) 시작 지점	(1, 2) ~~보물/괴물/함정~~	(1, 3) ~~보물/괴물~~/함정	(1, 4) 보물/괴물/함정

안전지대 , 새롭게 추가된 안전지대

위와 같은 작업을 통해 목표 상태인 보물을 찾았기 때문에 탐색을 종료한다.

더 나아가기

다음은 지뢰 찾기의 변형 문제로 격자판의 숫자는 자신을 포함하여 자신과 인접한 총 9개의 칸에 설치된 지뢰의 수를 나타낸다.

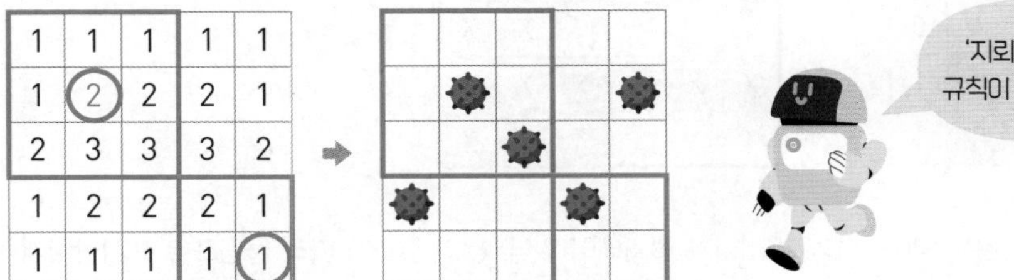

'지뢰 찾기' 게임마다
규칙이 조금씩 다르구나.

● **6×6 격자판에 7개의 지뢰가 설치되어 있고 각 칸의 수가 오른쪽 그림과 같을 때, 추론을 통해 지뢰가 설치된 칸을 찾아보자.**

1	1	1	1	1	1
1	1	2	2	2	1
2	3	3	3	2	1
1	3	3	3	1	0
1	3	2	2	1	1
0	1	1	1	1	1

❶ 지뢰의 수가 0개인 곳부터 탐색을 시작해 보자. 숫자 0과 인접한 구역에 설치된 지뢰의 수가 0개이므로, 구역의 모든 칸에는 지뢰가 설치되어 있지 않다.

1	1	1	1	1	1
1	1	2	2	2	1
2	3	3	3	2	1
1	3	3	3	1	0
1	3	2	2	1	1
0	1	1	1	1	1

				X	X
				X	X
X	X			X	X
X	X				

❷ 이번에는 이미 정보를 알고 있는 칸과 가까이에 있으면서, 지뢰의 수가 1개인 곳을 탐색한다. 파란색 네모로 표시된 구역에는 1개의 지뢰가 설치되어 있다. ❶의 결과에 따라 윗줄 2칸에는 지뢰가 설치되어 있지 않으므로, 물음표로 표시한 2개의 칸 중 1칸에 지뢰가 설치되어 있음을 추론할 수 있다. 지뢰가 설치될 가능성이 있는 칸은 물음표(?)로 나타냈다.

1	1	1	1	1	1
1	1	2	2	2	1
2	3	3	3	2	1
1	3	3	3	1	0
1	3	2	2	1	1
0	1	1	1	1	1

				X	X
				X	X
X	X			X	X
X	X			?	?

❸ 파란색 네모로 표시된 구역에는 1개의 지뢰가 설치되어 있다. 물음표가 있는 2개의 칸 중 하나에 이미 지뢰가 1개 있으므로, 분홍색으로 표시한 2칸에는 지뢰가 설치되어 있지 않음을 추론할 수 있다.

1	1	1	1	1	1
1	1	2	2	2	1
2	3	3	3	2	1
1	3	3	3	1	0
1	3	2	2	1	1
0	1	1	1	1	1

				X	X
				X	X
X	X		X	X	X
X	X		X	?	?

❹ 파란색 네모로 표시된 구역에는 1개의 지뢰가 설치되어 있다. ❸의 결과에 따라 물음표로 표시한 2개의 칸 중 1칸에 지뢰가 설치되어 있음을 추론할 수 있다.

1	1	1	1	1	1
1	1	2	2	2	1
2	3	3	3	2	1
1	3	3	3	1	0
1	3	2	2	1	1
0	1	1	1	1	1

				?	?
				X	X
				X	X
X	X		X	X	X
X	X		X	?	?

❺ 파란색 네모로 표시된 구역에는 1개의 지뢰가 설치되어 있다. 물음표가 있는 2개의 칸 중 하나에 이미 지뢰가 1개 있으므로, 분홍색으로 표시한 4칸에는 지뢰가 설치되어 있지 않다.

1	1	1	1	1	1
1	1	2	2	2	1
2	3	3	3	2	1
1	3	3	3	1	0
1	3	2	2	1	1
0	1	1	1	1	1

			X	X	X
			X	?	?
				X	X
				X	X
X	X		X	X	X
X	X		X	?	?

❻ 파란색 네모로 표시된 구역에는 1개의 지뢰가 설치되어 있다. 따라서 물음표로 표시한 2개의 칸 중 1칸에 지뢰가 설치되어 있다.

1	1	1	1	1	1
1	1	2	2	2	1
2	3	3	3	2	1
1	3	3	3	1	0
1	3	2	2	1	1
0	1	1	1	1	1

			X	X	X
			X	?	?
				X	X
?	?			X	X
X	X		X	X	X
X	X		X	?	?

❼ 파란색 네모로 표시된 구역에는 1개의 지뢰가 설치되어 있다. 물음표가 있는 2개의 칸 중 하나에 이미 지뢰가 1개 있으므로, 분홍색으로 표시한 2칸에는 지뢰가 설치되어 있지 않다.

1	1	1	1	1	1
1	1	2	2	2	1
2	3	3	3	2	1
1	3	3	3	1	0
1	3	2	2	1	1
0	1	1	1	1	1

			X	X	X
			X	?	?
X	X			X	X
?	?			X	X
X	X		X	X	X
X	X		X	?	?

❽ 지뢰의 수가 1개가 아니더라도 이미 지뢰 유무를 알고 있는 칸과 가까이에 있는 칸을 중심으로 탐색을 계속해 나간다. 파란색 네모로 표시된 구역에는 2개의 지뢰가 설치되어 있다. 따라서 분홍색 바탕에 물음표로 표시한 2개의 칸 중 1칸에 지뢰가 설치되어 있다.

1	1	1	1	1	1
1	1	2	2	2	1
2	3	3	3	2	1
1	3	3	3	1	0
1	3	2	2	1	1
0	1	1	1	1	1

			X	X	X
?	?		X	?	?
X	X			X	X
?	?			X	X
X	X		X	X	X
X	X		X	?	?

❾ 파란색 네모로 표시된 구역에는 1개의 지뢰가 설치되어 있다. 물음표가 있는 2개의 칸 중 하나에 이미 지뢰가 1개 있으므로, 분홍색으로 표시한 4칸에는 지뢰가 설치되어 있지 않다.

1	1	1	1	1	1
1	1	2	2	2	1
2	3	3	3	2	1
1	3	3	3	1	0
1	3	2	2	1	1
0	1	1	1	1	1

X	X	X	X	X	X
?	?	X	X	?	?
X	X			X	X
?	?			X	X
X	X		X	X	X
X	X		X	?	?

❿ 파란색 네모로 표시된 구역에는 1개의 지뢰가 설치되어 있다. 물음표 하나를 제외하고 나머지 5개의 칸이 모두 ×로 표시되어 있으므로, 물음표로 표시한 칸에 지뢰가 설치되어 있음을 추론할 수 있다.

1	1	1	1	1	1
1	1	2	2	2	1
2	3	3	3	2	1
1	3	3	3	1	0
1	3	2	2	1	1
0	1	1	1	1	1

X	X	X	X	X	X
?		X	X	?	?
X	X			X	X
?	?			X	X
X	X		X	X	X
X	X		X	?	?

⑪ 파란색 네모로 표시된 구역에는 1개의 지뢰가 설치되어 있다. 지뢰 1개를 이미 찾았으므로, 분홍색으로 표시한 2칸에는 지뢰가 설치되어 있지 않다.

1	1	1	1	1	1
1	1	2	2	2	1
2	3	3	3	2	1
1	3	3	3	1	0
1	3	2	2	1	1
0	1	1	1	1	1

X	X	X	X	X	X
X		X	X	?	?
X	X	X		X	X
?	?			X	X
X	X		X	X	X
X	X		X	?	?

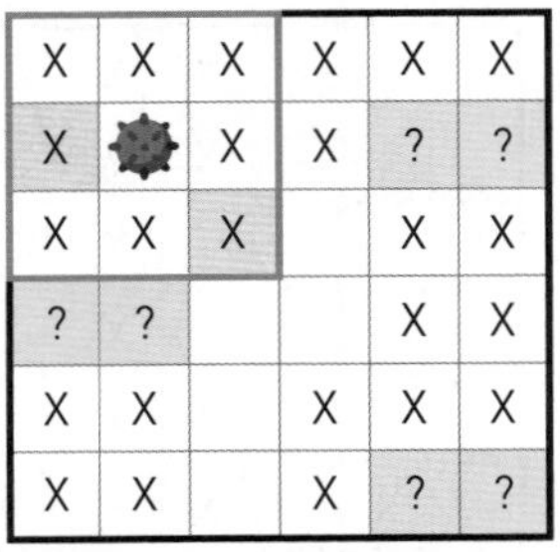

⑫ 파란색 네모로 표시된 구역에는 2개의 지뢰가 설치되어 있다. 따라서 분홍색으로 표시한 2칸에 지뢰가 설치되어 있다.

1	1	1	1	1	1
1	1	2	2	2	1
2	3	3	3	2	1
1	3	3	3	1	0
1	3	2	2	1	1
0	1	1	1	1	1

X	X	X	X	X	X
X		X	X		?
X	X	X		X	X
?	?			X	X
X	X		X	X	X
X	X		X	?	?

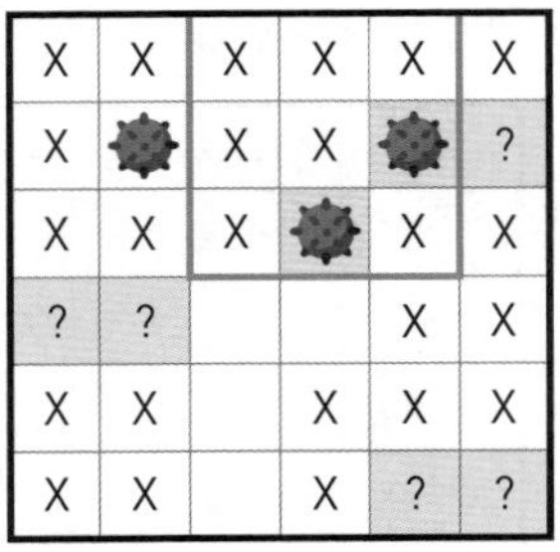

⑬ 파란색 네모로 표시된 구역에는 2개의 지뢰가 설치되어 있다. 지뢰 2개를 이미 찾았으므로, 분홍색으로 표시한 2칸에는 지뢰가 설치되어 있지 않다.

1	1	1	1	1	1
1	1	2	2	2	1
2	3	3	3	2	1
1	3	3	3	1	0
1	3	2	2	1	1
0	1	1	1	1	1

X	X	X	X	X	X
X		X	X		X
X	X	X		X	X
?	?		X	X	X
X	X		X	X	X
X	X		X	?	?

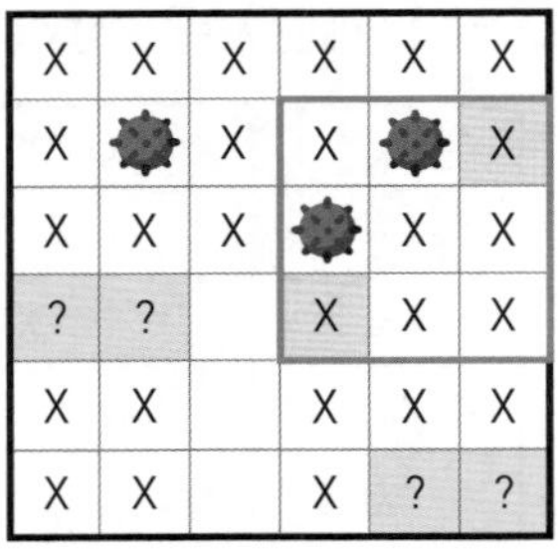

⑭ 파란색 네모로 표시된 구역에는 3개의 지뢰가 설치되어 있다. 따라서 분홍색으로 표시한 2칸에 지뢰가 설치되어 있다.

1	1	1	1	1	1
1	1	2	2	2	1
2	3	3	3	2	1
1	3	3	3	1	0
1	3	2	2	1	1
0	1	1	1	1	1

X	X	X	X	X	X
X		X	X		X
X	X	X		X	X
?	?		X	X	X
X	X		X	X	X
X	X		X	?	?

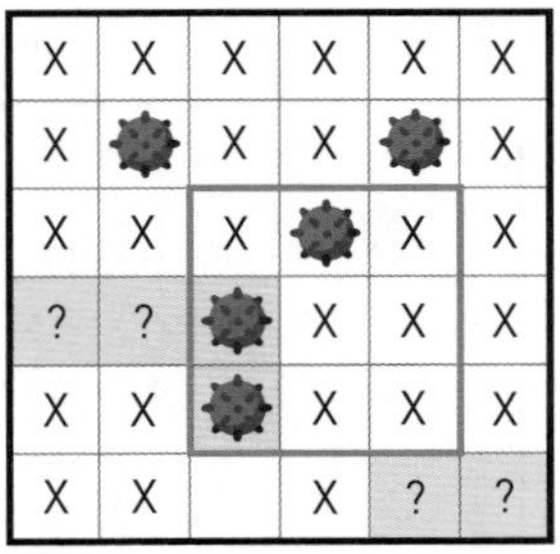

⑮ 파란색 네모로 표시된 구역에는 1개의 지뢰가 설치되어 있다. 지뢰 1개를 이미 찾았으므로, 분홍색으로 표시한 2칸에는 지뢰가 설치되어 있지 않다.

1	1	1	1	1	1
1	1	2	2	2	1
2	3	3	3	2	1
1	3	3	3	1	0
1	3	2	2	1	1
0	1	1	1	1	1

X	X	X	X	X	X
X		X	X		X
X	X	X		X	X
?	?		X	X	X
X	X		X	X	X
X	X	X	X	X	?

⑯ 파란색 네모로 표시된 구역에는 1개의 지뢰가 설치되어 있다. ⑮의 결과에 따라 물음표 하나를 제외하고 나머지 3개의 칸이 모두 ×로 표시되어 있으므로, 물음표로 표시한 칸에 지뢰가 설치되어 있다.

1	1	1	1	1	1
1	1	2	2	2	1
2	3	3	3	2	1
1	3	3	3	1	0
1	3	2	2	1	1
0	1	1	1	1	1

X	X	X	X	X	X
X		X	X		X
X	X	X		X	X
?	?		X	X	X
X	X		X	X	X
X	X	X	X	X	

⑰ 파란색 네모로 표시된 구역에는 3개의 지뢰가 설치되어 있다. 지뢰 3개를 이미 찾았으므로, 분홍색으로 표시한 1칸에는 지뢰가 설치되어 있지 않다.

1	1	1	1	1	1
1	1	2	2	2	1
2	3	3	3	2	1
1	3	3	3	1	0
1	3	2	2	1	1
0	1	1	1	1	1

X	X	X	X	X	X
X		X	X		X
X	X	X		X	X
?	X		X	X	X
X	X		X	X	X
X	X	X	X	X	

⑱ 파란색 네모로 표시된 구역에는 1개의 지뢰가 설치되어 있다. 물음표 하나를 제외하고 나머지 5개의 칸이 모두 ×로 표시되어 있으므로, 물음표로 표시한 칸에 지뢰가 설치되어 있음을 추론할 수 있다.

1	1	1	1	1	1
1	1	2	2	2	1
2	3	3	3	2	1
1	3	3	3	1	0
1	3	2	2	1	1
0	1	1	1	1	1

X	X	X	X	X	X
X		X	X		X
X	X	X		X	X
	X		X	X	X
X	X		X	X	X
X	X	X	X	X	

따라서 지뢰가 설치되어 있는 곳은 다음과 같다.

04 데이터를 이용하여 관계를 예측해 볼까?

핵심 개념 회귀 문제, 분류 문제, 예측 함수

학습 목표 회귀 문제를 이해하고, 수집된 데이터를 통해 예측하여 문제를 해결할 수 있다.

기계학습은 인간의 학습 능력을 로봇이나 컴퓨터를 통해 구현하는 인공지능 기술로, 프로그래머의 직접적인 명령 없이 기계학습 모델이 데이터를 통해 스스로 학습하는 것을 말한다. 이렇게 학습된 모델을 이용하여 데이터 내의 패턴을 식별하고, 값을 예측할 수 있다.

학생들이 수집한 조건 데이터와 측정 데이터 간의 관계를 찾아보자.

핵심 개념 학습하기

1 회귀 문제와 분류 문제

지도학습으로 다루는 문제는 크게 회귀 문제와 분류 문제로 나눌 수 있다. 예측하는 값이 연속값★이면 회귀 문제이고, 예측하는 값이 이산값★이면 분류 문제이다.

첫째, 회귀 문제는 주어진 입력 데이터와 출력 데이터의 쌍으로 학습이 진행된다. 이때 입력받은 데이터를 이용하여 연속된 예측값을 계산하고, 계산된 값과 출력 데이터 간의 차이인 오차★를 계산한다. 그 오차를 이용하여 입력받은 데이터를 처리하는 함수 관계를 바꾸어 가면서 학습한다. 학습 후에는 미지의 입력 데이터에 대해서 학습된 함수 관계를 이용하여 데이터를 처리한 후 출력되는 실숫값인 예측값을 출력한다.

★ **연속형 변수와 이산형 변수**
연속형 변수: 변수가 연속된 구간의 값을 가지는 것(예 1≦x≦3을 만족하는 x)
이산형 변수: 변수의 값들이 연속적이지 않고 끊어져 있는 것(예 x는 1, 2, 3 중 하나)

★ **오차**
어떠한 물체나 현상을 측정한 값이 실제의 값과 동떨어진 정도를 말한다.

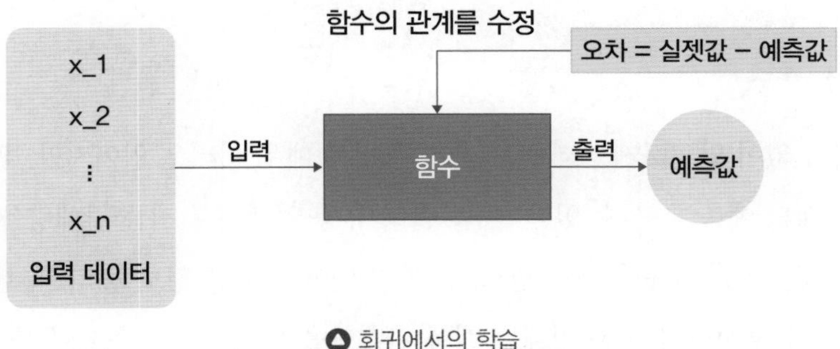

회귀에서의 학습

둘째, 분류 문제는 입력 데이터를 함수를 통해 값을 처리한 후 {0, 1} 중 하나로 나누는 이진 분류, 3개 이상의 값 중 하나로 나누는 다중 분류가 있다. 예를 들어, 동물 사진을 입력받아 {'개', '고양이'} 중 하나로 분류하는 문제는 이진 분류, 숫자 이미지를 입력받아 {'0', '1', '2', … , '9'} 중 하나로 분류하는 문제는 다중 분류에 속한다.

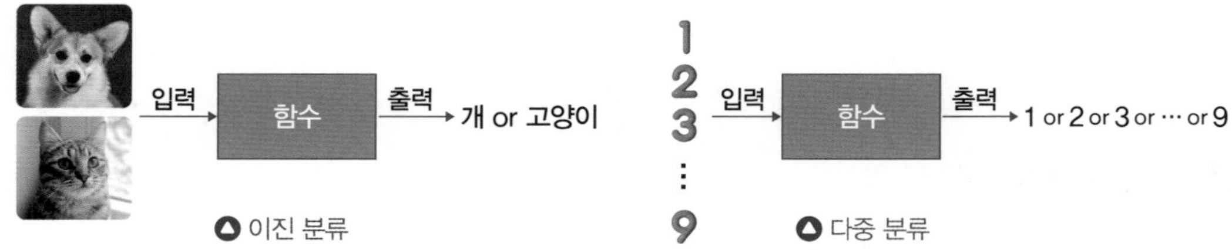

△ 이진 분류 △ 다중 분류

분류 문제도 회귀 문제와 같이 주어진 입력 데이터와 출력 데이터의 쌍으로 학습이 진행되며, 입력받은 데이터를 함수 관계를 바탕으로 계산하여 계산된 출력 데이터와 실제 분류와의 오차를 계산하고, 그 오차를 이용하여 입력받은 데이터를 처리하는 함수 관계를 바꾸어 가면서 학습한다. 회귀 문제와의 차이점은 연속값이 아닌 이산값을 출력하는 것이다. 학습 후에는 미지의 입력 데이터에 대해 학습된 함수 관계를 이용하여 데이터를 처리한 후 n개 중 하나로 분류 결과를 출력한다.

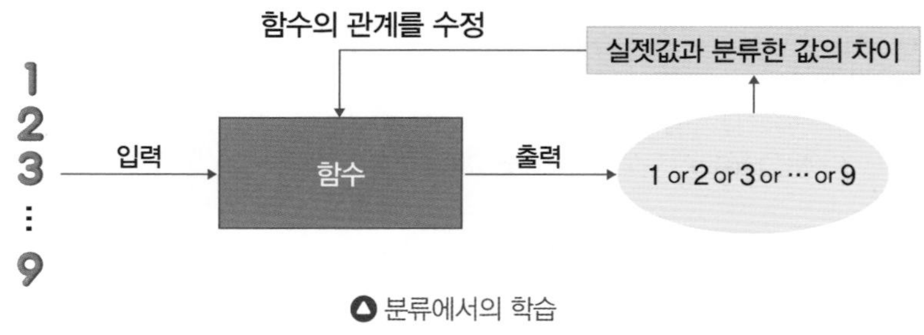

△ 분류에서의 학습

2 선형 회귀

아무런 데이터 없이 막연하게 미래를 예측하는 것은 매우 어려운 일이지만, 과거의 데이터를 이용하면 미래를 예측해 볼 수 있다. 예를 들어 유통 업체에서 제품 판매량을 예측하기 위해서는 고객 정보, 특정 제품의 구매 빈도, 소셜 미디어의 동향 정보 등의 빅 데이터가 필요하다. 빅 데이터를 분석하여 유통 업체는 제품 판매량을 예측하는 예측 함수를 만들 수 있으며, 예측 함수를 통해 정보를 생산하여 고객 분석(고객 타깃팅)부터 매출 예측, 재고 관리 등에 활용할 수 있다.

예측 함수를 수학적으로 표현하기 위해 제품 판매량을 y라 하고, 제품 판매량에 영향을 주는 고객 정보, 특정 제품의 구매 빈도, 소셜 미디어의 동향 정보 등을 x라고 하자. 제품 판매량에 영향을 주는 x가 변함에 따라 제품 판매량인 y도 변한다. 이때, x를 독립 변수, y를 종속 변수라고 한다. 독립 변수는 종속 변수(결과)에 영향을 미치는 변수이며, 종속 변수는 독립 변수로 인해 영향을 받는, 즉 결과를 의미하는 변수이다. 선형 회귀란 독립 변수 x를 사용하여 종속 변수 y를 예측하는 것을 말한다.

선형 회귀는 널리 사용되는 대표적인 회귀 알고리즘으로, 종속 변수 y와 하나 이상의 독립 변수 x와의 선형 상관관계를 모델링하는 기법이다. 만약 독립 변수 x가 1개라면 단순 선형 회귀라고 하고, 2개 이상이면 다중 선형 회귀라고 한다.

(1) 단순 선형 회귀(Simple Linear Regression)

단순 선형 회귀는 y=wx+b의 식으로 나타낸다. 기계학습에서는 독립 변수 x에 곱해지는 w값을 가중치(weight), 상수항에 해당하는 b를 편향(bias)이라고 부른다. 따라서 단순 선형 회귀 모델을 훈련하는 것은 적절한 w와 b값을 찾는 것이며, 그래프 형태는 직선으로 나타난다.

(2) 다중 선형 회귀(Multiple Linear Regression)

다중 선형 회귀는 $y=w_1x_1+w_2x_2+\cdots+w_nx_n+b$의 식으로 나타낸다. 여러 독립 변수에 의해 영향을 받는 경우이다. 만약 2개의 독립 변수면 그래프는 평면으로 나타난다.

3 평균제곱오차

회귀 문제를 해결하는 가장 기본적인 방법은 입력 x와 출력 y의 관계인 예측 함수를 $y=a_nx^n+a_{n-1}x^{n-1}+\cdots+a_1x+a_0$라 가정하고, 함수에 데이터를 입력하였을 때 실젯값과 출력되는 예측값과의 오차가 최소가 되는 a_n, a_{n-1}, a_{n-2}, $\cdots$, a_0을 찾는 것이다. 예를 들어, 1차 다항식 형태의 함수를 생각해 보자.

$$y=ax+b$$

이때 주어진 입출력 데이터의 쌍에 대하여 예측 오차가 가장 작게 나오는 (a, b)를 찾는 것이 회귀 문제에서 풀어야 할 문제이다. 그렇다면 실젯값과 예측값의 오차를 어떻게 계산할 수 있을까? 오차를 계산하는 방법은 다양한 방법이 있는데 그중에서 평균제곱오차에 대해 알아보자.

평균제곱오차는 오차의 제곱을 평균으로 나눈 값으로 $(\text{실젯값}-\text{예측값})^2$의 평균으로 계산할 수 있다. 평균제곱오차가 0에 가까울수록 예측한 값이 실젯값에 가까운 것이기 때문에 정확도가 높다고 할 수 있다.

예제 **평균제곱오차 계산하기**

아래와 같은 데이터가 있고, 예측 함수가 y=2x+1일 때, 평균제곱오차를 계산해 보자.

x	2	3	3	4
y	5	6	8	7

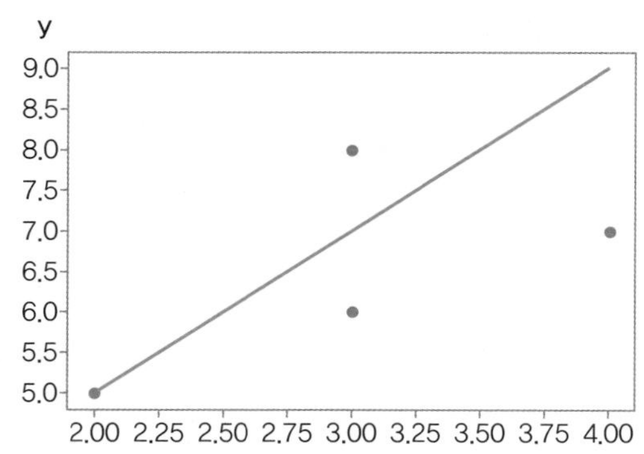

아래와 같이 예측값과 오차를 계산할 수 있다.

x	2	3	3	4
y(실젯값)	5	6	8	7
y=2x+1(예측값)	5	7	7	9
오차(실젯값−예측값)	5−5=0	6−7=−1	8−7=1	7−9=−2

이때 오차는 0, −1, 1, −2이다.

이 값을 제곱하여 더하면 $(0)^2+(-1)^2+(1)^2+(-2)^2=0+1+1+4=6$이다.

따라서 평균제곱오차는 $\frac{6}{4}=\frac{3}{2}$이다.

4 최소제곱법

평균제곱오차가 가장 작은 예측 함수 y=ax+b를 찾아보자. 다시 말해 예측 함수의 a와 b의 값을 찾는 것으로, 이때 최소제곱법을 사용할 수 있다. 최소제곱법은 회귀 분석의 한 방법으로 기계학습에 많이 사용되고 있으며, 함수를 통해 계산된 값이 실젯값과의 평균제곱오차가 최소가 되는 예측 함수를 찾는 수학적 방법 중 하나이다. 최소제곱법을 이용하여 a와 b를 계산하는 알고리즘은 다음과 같다.

$$a=\frac{(x_i-\bar{x})(y_i-\bar{y})\text{의 합}}{(x_i-\bar{x})^2\text{의 합}},\quad b=\bar{y}-(\bar{x}\times a)\text{(이때, }\bar{x}\text{는 x의 평균, }\bar{y}\text{는 y의 평균)}$$

예제 최소제곱법을 이용하여 예측 함수를 계산하고, 예측 함수의 평균제곱오차 계산하기

아래와 같은 데이터를 가지고 최소제곱법을 이용하여 예측 함수 y=ax+b를 계산해 보자.

x	2	3	3	4
y	5	6	8	7

x의 평균과 y의 평균은 다음과 같이 계산할 수 있다.

$$\bar{x}=\frac{2+3+3+4}{4}=\frac{12}{4}=3$$

$$\bar{y}=\frac{5+6+8+7}{4}=\frac{26}{4}=6.5$$

이번에는 a를 계산하면 다음과 같다.

$$\begin{aligned}a&=\frac{(2-3)(5-6.5)+(3-3)(6-6.5)+(3-3)(8-6.5)+(4-3)(7-6.5)}{(2-3)^2+(3-3)^2+(3-3)^2+(4-3)^2}\\&=\frac{1.5+0+0+0.5}{(-1)^2+0^2+0^2+1^2}\\&=\frac{2}{2}\\&=1\end{aligned}$$

따라서 a는 1이다.

$$\begin{aligned}b&=6.5-(3\times1)\\&=6.5-3\\&=3.5\end{aligned}$$

따라서 데이터를 바탕으로 한 예측 함수는 y=x+3.5이다. 예측 함수를 데이터와 함께 그래프를 그려 보면 오른쪽과 같다.

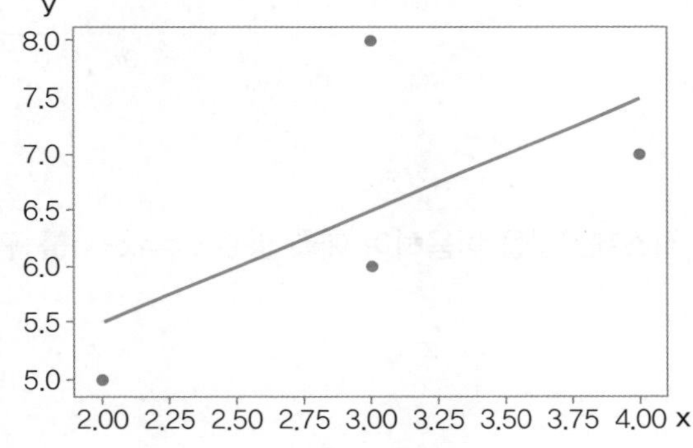

데이터를 바탕으로 1차식으로 된 예측 함수의 평균제곱오차를 계산해 보자.

x	2	3	3	4
y(실젯값)	5	6	8	7
y=x+3.5(예측값)	5.5	6.5	6.5	7.5
오차(실젯값−예측값)	5−5.5=−0.5	6−6.5=−0.5	8−6.5=1.5	7−7.5=−0.5

이때 오차는 −0.5, −0.5, 1.5, −0.5이다. 이를 제곱하여 더하면

$(-0.5)^2+(-0.5)^2+(1.5)^2+(-0.5)^2=0.25+0.25+2.25+0.25=3$이다.

따라서 평균제곱오차는 $\frac{3}{4}=0.75$이다.

따라서 최소제곱법으로 계산한 예측 함수 y=x+3.5가 y=2x+1보다 오차가 더 작음을 확인할 수 있다.

문제 해결하기 활동

다음과 같은 10개의 데이터를 바탕으로 다음 문항에 답해 보자.

	1	2	3	4	5	6	7	8	9	10
x	10	−2	−21	−15	25	5	−7	−16	2	−11
y	19	−11	−49	−31	48	6	−19	−30	4	−19

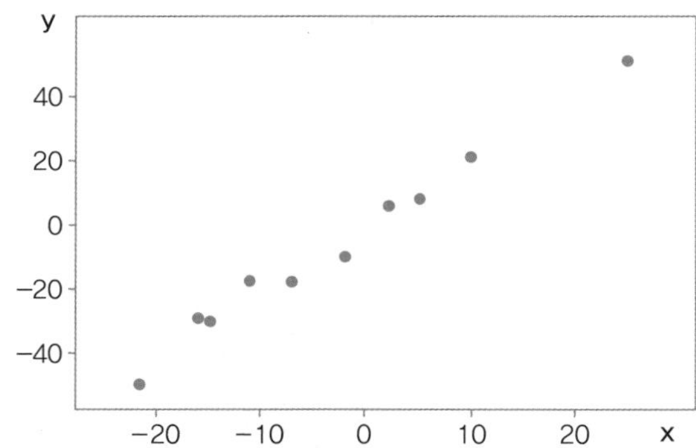

1 최소제곱법을 이용하여 예측 함수 y=ax+b를 구해 보자.

2 **1**번에서 구한 예측 함수의 평균제곱오차를 계산해 보자.

1 최소제곱법을 이용하여 예측 함수 y=ax+b를 구하는 과정을 살펴보면 다음과 같다.

	1	2	3	4	5	6	7	8	9	10
x	10	−2	−21	−15	25	5	−7	−16	2	−11
y	19	−11	−49	−31	48	6	−19	−30	4	−19

❶ x의 평균을 구하면 다음과 같다.

$$\bar{x} = \frac{10+(-2)+(-21)+(-15)+25+5+(-7)+(-16)+2+(-11)}{10}$$
$$= \frac{30}{10}$$
$$= -3$$

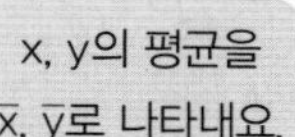

❷ y의 평균을 구하면 다음과 같다.

$$\bar{y} = \frac{19+(-11)+(-49)+(-31)+48+6+(-19)+(-30)+4+(-19)}{10}$$
$$= -\frac{82}{10}$$
$$= -8.2$$

❸ y=ax+b에서 a와 b의 값을 구하기 위해 표를 이용하여 $x-\bar{x}$, $y-\bar{y}$, $(x-\bar{x})^2$, $(x-\bar{x})(y-\bar{y})$를 계산하면 다음과 같다.

	x	y	$x-\bar{x}$	$y-\bar{y}$	$(x-\bar{x})^2$	$(x-\bar{x})(y-\bar{y})$
1	10	19	13	27.2	169	353.6
2	−2	−11	1	−2.8	1	−2.8
3	−21	−49	−18	−40.8	324	734.4
4	−15	−31	−12	−22.8	144	273.6
5	25	48	28	56.2	784	1573.6
6	5	6	8	14.2	64	113.6
7	−7	−19	−4	−10.8	16	43.2
8	−16	−30	−13	−21.8	169	283.4
9	2	4	5	12.2	25	61
10	−11	−19	−8	−10.8	64	86.4
		합계			1760	3520

a를 계산하면 $a = \frac{3520}{1760}$

$= 2$이다.

b를 계산하면 $b = -8.2 - ((-3) \times 2)$

$= -8.2 + 6$

$= -2.2$이다.

따라서 예측 함수는 $y=2x-2.2$이다. 좌표평면에 예측 함수와 데이터를 그려 보면 아래와 같다.

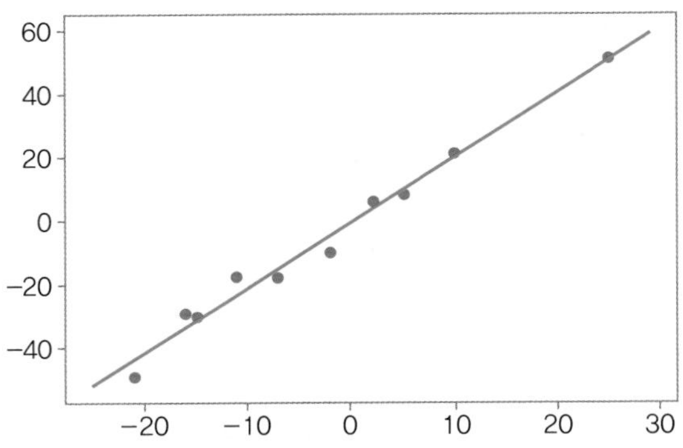

2 **1**번에서 구한 예측 함수의 평균제곱오차를 계산하기 위해 표를 이용하여 예측 함수를 이용한 예측값, 오차, 오차의 제곱을 계산하면 다음과 같다.

	x	y	예측값 $y'=2x-2.2$	오차 $y-y'$	오차의 제곱 $(y-y')^2$
1	10	19	17.8	1.2	1.44
2	−2	−11	−6.2	−4.8	23.04
3	−21	−49	−44.2	−4.8	23.04
4	−15	−31	−32.2	1.2	1.44
5	25	48	47.8	0.2	0.04
6	5	6	7.8	−1.8	3.24
7	−7	−19	−16.2	−2.8	7.84
8	−16	−30	−34.2	4.2	17.64
9	2	4	1.8	2.2	4.84
10	−11	−19	−24.2	5.2	27.04
합계					109.6

따라서 평균제곱오차는 $\frac{109.6}{10} = 10.96$이다.

다음 데이터는 1987년부터 2021년까지 창원시의 벚나무 개화 시기 데이터이다. 이를 바탕으로 2030년에는 언제 벚나무가 개화할지 최소제곱법을 이용하여 예측해 보자.

	연도	개화 시기
1	1987	3월 30일
2	1988	4월 5일
3	1989	3월 30일
4	1990	3월 24일
5	1991	4월 9일
6	1992	3월 27일
7	1993	3월 29일
8	1994	4월 3일
9	1995	3월 30일
10	1996	4월 7일
11	1997	3월 27일
12	1998	3월 25일
13	1999	3월 29일
14	2000	3월 31일
15	2001	3월 27일
16	2002	3월 21일
17	2003	3월 27일
18	2004	3월 22일
19	2005	4월 6일
20	2006	3월 27일
21	2007	3월 27일
22	2008	3월 27일
23	2009	3월 21일
24	2010	3월 29일
25	2011	4월 1일
26	2012	4월 5일
27	2013	3월 22일
28	2014	3월 26일
29	2015	3월 28일
30	2016	3월 28일
31	2017	3월 27일
32	2018	3월 28일
33	2019	3월 21일
34	2020	3월 23일
35	2021	3월 18일

풀이

❶ 연도의 평균은 2004이고, 개화 시기의 평균은 1월 1일을 기준으로, 86.37일째 되는 날이다.

❷ $x-\overline{x}$, $y-\overline{y}$, $(x-\overline{x})^2$, $(x-\overline{x})(y-\overline{y})$를 계산하면 다음과 같다.

x	y	1월 1일을 기준으로 ○일째 되는 날	$x-\overline{x}$	$y-\overline{y}$	$(x-\overline{x})^2$	$(x-\overline{x})(y-\overline{y})$
1987	3월 30일	88.00	−17	1.63	289	−27.686
1988	4월 5일	95.00	−16	8.63	256	−138.057
1989	3월 30일	88.00	−15	1.63	225	−24.429
1990	3월 24일	82.00	−14	−4.37	196	61.200
1991	4월 9일	98.00	−13	11.63	169	−151.171
1992	3월 27일	86.00	−12	−0.37	144	4.457
1993	3월 29일	87.00	−11	0.63	121	−6.914
1994	4월 3일	92.00	−10	5.63	100	−56.286

x	y	1월 1일을 기준으로 ○일째 되는 날	$x-\bar{x}$	$y-\bar{y}$	$(x-\bar{x})^2$	$(x-\bar{x})(y-\bar{y})$
1995	3월 30일	88.00	−9	1.63	81	−14.657
1996	4월 7일	97.00	−8	10.63	64	−85.029
1997	3월 27일	85.00	−7	−1.37	49	9.600
1998	3월 25일	83.00	−6	−3.37	36	20.229
1999	3월 29일	87.00	−5	0.63	25	−3.143
2000	3월 31일	90.00	−4	3.63	16	−14.514
2001	3월 27일	85.00	−3	−1.37	9	4.114
2002	3월 21일	79.00	−2	−7.37	4	14.743
2003	3월 27일	85.00	−1	−1.37	1	1.371
2004	3월 22일	81.00	0	−5.37	0	0.000
2005	4월 6일	95.00	1	8.63	1	8.629
2006	3월 27일	85.00	2	−1.37	4	−2.743
2007	3월 27일	85.00	3	−1.37	9	−4.114
2008	3월 27일	86.00	4	−0.37	16	−1.486
2009	3월 21일	79.00	5	−7.37	25	−36.857
2010	3월 29일	87.00	6	0.63	36	3.771
2011	4월 1일	90.00	7	3.63	49	25.400
2012	4월 5일	95.00	8	8.63	64	69.029
2013	3월 22일	80.00	9	−6.37	81	−57.343
2014	3월 26일	84.00	10	−2.37	100	−23.714
2015	3월 28일	86.00	11	−0.37	121	−4.086
2016	3월 28일	87.00	12	0.63	144	7.543
2017	3월 27일	85.00	13	−1.37	169	−17.829
2018	3월 28일	86.00	14	−0.37	196	−5.200
2019	3월 27일	79.00	15	−7.37	225	−110.571
2020	3월 23일	82.00	16	−4.37	256	−69.943
2021	3월 18일	76.00	17	−10.37	289	−176.314
합계					3570	−712

❸ a와 b를 계산하면 다음과 같다.

a를 계산하면 $a = \frac{-802}{3570} \fallingdotseq -0.2246498599$, 대략 -0.22465이고,

b를 계산하면 $b = 86.37 - (-0.22465 \times 2004) = 536.5686$이다.

따라서 $y = -0.22465 \times (\text{연도}) + 536.5686$이다.

❹ 2030년 벚나무의 개화 시기를 예측해 보면 다음과 같다.

$y = -0.22465 \times x + 536.5686$에 x 대신에 2030년을 대입하면 80.5291이 나온다. 2030년 1월 1일을 기준으로 81일째 되는 날은 3월 23일이다. 그러므로 벚나무의 개화 시기는 3월 23일이다.

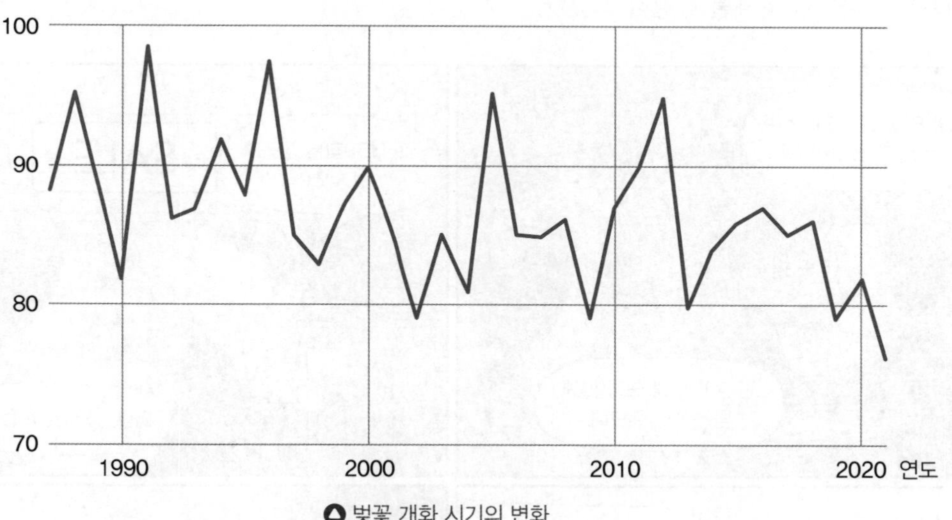

▲ 벚꽃 개화 시기의 변화

딥러닝으로 물건 값을 예측해 볼까?

핵심 개념 예측

학습 목표 딥러닝의 개념을 이해하고, 딥러닝을 이용하여 문제를 해결할 수 있다.

딥러닝은 심층 인공 신경망을 이용하는 기계학습의 한 종류로 자율 주행 자동차, 바둑 인공지능 알파고 등에 사용되는 핵심 기술이다. 딥러닝은 데이터를 통해 스스로 학습하고, 미래 상황을 예측하여 다양한 문제를 해결하고 있다.

딥러닝이란 뭘까?

핵심 개념 학습하기

1 퍼셉트론

퍼셉트론은 인간의 뇌를 구성하는 뉴런에서 영감을 받아 만든 수학적 모델이다.

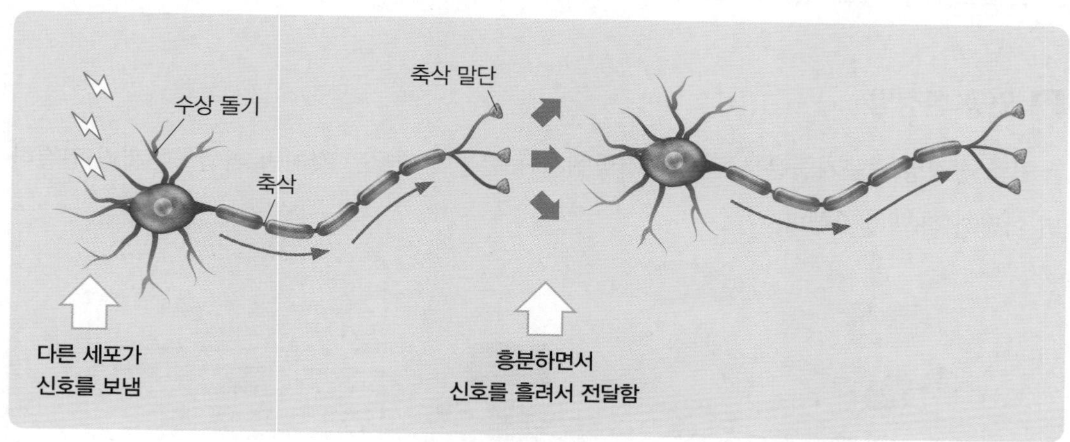

△ 인간의 뉴런

뉴런에는 수상 돌기(가지 돌기)라고 불리는 다발이 있는데 다른 뉴런으로부터 신호를 받는 역할을 한다. 수상 돌기가 다른 뉴런들로부터 신호를 받으면 축삭을 거쳐 또 다른 뉴런으로 신호를 전달한다. 뉴런이 다른 뉴런에게 신호를 전달할 때 받은 그대로 전달하지 않고, 뉴런 내부에서 신호의 강도를 파악하여 신호의 강도가 일정 임계치를 넘을 경우에만 다른 뉴런으로 신호를 전달한다. 뉴런 하나를 보면 간단한 구조처럼 보이지만, 사람의 신경망은 약 860억 개의 뉴런을 가지고 있다. 이런 뉴런의 작동 방식을 수학적 모델로 만든 것이 퍼셉트론이다.

퍼셉트론은 다른 퍼셉트론으로부터 전달되는 정보를 입력받아 각 입력에 해당하는 가중치*를 곱하고 편향*을 더한 값을 활성화 함수*를 통해 처리한다. 그 후 처리된 정보를 다른 퍼셉트론에게 전달한다.

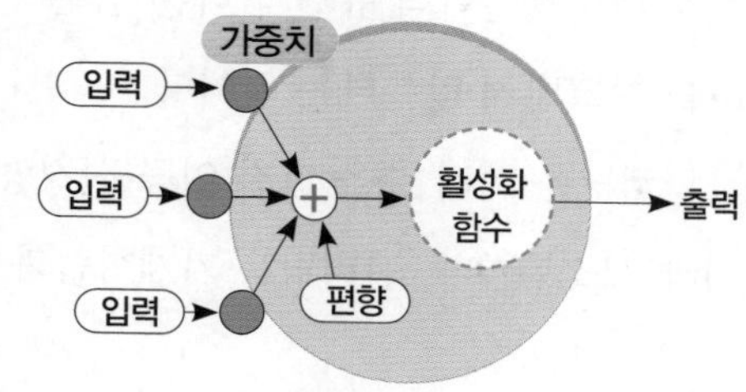

△ 인공 신경망의 기본 단위인 퍼셉트론

활성화 함수의 입력 = Σ(입력) × (가중치) + 편향

★ **가중치** 출력값에 미치는 영향을 조정하는 변수로, 입력에 대한 가치를 의미한다.
★ **편향** 측정값 또는 추정량의 분포 중심(평균값)과 참값과의 편차를 나타내는 것으로, 활성화 함수를 거쳐 출력되는 값을 조정하는 변수를 말한다.
★ **활성화 함수** 출력할 값을 조정해 주는 함수로 계단 함수, 시그모이드(Sigmoid) 함수, ReLU 함수 등이 있다.

2 인공 신경망

인공 신경망 연구자들은 사람의 신경망에서 뉴런들이 연결된 것처럼 퍼셉트론끼리 연결하면 어떨까 하고 생각했다.

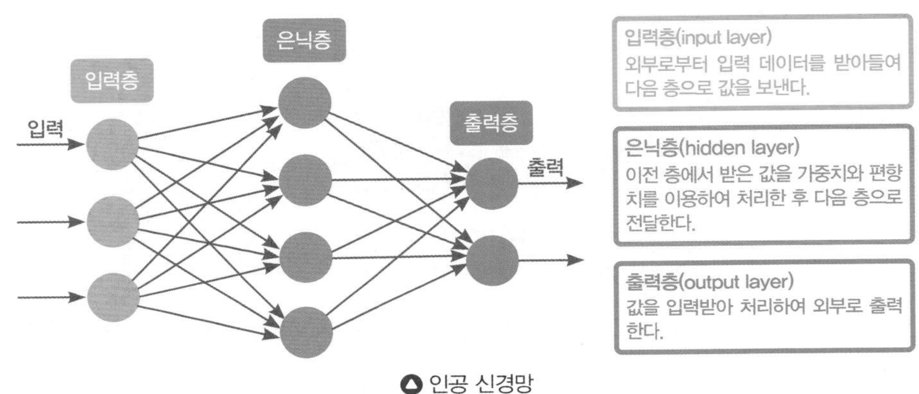

▲ 인공 신경망

인공 신경망은 사람의 신경 조직의 기본 단위인 뉴런의 기능을 수학적으로 모델링한 퍼셉트론을 이용하여 계층 구조를 만든다. 각 층을 레이어(layer)라고 하며, 입력층, 은닉층, 출력층으로 나눈다. 인공 신경망에서 정보는 입력층으로 들어와 은닉층을 거쳐 출력층으로 나간다. 여기서 중요한 점은 정보는 항상 입력층으로 들어와 출력층으로 나간다는 것이다. 인공 신경망이 생물학적 뉴런과 다른 점은 인공 신경망에서는 같은 층의 퍼셉트론끼리는 서로 정보를 주고받지 않는다는 것이다.

딥러닝은 여러 층을 가진 인공 신경망을 사용하여 기계학습을 수행하는 것으로, 심층 학습이라고도 부른다. 딥러닝은 기계학습과 전혀 다른 개념이 아니라 기계학습의 한 종류이다.

3 딥러닝과 기계학습

딥러닝 이전의 기계학습 알고리즘에서는 기계학습 알고리즘을 사용하는 사람의 의도대로 특징을 추출해서 그것을 학습 데이터로 사용했다. 특징을 효과적으로 추출하기 위해서는 관련 분야의 전문가가 직접 오랜 시간 동안 특징을 추출하는 수식이나 방법을 고안해야 했다. 이 방법은 개발, 평가 및 보완에 많은 시간이 필요했다. 또한 그러한 특징이 실제로 학습에 필요한 정보를 모두 포함하고 있는지는 알 수 없었다.

반면 딥러닝은 각각의 퍼셉트론이 입력 데이터를 이용하여 스스로 특징을 추출한다. 잘 설계된 딥러닝은 여러 가지 복잡한 특징을 추출할 수 있다. 다시 말해 전문가가 하던 특징 추출을 컴퓨터가 대신하는 것이다. 따라서 사람에 비해 훨씬 빠르고 효과적으로 특징을 추출할 수 있다. 또한 충분히 많은 양질의 데이터가 확보된다면 딥러닝은 사람이 하는 것보다 특징 추출을 잘할 수 있다.

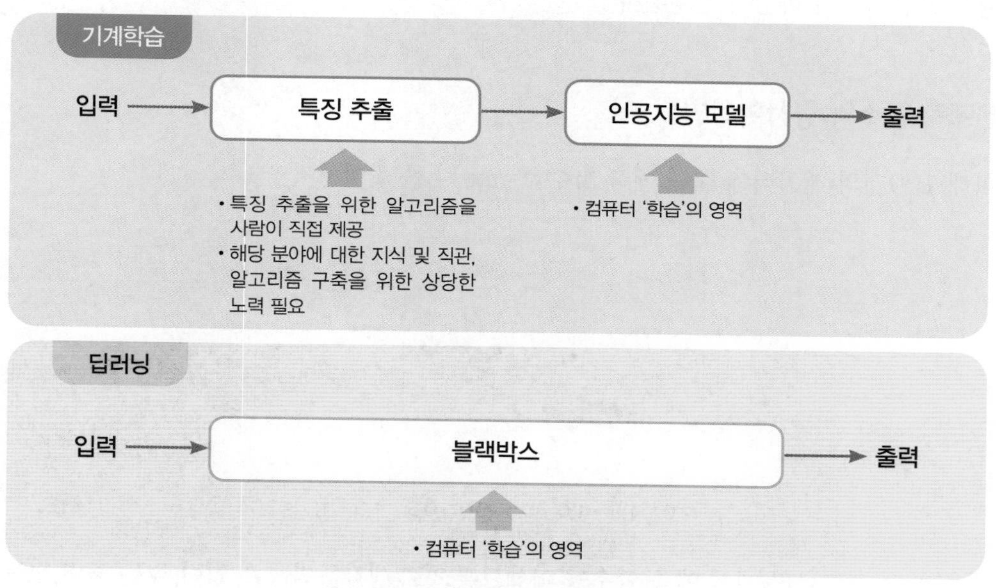

▲ 전통적인 기계학습과 딥러닝의 차이

4 딥러닝의 학습

학습 데이터 = 입력 데이터 + 정답 데이터

▲ 지도학습의 학습 데이터

딥러닝의 학습은 입력 데이터와 정답 데이터로 구성된 학습 데이터를 이용한다. 인공 신경망으로 입력 데이터가 들어갔을 때, 입력에 해당하는 정답이 출력 데이터로 나올 수 있도록 인공 신경망 내부의 가중치와 편향을 조율(튜닝)하는 것이다. 그리고 학습한 신경망에 입력 데이터가 들어갔을 때, 계산되어 나온 결과를 예측값이라고 한다.

딥러닝 과정에서 학습이 얼마나 잘 이루어지고 있는지 확인할 필요가 있는데, 이때 사용하는 것이 오차 함수이다. 오차 함수는 정답 데이터와 입력 데이터가 신경망을 통해 나온 예측값의 차이를 이용하여 오차를 계산할 수 있다. 대표적인 오차 함수로는 평균제곱오차를 들 수 있다. 평균제곱오차는 정답 데이터에서 예측값을 뺀 후 제곱한 것을 학습 데이터의 개수로 나누어 평균을 낸 것이다.

$$\text{평균제곱오차} = \frac{(\text{정답 데이터} - \text{예측값})^2}{\text{학습 데이터의 개수}}$$

△ 평균제곱오차 함수

딥러닝은 오차 함수를 통해 계산한 오차를 최소화하는 방향으로 인공 신경망의 가중치와 편향을 조율하면서 학습이 진행된다.

5 예측 함수와 경사하강법

아래 100개의 데이터에 대해 예측 함수 y=ax+b를 찾아보자.

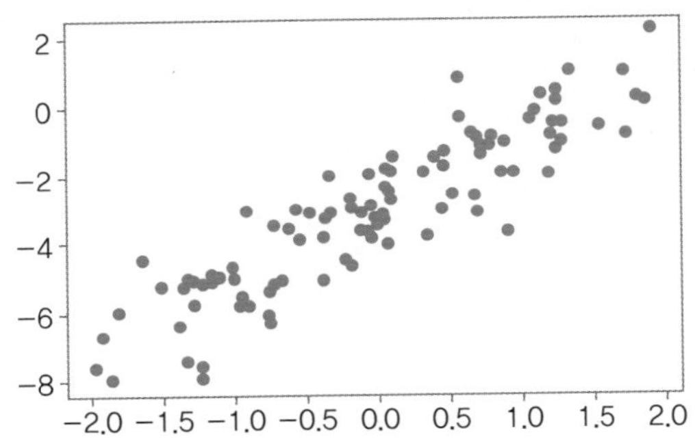

예측 함수 y=ax+b에서 예측 함수를 퍼셉트론으로 생각하면 x는 입력, y는 출력, a는 입력 x에 대한 가중치, b는 편향으로 볼 수 있다.

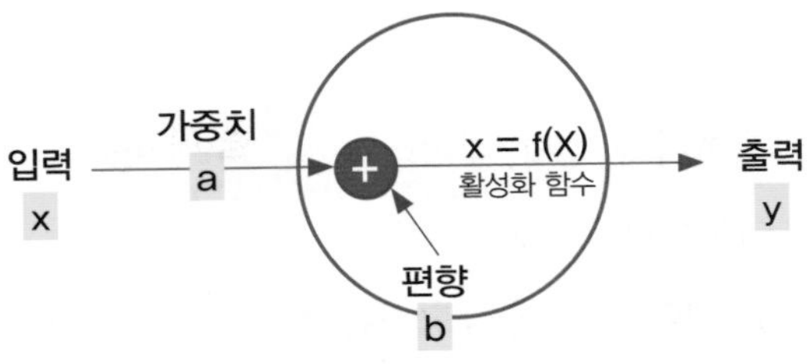

△ y=ax+b를 퍼셉트론으로 표현

오차=(정답−예측값)^{2}이 최소가 되는 가중치와 편향에 해당하는 a와 b를 찾아보자.

편향을 0으로 하고, 가중치인 a의 값을 −100에서 100까지 바꾸어 가면서 평균제곱오차를 그려 보면 다음과 같다.

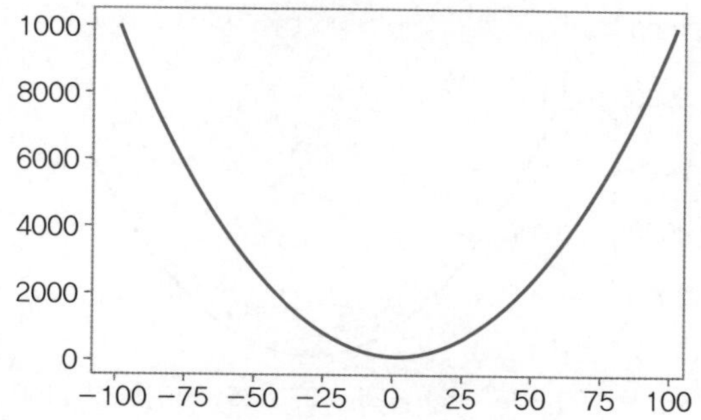

이때 오차가 가장 작은 곳 a의 값은 어디일까?

오차가 가장 작은 곳은 그림에서 아래쪽으로 볼록한 부분으로 약 10.2의 평균제곱오차를 가진다. 어떻게 찾을 수 있을까?

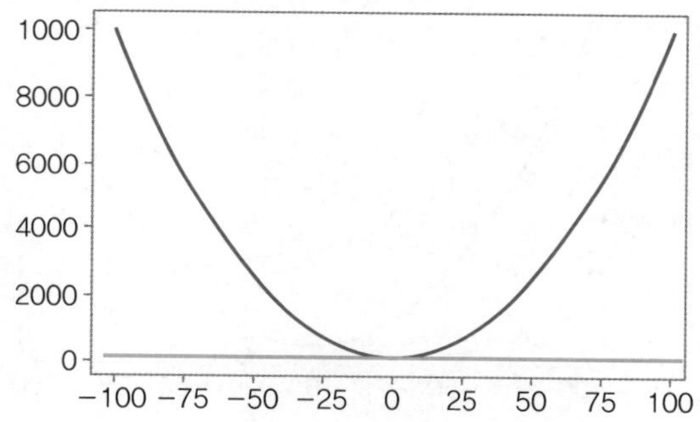

오차가 가장 작은 지점은 −100부터 100까지 모든 점을 계산하여 오차가 가장 작은 지점을 찾는 전(全) 탐색, 1/3 지점과 2/3 지점의 값을 계산하여 구간을 점점 줄여가는 삼분 탐색*, 함수를 미분하여 기울기가 0인 지점을 찾는 방법 등을 이용하여 구할 수 있다. 딥러닝에서는 경사하강법을 이용한다. 여기서 경사하강법은 접선의 기울기(경사)를 이용하여 그래프에서 오차가 가장 작게 나오는 방향으로 값을 바꾸는 방법이다.

-100부터 100까지 구간은 연속 구간이므로, 모든 점을 계산할 수는 없어요.

★ 삼분 탐색

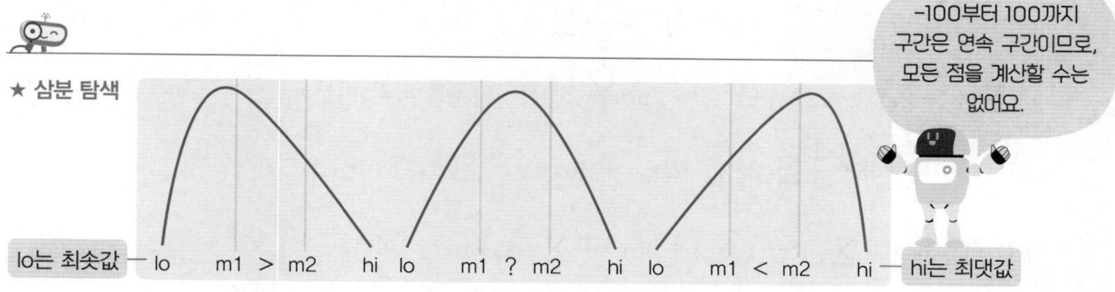

- f(m1) > f(m2) ⇒ 극댓값은 m2보다 오른쪽에 있을 수 없다. → 다음 탐색 범위는 (lo, m2)
- f(m1) < f(m2) ⇒ 극댓값은 m1보다 왼쪽에 있을 수 없다. → 다음 탐색 범위는 (m1, hi)
- f(m1) = f(m2) ⇒ 극댓값은 m1과 m2 사이에 있다. → 다음 탐색 범위는 (m1, m2)

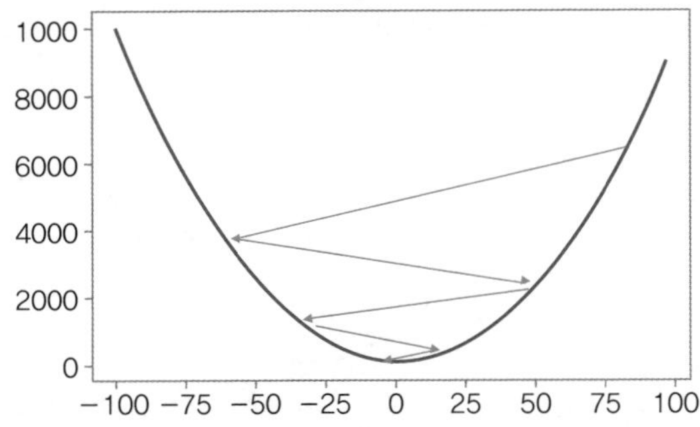

경사하강법을 이용하여 오차가 최소가 되는 가중치 찾기

따라서 경사하강법을 이용하기 위해서는 접선의 기울기를 구해야 한다. 기울기가 크면 가중치의 값을 많이 변경하고, 기울기가 작으면 값을 작게 변경한다.

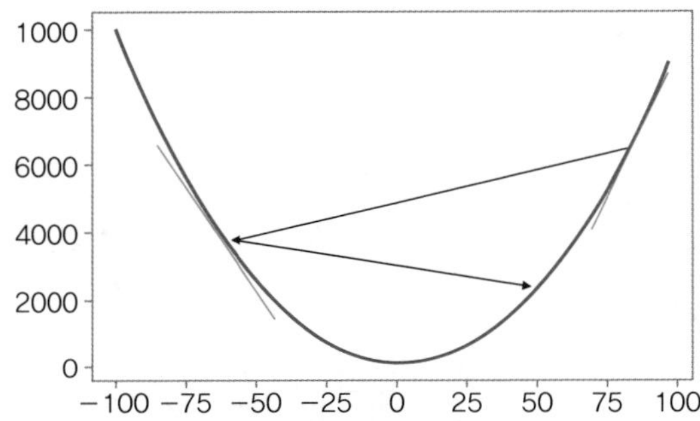

평균제곱오차는

$$\frac{1}{n}\sum(y_i - \hat{y}_i)^2 \text{ 이고,}$$

여기에 예측값인 $\hat{y}_i = ax_i + b$를 대입하면

$$\frac{1}{n}\sum(y_i - (ax_i + b))^2 = \frac{1}{n}\sum(y_i - ax_i - b)^2$$

$$= \frac{1}{n}\sum(y^2_i - 2ax_iy_i - 2by_i + a^2x^2_i + 2abx_i + b^2)\text{이다.}$$

$\frac{1}{n}\sum(y_i^2 - 2ax_iy_i - 2by_i + a^2x_i^2 + 2abx_i + b^2)$를 a와 b로 각각 미분하면

a로 각각 미분하면 $\frac{1}{n}\sum(2ax_i^2 - 2x_iy_i + 2bx_i) = \frac{2}{n}\sum(ax_i + b - y_i)x_i$,

b로 미분하면 $\frac{1}{n}\sum(-2y_i + 2ax_i + 2b) = \frac{2}{n}\sum(ax_i + b - y_i)$이다.

이를 이용하여 가중치 a에 대한 기울기, 편향 b에 대한 기울기를 구할 수 있다.

6 학습률

경사하강법의 진행 과정에서 임의로 정한 가중치의 값을 a=a_1, n회의 학습을 통해 정해진 가중치의 값 a_n을 아래와 변경할 수 있다. 여기서 학습률은 학습 과정에서 가중치와 편향을 얼마나 변경할지 정하는 상수값이다.

$$a_{n+1}=a_n-\alpha E'(a_n)\ (\alpha\text{는 학습률})$$

학습률에 따라 다음과 같이 a의 값을 찾는 데 시간이 오래 걸리거나 찾을 수 없는 경우가 발생할 수 있다.

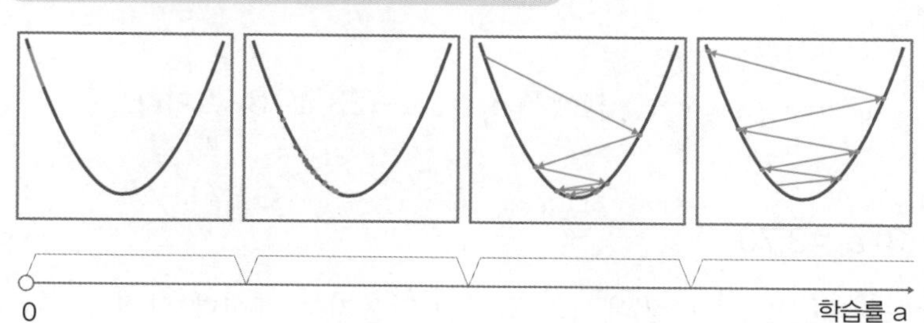

7 경사하강법을 통해 오차가 작아지도록 α값 바꾸기

y=ax+b에서 a값에 따른 평균제곱오차가 $E(x)=2x^2-x-3$ 그래프와 같고, 학습률은 0.1, a_1=10일 때, 경사하강법을 통해 a의 값이 바뀌어 가는 과정을 확인해 보자.

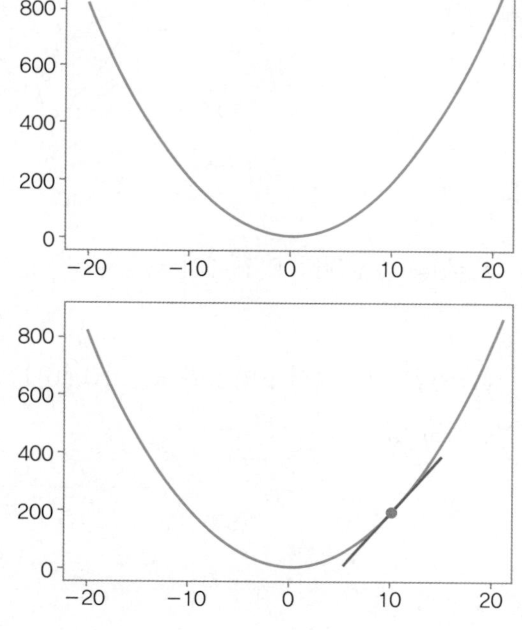

(1) a_1=10

(10, 187)에서의 접선의 기울기를 계산해 보면 y=4x−1에서 x 대신에 10을 대입하면 접선의 기울기는 39이다.

$a_2=a_1-(39\times0.1)$에서 $a_2=10-3.9=6.1$이다.

(2) a_2=6.1

(6.1, 65.32)에서의 접선의 기울기를 계산해 보면 y=4x−1에서 x 대신에 6.1을 대입하면 접선의 기울기는 23.4이다.

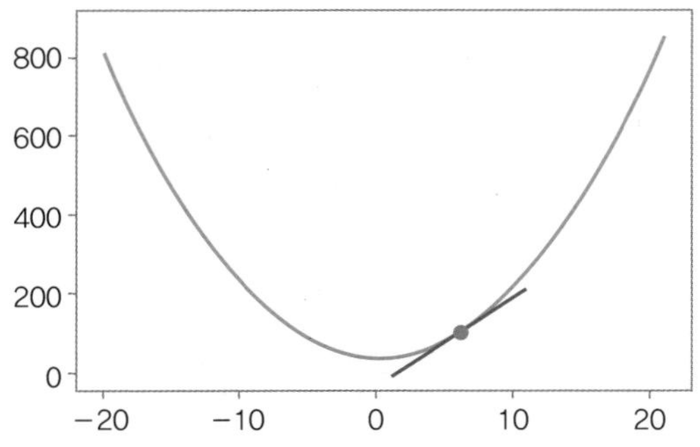

$a_3=a_2-(23.4\times 0.1)$에서 $a_3=6.1-23.4=3.76$이다.

(3) $a_3=3.76$

(3.76, 21.5152)에서의 접선의 기울기를 계산해 보면 y=4x−1에서 x 대신에 3.76을 대입하면 접선의 기울기는 14.04이다.

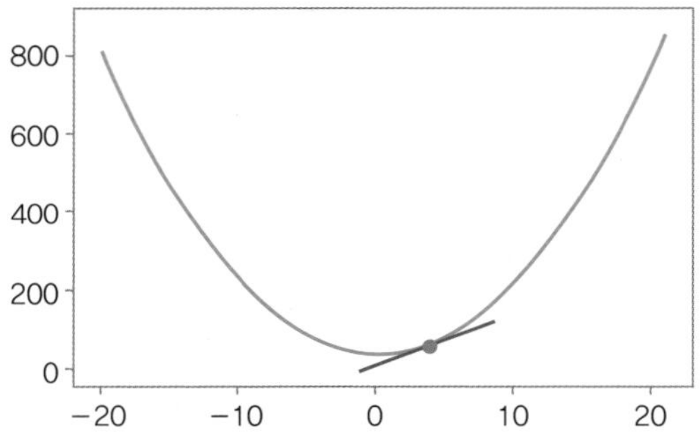

$a_4=a_3-(14.04\times 0.1)$에서 $a_4=3.76-1.404=2.356$이다.

(1)~(3) 과정에서 a의 x좌표는 10, 6.1, 3.76으로 평균제곱오차가 작아지는 방향으로 이동하고 있다.

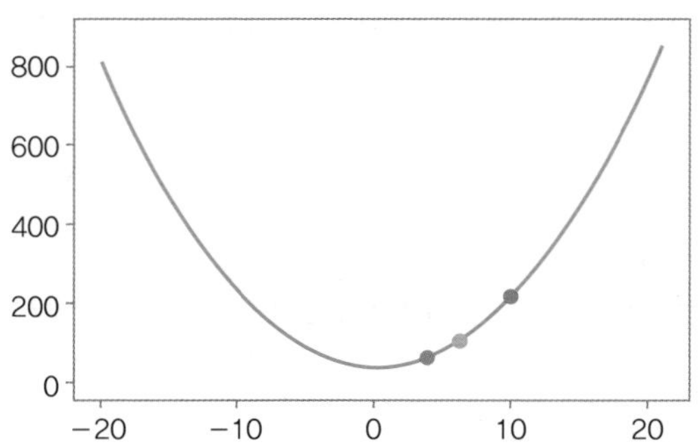

문제 해결하기 활동

1 상품 A의 개수, 상품 B의 개수에 따라 가격을 출력하는 가중치1(w_1), 가중치2(w_2), 바이어스(b)가 각각 300, 600, 200으로 초기 설정되어 있을 때, 경사하강법을 10번 진행하면서 수정되는 가중치1, 가중치2, 바이어스를 계산해 보자. (학습률은 0.001)

순	상품 A의 개수	상품 B의 개수	가격
1	1	1	600
2	4	4	3500
3	4	4	4000
4	4	7	4500
5	8	2	3200
6	8	10	7200
7	9	3	4000
8	10	8	6800
9	10	10	7300
10	10	10	7800

2 경사하강법을 10번 진행한 후 퍼셉트론을 통해 상품 A의 개수가 12, 상품 B의 개수가 15일 때 가격을 예측해 보자.

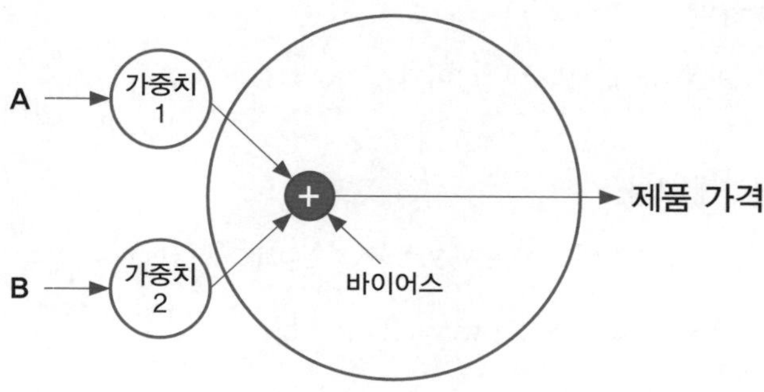

해설

[문제 해결하기]

1 **상품 A의 개수, 상품 B의 개수에 따라 가격을 출력하는 가중치1(w_1), 가중치2(w_2), 바이어스(b)가 각각 300, 600, 200으로 초기 설정되어 있을 때, 경사하강법을 10번 진행하면서 수정되는 가중치1, 가중치2, 바이어스를 계산하면 다음과 같다.** (학습률은 0.001)

1. 편미분하기

❶ 평균제곱오차는

$\frac{1}{10}\Sigma(r_i-\hat{r_i})^2$, $\hat{r_i}=w_1x_i+w_2y_i+b$으로 계산할 수 있다.

$\hat{r_i}$ 대신 $w_1x_i+w_2y_i+b$를 대입하면 $\frac{1}{10}\Sigma(r_i-(w_1x_i+w_2y_i+b))^2$이다.

❷ $\frac{1}{10}\Sigma(r_i-(w_1x_i+w_2y_i+b))^2$을 전개하면

$\frac{1}{10}\Sigma(r_i^2+w_1^2x_i^2+w_2^2y_i^2+b^2-2\times r_i\times w_1x_i-2\times r_i\times w_2y_i-2\times r_i\times b+2\times w_1x_i\times w_2y_i+2\times w_1x_i\times b+2\times w_2y_i\times b)$이다.

❸ 이번에는 w_1, w_2, b에 대해 미분해 보자.

(1) w_1에 대해 미분하면

$\frac{1}{10}\Sigma(2w_1x_i^2-2\times r_i\times x_i+2\times x_i\times w_2y_i+2\times x_i\times b)$이다.

(2) w_2에 대해 미분하면

$\frac{1}{10}\Sigma(2w_2y_i^2-2\times r_i\times y_i+2\times w_1x_i\times y_i+2\times y_i\times b)$이다.

(3) b에 대해 미분하면

$\frac{1}{10}\Sigma(2b-2\times r_i+2\times w_1x_i+2\times w_2y_i)$이다.

❹ 미분한 결과를 정리해 보자.

(1) $\frac{1}{10}\Sigma(2w_1x_i^2-2\times r_i\times x_i+2\times x_i\times w_2y_i+2\times x_i\times b)$를 정리하면

$\frac{1}{10}\Sigma(2w_1x_i^2-2\times r_i\times x_i+2\times x_i\times w_2y_i+2\times x_i\times b)$

$=\frac{2}{10}\Sigma(w_1x_i^2-r_i\times x_i+x_i\times w_2y_i+x_i\times b)$

$=\frac{2}{10}\Sigma(w_1x_i-r_i\times w_2y_i+b)\times x_i$

$=-\frac{2}{10}\Sigma(r_i-(w_1x_i+w_2y_i+b)\times x_i$

$=-\frac{2}{10}\Sigma(r_i-\hat{r_i})\times x_i$이다.

같은 방법으로 정리하면

$$\frac{1}{10}\Sigma(2w_2y^2_i-2\times r_i\times y_i+2\times w_1x_i\times y_i+2\times y_i\times b)$$
$$=-\frac{2}{10}\Sigma(r_i-\hat{r_i})\times y_i$$

$$\frac{1}{10}\Sigma(2b-2\times r_i+2\times w_1x_i+2\times w_2y_i)$$
$$=-\frac{2}{10}\Sigma(r_i-\hat{r_i})$$ 이다.

❺ 평균제곱오차를 w_1, w_2, b에 대해 미분한 결과는 다음과 같다.

(1) w_1에 대해 미분

$$E'(w_1)=-\frac{2}{10}\Sigma(r_i-\hat{r_i})\times x_i$$

(2) b에 대해 미분

$$E'(w_2)=-\frac{2}{10}\Sigma(r_i-\hat{r_i})\times y_i$$

(3) c에 대해 미분

$$E'(b)=-\frac{2}{10}\Sigma(r_i-\hat{r_i})$$

2. 경사하강법 1번 진행

w_1	w_2	b
300.00	600.00	200.00

❶ '실제 가격−예측 가격'을 계산해 보자.

순서	상품 A의 개수	상품 B의 개수	실제 가격	예측 가격	실제 가격 − 예측 가격
1	1	1	600	1,100.000	−500.000
2	4	4	3,500	3,800.000	−300.000
3	4	4	4,000	3,800.000	200.000
4	4	7	4,500	5,600.000	−1,100.000
5	8	2	3,200	3,800.000	−600.000
6	8	10	7,200	8,600.000	−1,400.000
7	9	3	4,000	4,700.000	−700.000
8	10	8	6,800	8,000.000	−1,200.000
9	10	10	7,300	9,200.000	−1,900.000
10	10	10	7,800	9,200.000	−1,400.000
합계					−8,900

❷ $E'(w_1)$을 계산해 보자.

$E'(w_1) = -\frac{2}{10}\Sigma(r_i - \hat{r_i}) \times x_i$이므로

순서	상품 A의 개수(x_i)	실제 가격 – 예측 가격($r_i - \hat{r_i}$)	$(r_i - \hat{r_i}) \times x_i$
1	1	−500,000	−500,000
2	4	−1,200,000	−1200,000
3	4	800,000	800,000
4	4	−4,400,000	−4400,000
5	8	−4,800,000	−4800,000
6	8	−11,200,000	−11200,000
7	9	−6,300,000	−6300,000
8	10	−12,000,000	−12000,000
9	10	−19,000,000	−19,000,000
10	10	−14,000,000	−14,000,000
합계			−72,600,000

따라서 $E'(w_1) = -\frac{2}{10}\Sigma(r_i - \hat{r_i}) \times x_i$

$= (-0.2) \times (-72,600)$

$= 14,520$

❸ $E'(w_2)$를 계산해 보자.

$E'(w_2) = -\frac{2}{10}\Sigma(r_i - \hat{r_i}) \times y_i$이므로

순서	상품 A의 개수(x_i)	실제 가격 – 예측 가격($r_i - \hat{r_i}$)	$(r_i - \hat{r_i}) \times y_i$
1	1	−500,000	−500,000
2	4	−1,200,000	−1,200,000
3	4	800,000	800,000
4	7	−4,400,000	−7,700,000
5	2	−4,800,000	−1,200,000
6	10	−11,200,000	−14,000,000
7	3	−6,300,000	−2,100,000
8	8	−12,000,000	−9,600,000
9	10	−19,000,000	−19,000,000
10	10	−14,000,000	−14,000,000
합계			−68,500,000

따라서

$$E'(w_2) = -\frac{2}{10}\Sigma(r_i - \hat{r_i}) \times y_i$$
$$= (-0.2) \times (-68,500)$$
$$= 13,700$$

❹ E′(b)를 계산해 보자.

$E'(b) = -\frac{2}{10}\Sigma(r_i - \hat{r_i})$ 이므로

$$= (-0.2) \times (-8,900)$$
$$= 1,780$$

❺ w_1, w_2, b의 값을 갱신해 보자.

$$w_1 = 300 - 0.001 \times 14,520$$
$$= 300 - 14.52$$
$$= 285.48$$

$$w_2 = 600 - 0.001 \times 13,700$$
$$= 600 - 13.7$$
$$= 586.3$$

$$b = 200 - 0.001 \times 1,780$$
$$= 200 - 1.78$$
$$= 198.22$$

3. 경사하강법 2번 진행

w_1	w_2	b
285.48	586.3	198.22

❶ 실제 가격 − 예측 가격을 계산해 보자.

순서	상품 A의 개수	상품 B의 개수	실제 가격	예측 가격	실제 가격 − 예측 가격
1	1	1	600	1,070.000	−470.000
2	4	4	3,500	3,685.340	−185.340
3	4	4	4,000	3,685.340	314.660
4	4	7	4,500	5,444.240	−944.240

5	8	2	3,200	3,654.660	−454.660
6	8	10	7,200	8,345.060	−1,145.060
7	9	3	4,000	4,526.440	−526.440
8	10	8	6,800	7,743.420	−943.420
9	10	10	7,300	8,916.020	−1,616.020
10	10	10	7,800	8,916.020	−1,116.020
합계					−7,086.54

❷ $E'(w_1)$을 계산해 보자.

$E'(w_1)=-\frac{2}{10}\Sigma(r_i-\hat{r_i})\times x_i$이므로

순서	상품 A의 개수(x_i)	실제 가격 − 예측 가격($r_i-\hat{r_i}$)	$(r_i-\hat{r_i})\times x_i$
1	1	−470.000	−470.000
2	4	−185.340	−741.360
3	4	314.660	1,258.640
4	4	−944.240	−3,776.960
5	8	−454.660	−3,637.280
6	8	−1,145.060	−9,160.480
7	9	−526.440	−4,737.960
8	10	−943.420	−9,434.200
9	10	−1,616.020	−16,160.200
10	10	−1,116.020	−11,160.200
합계			−58,020.000

따라서

$$E'(w_1)=-\frac{2}{10}\Sigma(r_i-\hat{r_i})\times x_i$$
$$=(-0.2)\times(-58,020)$$
$$=11,604$$

❸ $E(w_2)$를 계산해 보자.

$E'(w_2)=-\frac{2}{10}\Sigma(r_i-\hat{r_i})\times y_i$이므로

순서	상품 B의 개수(y_i)	실제 가격 − 예측 가격($r_i-\hat{r_i}$)	$(r_i-\hat{r_i})\times y_i$
1	1	−470.000	−470.000
2	4	−185.340	−741.360
3	4	314.660	1,258.640

4	7	−944.240	−6,609.680
5	2	−454.660	−909.320
6	10	−1,145.060	−11,450.600
7	3	−526.440	−1,579.320
8	8	−943.420	−7,547.360
9	10	−1,616.020	−16,160.200
10	10	−1,116.020	−11,160.200
합계			−55,369.400

따라서

$$E'(w_2) = -\frac{2}{10}\Sigma(r_i - \hat{r_i}) \times y_i$$
$$= (-0.2) \times (-55,369.4)$$
$$= 11,073.88$$

❹ E′(b)를 계산해 보자.

$E'(b) = -\frac{2}{10}\Sigma(r_i - \hat{r_i})$이므로

$$= (-0.2) \times (-7,086.540)$$
$$= 1,417.308$$

❺ w_1, w_2, b의 값을 갱신해 보자.

$$w_1 = 285.48 - 0.001 \times (11,604)$$
$$= 285.48 - 11.604$$
$$= 273.876$$

$$w_2 = 586.3 - 0.001 \times (11,073.88)$$
$$= 586.3 - 11.07388$$
$$= 575.22612$$

$$b = 198.22 - 0.001 \times (1,417.308)$$
$$= 198.22 - 1.417308$$
$$= 196.802692$$

4. 경사하강법 n번 진행 후

각 단계에서 가중치와 바이어스가 갱신된다. 또한 평균제곱오차는 점점 감소됨을 볼 수 있다.

순서	w_1	w_2	b	평균제곱오차
	300.000	600.000	200.000	1,141,000.000
1	285.480	586.300	198.220	778,793.078
2	273.876	575.226	196.803	544,978.867
3	264.614	566.262	195.677	394,018.433
4	257.233	558.994	194.785	296,525.257
5	251.362	553.089	194.081	233,536.050
6	246.704	548.279	193.528	192,813.688
7	243.019	544.349	193.096	166,461.473
8	240.117	541.127	192.761	149,383.606
9	237.841	538.474	192.505	138,291.724
10	236.070	536.279	192.311	131,063.807

2 경사하강법을 10번 진행한 후 퍼셉트론을 통해 상품 A의 개수가 12, 상품 B의 개수가 15일 때 가격을 예측해 보면 다음과 같다.

$w_1=236.07$, $w_2=536.28$, $b=192.31$일 때, 퍼셉트론으로 표현해 보면 다음과 같다.

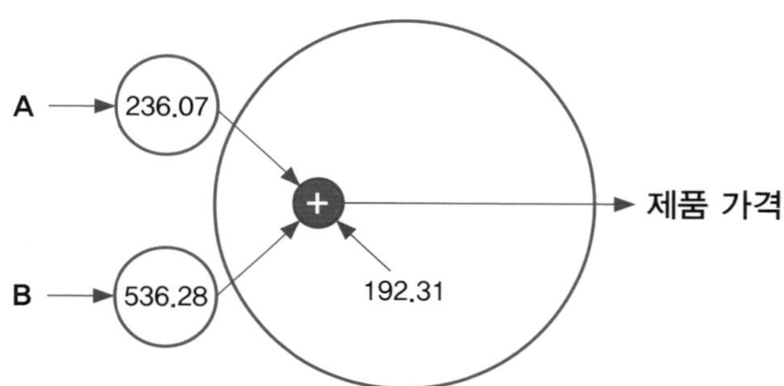

제품 예상 가격은 $(236.070\times12)+(536.279\times15)+192.311=11{,}069.366$이다.

더 나아가기

1 121쪽 문제 해결하기 1번에 제시된 조건과 데이터를 가지고 프로그래밍(파이썬)을 통해 100번의 경사하강법을 진행하면 다음과 같다.

```
x=[1,4,4,4,8,8,9,10,10,10]
y=[1,4,4,7,2,10,3,8,10,10]
r=[600,3500,4000w,4500,3200,7200,4000,6800,7300,7800]
w_1=300
w_2=600
b=200
for i in range(100):
  s_1=0
  s_2=0
  s_3=0
  for j in range(10):
     rr=r[j] - (w_1*x[j]+w_2*y[j] + b)
     s_1 +=rr * x[j]
     s_2 +=rr * y[j]
     s_3 +=rr
  w_1 -=(s_1*(-0.2))*0.001
  w_2 -=(s_2*(-0.2))*0.001
  b -=(s_3*(-0.2))*0.001
print("%.3lf %.3lf %.3lf"%(w_1,w_2,b))
```

다음 코드를 이용하여 경사하강법을 100번 진행할 수 있다.

경사하강법을 100번 진행하고 가중치와 바이어스를 출력해 보면 w_1=146.079, w_2=507.447, b=196.423임을 알 수 있다.

2 프로그래밍(파이썬)을 통해 평균제곱오차가 어떻게 바뀌는지 알아보면 다음과 같다.

다음 코드를 이용하여 평균제곱오차의 변화를 그래프로 그릴 수 있다.

```
import matplotlib.pyplot as plt
plt.figure(figsize=(10,10))
x=[1,4,4,4,8,8,9,10,10,10]
y=[1,4,4,7,2,10,3,8,10,10]
```

```
r=[600,3500,4000,4500,3200,7200,4000,6800,7300,7800]
w_1=300
w_2=600
b=200
for i in range(200):
  s_1=0
  s_2=0
  s_3=0
  for j in range(10):
      rr=r[j] - (w_1*x[j]+w_2*y[j] + b)
      s_1 +=rr * x[j]
      s_2 +=rr * y[j]
      s_3 +=rr
  w_1 -=(s_1*-0.2)*0.001
  w_2 -=(s_2*-0.2)*0.001
  b -=(s_3*-0.2)*0.001
  plt.scatter(i,w_1,marker='o', c='red', s=15)
  plt.scatter(i,w_2,marker='o', c='blue', s=15)
  plt.scatter(i,b,marker='x', c='green', s=15)
plt.show()
```

평균제곱오차의 변화를 그래프로 그려 보면 다음과 같다.

[실행 결과]

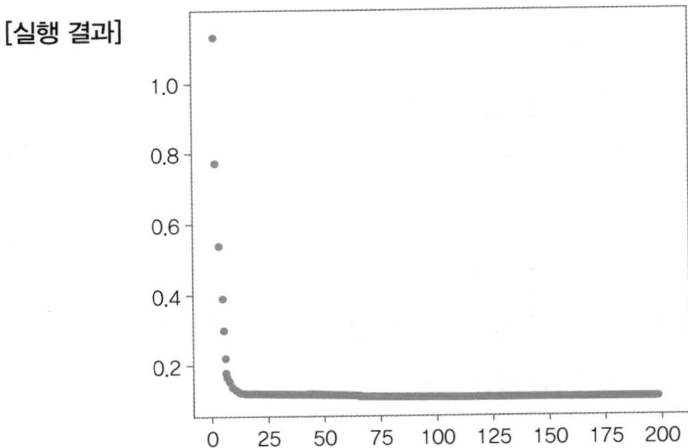

3 프로그래밍(파이썬)을 통해 가중치와 바이어스가 어떻게 바뀌는지 알아보면 다음과 같다.

다음 프로그래밍 코드를 이용하여 가중치와 바이어스의 변화를 그래프로 그릴 수 있다.

```
import matplotlib.pyplot as plt
plt.figure(figsize=(10,10))
x=[1,4,4,4,8,8,9,10,10,10]
y=[1,4,4,7,2,10,3,8,10,10]
r=[600,3500,4000,4500,3200,7200,4000,6800,7300,7800]
w_1=300
w_2=600
b=200
for i in range(200):
  s_1=0
  s_2=0
  s_3=0
  for j in range(10):
      rr=r[j] - (w_1*x[j]+w_2*y[j] + b)
      s_1 +=rr * x[j]
      s_2 +=rr * y[j]
      s_3 +=rr
  w_1 -=(s_1*-0.2)*0.001
  w_2 -=(s_2*-0.2)*0.001
  b -=(s_3*-0.2)*0.001
  plt.scatter(i,w_1,marker='o', c='red', s=15)
  plt.scatter(i,w_2,marker='o', c='blue', s=15)
  plt.scatter(i,b,marker='x', c='green', s=15)
plt.show( )
```

가중치와 바이어스의 변화를 그래프로 그려 보면 다음과 같다.

[실행 결과]

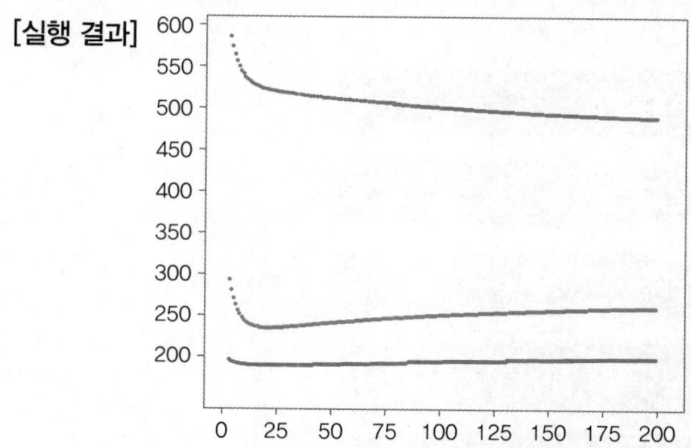

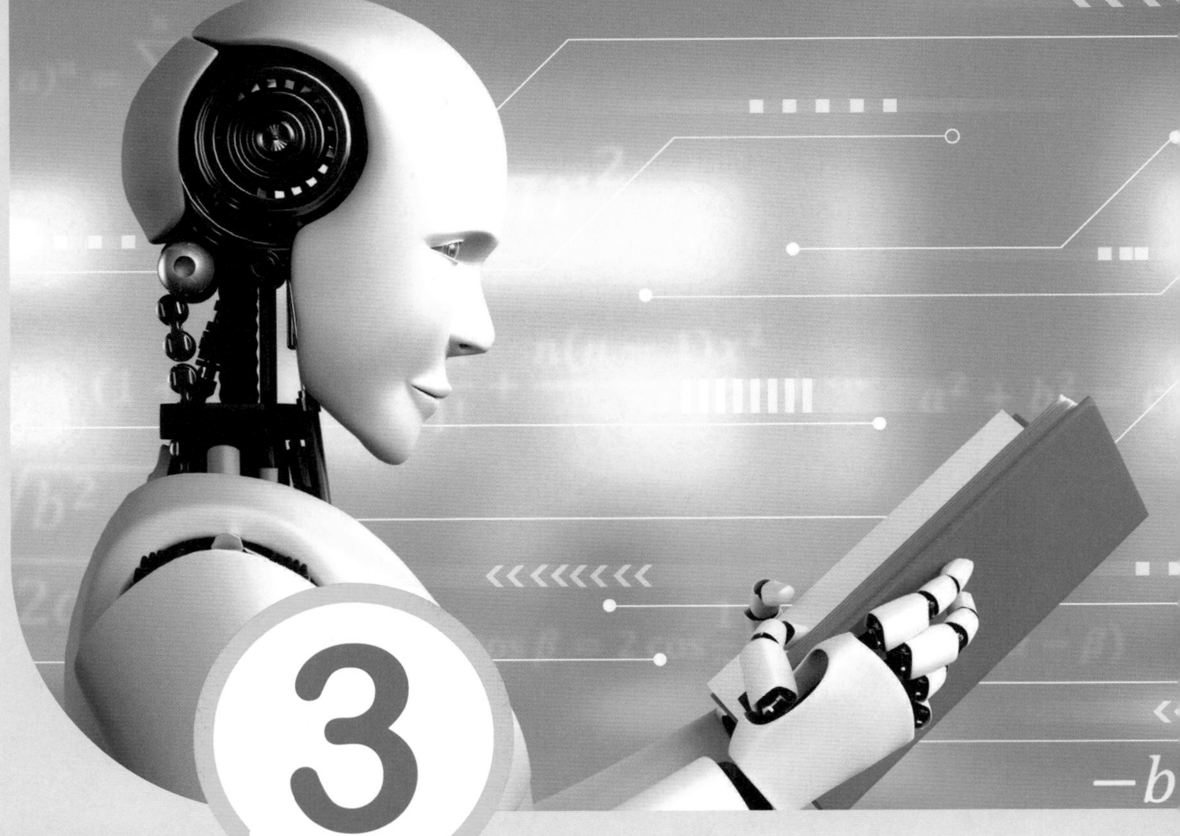

PART 3 인공지능과 문제 해결

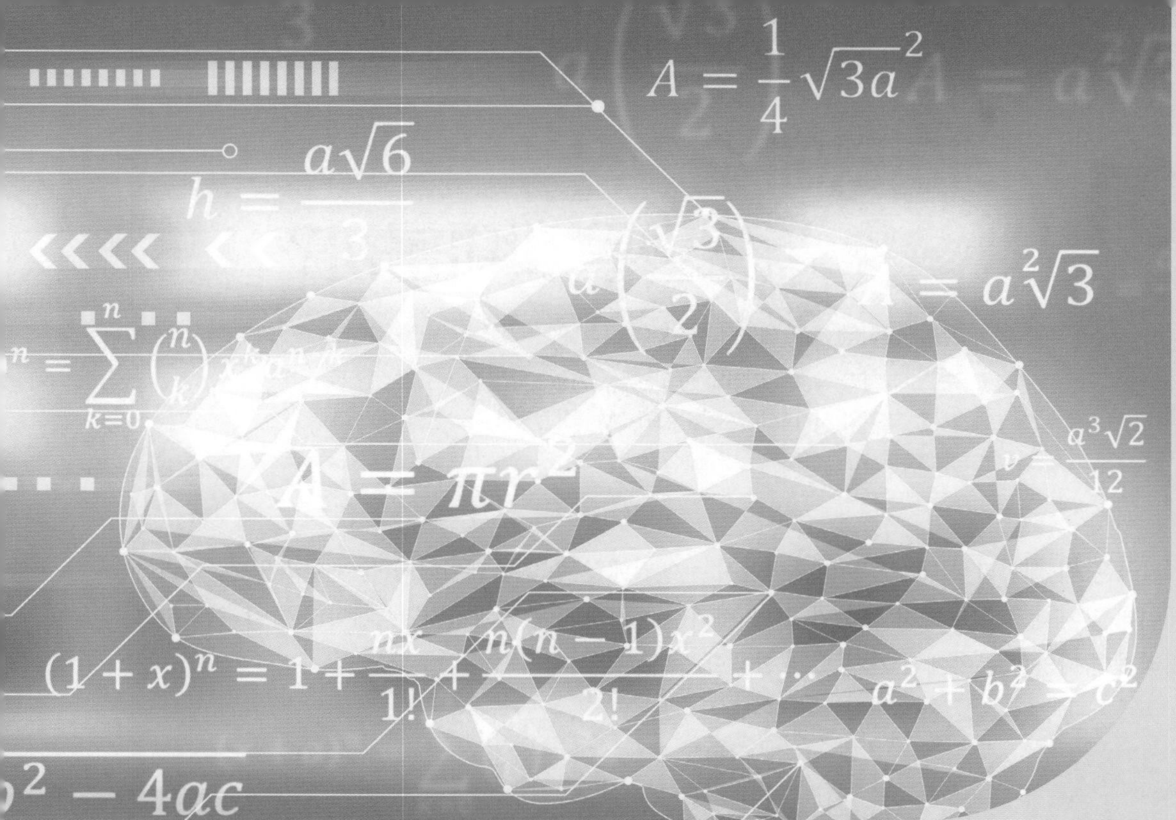

이 단원에서 사용할 코드와 데이터 파일은 ㈜삼양미디어 홈페이지(www.samyangm.com)에서 [도서 Mall]을 선택한 후, [고객센터]–[자료실]–'우리학교 인공지능 수업 소스파일'에서 내려받으시면 됩니다.

'PART3 인공지능과 문제 해결'은

실생활의 다양한 문제를 스스로 해결할 수 있도록 구성하였습니다. 앞에서 인공지능의 개념과 원리를 이해하고 다양한 실험을 통해 내공을 쌓았다면, 이제 나 스스로 문제를 발견하고 해결하는 도전이 필요합니다. Part 3에서는 구글 코랩을 이용해 데이터를 분석 및 시각화해 보고, 인공지능 모델(분류 · 회귀 · 군집)을 만들어 봅니다. 또한 모델의 성능을 평가하고 더 적합한 모델을 선택하여 문제를 해결해 봅니다.

01 데이터에 숨겨진 보물을 찾아볼까?

핵심 개념 데이터 속성, 데이터 시각화와 분석

학습 목표 데이터 속성의 의미와 중요성을 설명할 수 있다.
데이터 시각화와 분석을 통해 가치 있는 정보를 발견할 수 있다.

지금은 빅 데이터 시대다. 우리 주변에서는 매일매일 수많은 데이터가 쏟아지고 있다. 이러한 데이터를 제대로 활용하지 못하면 그냥 버려지는 쓰레기에 불과하지만, 데이터를 잘 관리하고 처리하면 다양한 분야에서 가치 있게 활용할 수 있다.

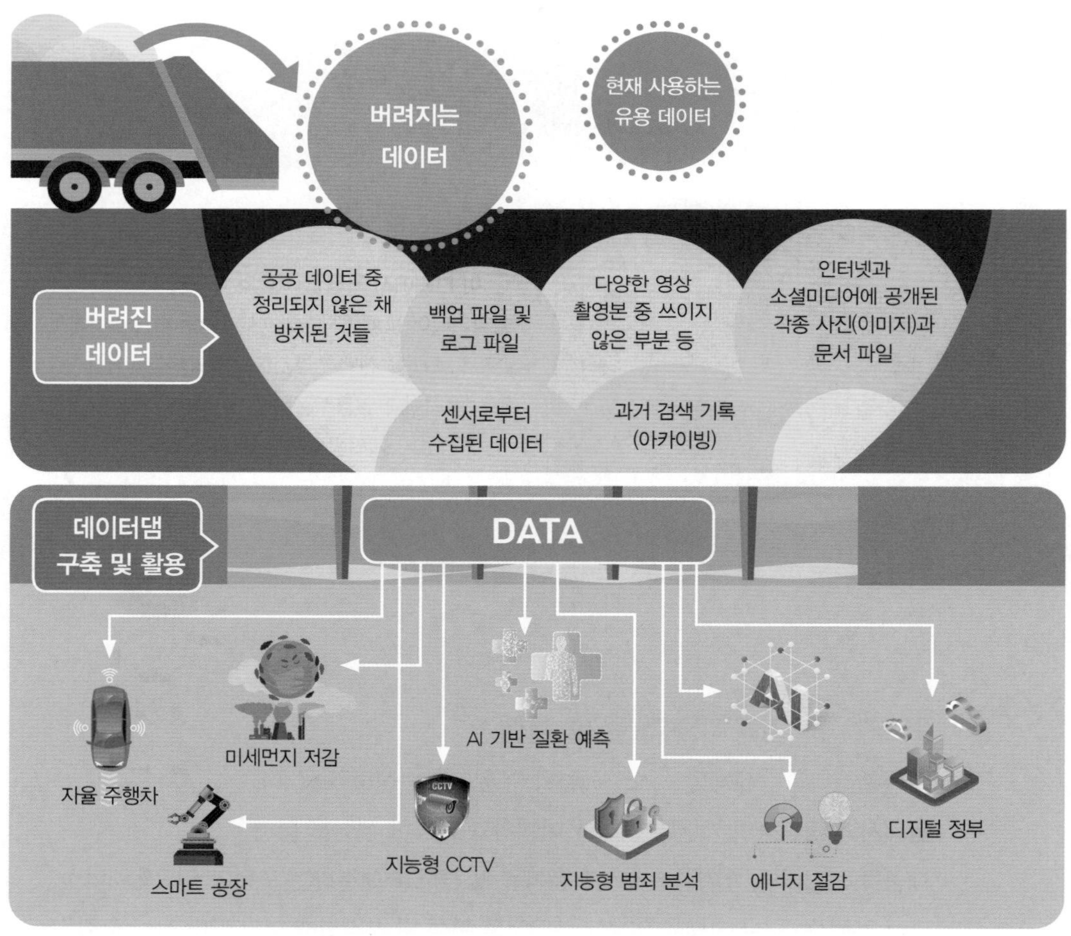

어떻게 하면 데이터를 가치 있게 잘 활용할 수 있을까?

핵심 개념 학습하기

1 데이터 처리와 프로그래밍

데이터(data)는 경험이나 실험 결과로 얻은 사실들의 모음으로 숫자, 문자, 그림, 소리, 동영상 등 다양한 형태로 표현된다. 데이터 그 자체로는 큰 의미를 가질 수 없는 경우가 많지만, 데이터를 처리하여 가공하면 보다 가치 있고 유용한 정보를 얻을 수 있다.

데이터의 양이 적다면 사용자가 직접 데이터를 분석하여 유용한 정보를 얻을 수도 있겠지만 데이터의 양이 아주 방대하다면 컴퓨터의 도움이 필요하다. 이때 이미 개발된 데이터 처리 프로그램을 이용할 수도 있겠지만, 복잡하지 않다면 스스로 필요한 프로그램을 만들어 데이터를 처리하고, 원하는 정보를 구하는 것도 좋은 방법 중 하나다.

2 데이터 속성

속성이란 어떤 사물의 성질이나 특징을 의미한다. 따라서 데이터의 속성은 데이터가 가지고 있는 성질이나 특징을 말한다. 예를 들어, 다음 표와 같이 축구 선수들에 대한 데이터가 있다고 가정할 때, 표의 행은 어떤 선수 개인에 대한 데이터의 모음이 되고, 표의 열은 성격이 같은 데이터의 모음이 된다. 열에 해당하는 이름, 소속팀, 경기 수, 득점, 도움, 슈팅, 파울, 오프사이드 등이 데이터의 속성에 해당한다.

데이터 속성

이름	소속팀	경기 수	득점	도움	슈팅	파울	오프사이드
이인지	제주	31	21	1	78	37	19
김지능	수원	30	17	4	99	42	15
박정보	전북	31	15	5	49	47	8
장세종	성남	32	14	4	58	32	11
이하 생략							

행 / 열

▲ 축구 선수 관련 데이터

데이터를 속성별로 분석하고 처리하면 어떤 팀의 선수들이 득점을 많이 하는지 혹은 슈팅을 많이 하는지 등의 유용한 정보를 알아낼 수 있다.

3 데이터 시각화

데이터에 숨겨진 정보를 찾아내는 방법은 다양하다. 그중에서 데이터 시각화는 사람들이 데이터 분석 결과를 쉽게 이해할 수 있도록 도표, 이미지, 통계 그래프 등을 이용하여 시각적으로 표현하고 전달하는 것을 말한다.

아래 이미지는 학생들이 '인공지능' 하면 가장 먼저 떠오르는 단어를 조사해서 워드 클라우드로 표현한 예이다. 단순한 단어들의 모음을 단어와 단어별 빈도수 형태로 데이터를 가공하여 시각화했더니 인공지능에 대한 학생들의 생각을 한눈에 확인할 수 있다. 이처럼 데이터를 분석하거나 시각화하는 것은 데이터의 가치를 높이는 방법 중 하나다.

'인공지능'을 주제로 한 워드 클라우드

이처럼 데이터를 적절히 시각화하면 데이터에 포함된 정보를 더 잘 이해하는 데 도움을 받을 수 있다.

문제 해결하기 활동

✓ 은지는 부모님이 식당을 운영하면서 일이 너무 많아 힘들어 하시는 모습을 보고 걱정이 많다. 그래서 일을 줄이고, 휴일을 정해서 쉬는 시간을 가지라고 부모님께 말씀드리지만 늘 괜찮다고만 하신다. 은지는 식당의 주문 데이터 분석을 통해 메뉴를 줄여 전문성을 살리고, 매출에 영향이 적은 날을 골라 휴일로 정하는 등 데이터 분석 결과를 근거로 부모님을 설득하고자 한다. 데이터가 저장된 '삼양분식(L).csv' 파일을 이용하여 다음 지시 사항에 따라 문제를 해결해 보자.

배경 지식 • CSV 파일 형식이 뭔가요? CSV(Comma-Separated Values)는 몇 가지 항목을 쉼표(,)로 구분한 텍스트 형식의 파일이다. 아래 표처럼 행과 열의 형식이 있는 데이터를 메모장에서도 열 수 있는 텍스트 형식의 파일로 저장했기 때문에 다양한 응용 프로그램에서 쉽게 열어 활용할 수 있다.

날짜	요일	주문번호	종류	메뉴이름	수량	가격	금액
2021-01-04	월	1	음료	과일주스	1	2500	2500
2021-01-04	월	1	면류	라볶이	1	5000	5000
2021-01-04	월	1	김밥	땡초김밥	2	3000	6000

▲ '삼양분식(L).csv' 파일에 저장된 데이터

위 데이터 표는 오른쪽과 같은 CSV 형식으로 표현할 수 있다.

```
날짜,요일,주문번호,종류,메뉴이름,수량,가격,금액,
2021-01-04,월,1,음료,과일주스,1,2500,2500,
2021-01-04,월,1,면류,라볶이,1,5000,5000,
2021-01-04,월,1,김밥,땡초김밥,2,3000,6000,
```

▲ CSV 형식으로 표현된 데이터

• 파이썬(Python) 1991년 귀도 반 로썸(Guido van Rossum)이 개발한 프로그래밍 언어로 비교적 이해하기 쉽고, 다양한 기능을 지원하기 때문에 많은 사람이 사용하는 프로그래밍 언어 중 하나다. 특히, 인공지능과 관련된 라이브러리가 잘 되어 있어 최근 들어 사용 비율이 급증하고 있다.

• 구글 코랩(Google Colab) 별도의 프로그램 설치나 환경 설정 없이 바로 웹 브라우저에서 파이썬 프로그래밍 언어로 프로그램을 작성하고, 실행 가능한 환경을 제공한다. 이로써 데이터 과학이나 인공지능을 학습하는 등 다양한 업무에 활용할 때 간편하게 사용할 수 있다. 코랩(Colab)에서 작성된 '노트북'이라는 형식의 파일에는 파이썬 코드뿐만 아니라 텍스트와 이미지 등을 포함할 수 있다. 이를 이용해서 작성된 학습용 파일은 파이썬 프로그래밍의 경험이 적은 사람도 쉽게 코드를 실행해 볼 수 있어서 학습에 유용하게 활용할 수 있다.

• 코랩 사용 방법 알아보기

❶ 크롬(chrome) 웹 브라우저로 구글 코랩 사이트(https://colab.research.google.com/)에 접속한다.

❷ [로그인]을 누른 후 구글 계정으로 로그인한다(반드시 구글 계정으로 로그인해야 사용 가능).

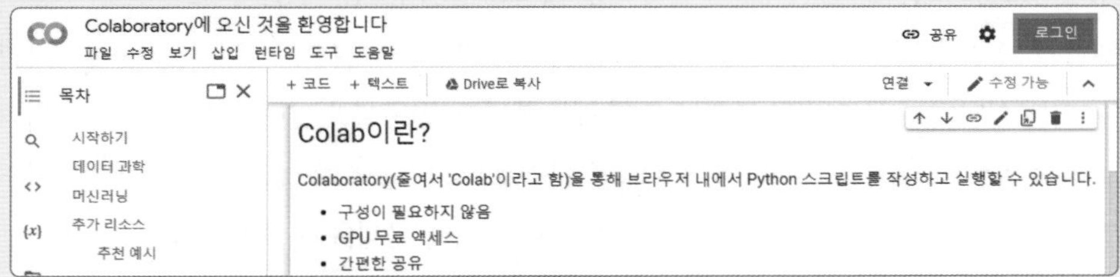

❸ 로그인하면 코랩 문서(노트북)를 선택하는 화면이 나오는데 새로운 문서를 만들려면 [새 노트]를 클릭하고, 이미 존재하는 문서를 열려면 위쪽 탭에서 상황에 맞는 것을 선택한다. [취소]를 누르면 'colaboratory에 오신 것을 환영합니다'라는 문서가 열린다.

❹ 코랩 문서는 다음과 같이 글자들을 편집할 수 있는 텍스트 셀과 파이썬 코드를 입력하고 실행할 수 있는 코드 셀로 구성되어 있다.

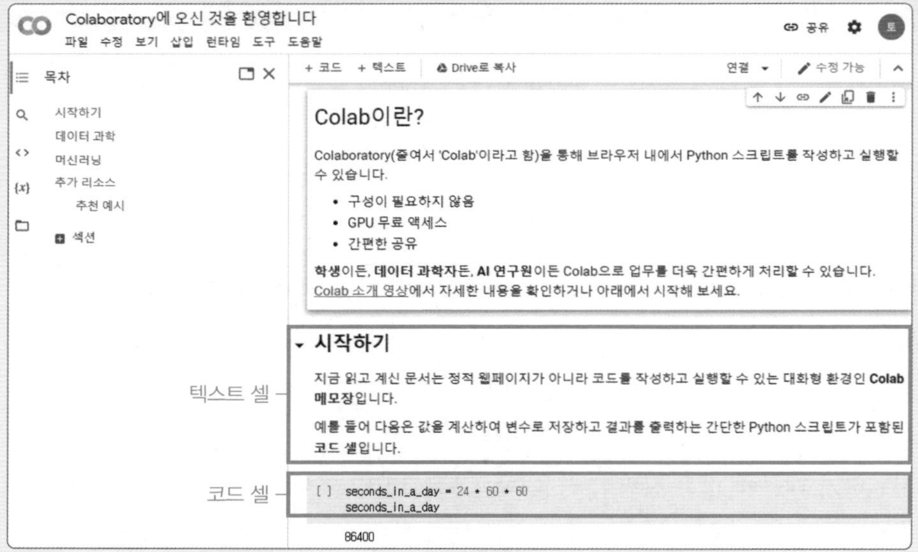

❺ 코드 셀에 마우스 커서가 위치하면 [ ] 부분이 ▶로 모양이 바뀐다. ▶를 클릭하면 해당 코드 셀의 내용이 실행되고, 다음과 같이 아래쪽에 실행 결과가 표시된다.

❻ 이번 챕터에서는 제공된 파일을 코랩에서 열어 실습하고, 코드의 일부 내용을 수정하여 발전된 문제를 해결해 보도록 한다.

1 제공한 파일 '삼양분식(L).csv'을 열어 간단히 살펴보고, 데이터 항목(속성)에는 무엇이 있는지, 또 데이터의 개수가 몇 개인지 확인하고 적어 보자.

2 다음 문제 상황을 해결하기 위해 관련 있는 데이터 항목(속성)을 선택해 보자.

[문제 상황 1] 매출에 영향을 덜 주면서 휴일을 정하는 문제

[문제 상황 2] 매출에 영향을 덜 주면서 메뉴를 줄이는 문제

3 1주일 중 하루를 규칙적으로 휴일로 정하기 위해 요일별 매출 금액을 확인하려고 한다. 요일별 매출 금액을 구하고, 매출 금액이 가장 적은 요일과 가장 많은 요일의 매출 금액을 써 보자.

4 요일별 매출 금액을 막대그래프로 시각화해 보자.

5 식당에서 판매하는 음식 종류는 한식, 면류, 떡볶이, 튀김류 등 매우 다양하다. 판매하는 음식 종류가 몇 가지인지 확인하고 써 보자.

6 음식의 종류별로 주문 수량과 판매 금액을 구해 보자.

7 잘 팔리는 음식 종류를 확인할 수 있도록 시각화해 보자.

해설

[문제 해결하기]

● 문제 해결을 위한 준비 단계

실습을 통해 문제를 해결하기 위해 제공한 소스 파일 중에서 폴더에서 '데이터_분석과_시각화(문제해결).ipynb' 파일을 열고, 한글 사용을 위한 준비를 하도록 한다.

❶ 구글 코랩에서 [파일]-[노트 열기]를 선택하면 나타나는 창에서 [업로드] 탭을 누르고, 제공된 '데이터_분석과_시각화(문제해결).ipynb' 파일을 선택한다.

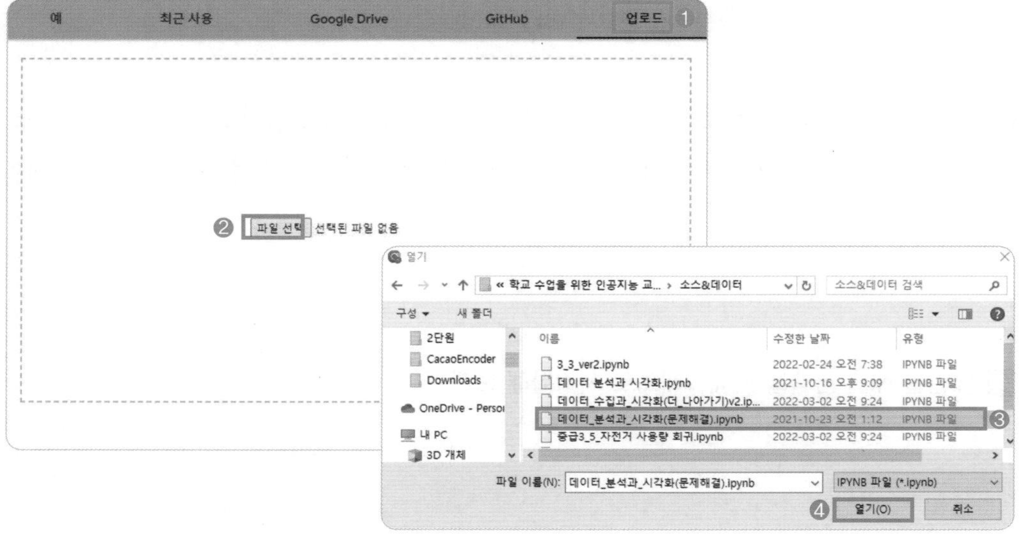

❷ 문서의 첫 번째 코드 셀에 있는 ▶를 클릭하면 코드가 실행되고, 한글 폰트가 설치된다.

❸ 메뉴의 [런타임]-[런타임 다시 시작] 메뉴를 선택하고, [런타임 다시 시작] 창에서 [예]를 선택한다.

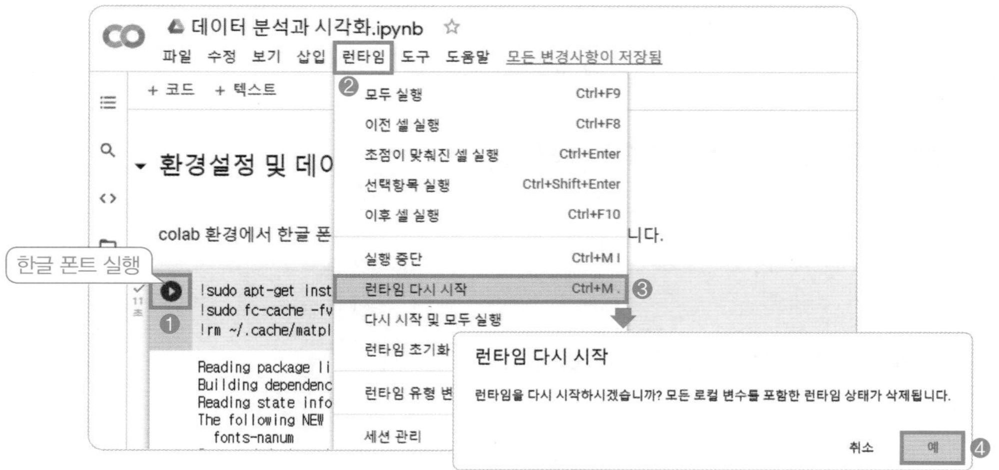

❹ 두 번째 코드 셀의 ▶를 클릭하여 코드를 실행시키고, 제공한 데이터 파일인 '삼양분식(L).csv'을 코랩에서 사용할 수 있도록 업로드한다.

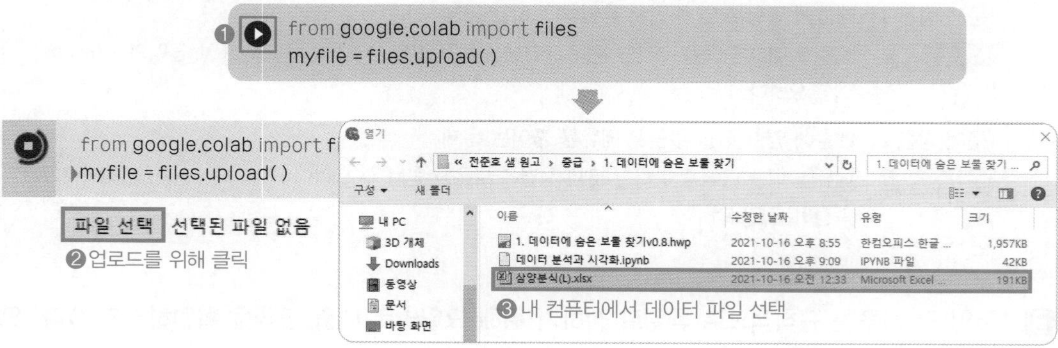

모두 준비되었으면 지금부터 문제를 해결해 보자.

1 제공한 파일인 '삼양분식(L).csv'을 열어 간단히 살펴보고, 데이터 항목(속성)에는 무엇이 있는지, 또 데이터의 개수가 몇 개인지 확인하면 다음과 같다.

해결 방법

❶ 다음 코드를 실행하여 '삼양분식(L).csv' 파일에 저장된 모든 데이터를 data라는 변수에 저장한다. 처음 5개의 데이터를 확인한다. 확인 결과 날짜, 요일, 주문번호, 종류, 메뉴이름, 수량, 가격, 금액의 8가지 항목이 있는 것을 알 수 있다.

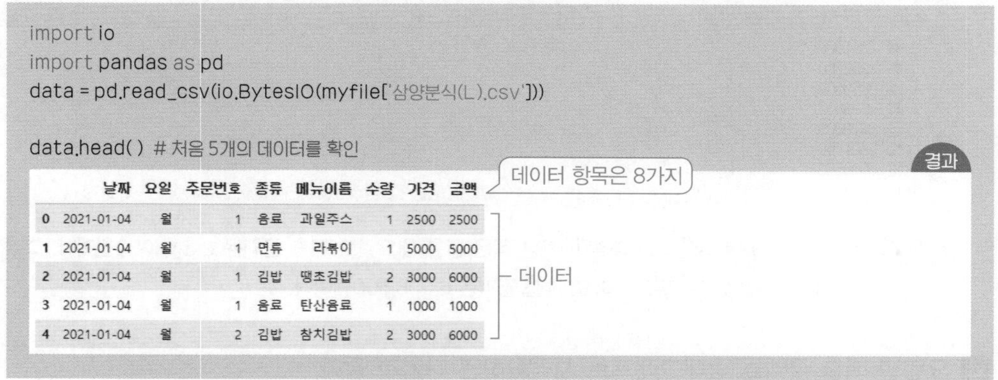

```
import io
import pandas as pd
data = pd.read_csv(io.BytesIO(myfile['삼양분식(L).csv']))

data.head( ) # 처음 5개의 데이터를 확인
```

결과

	날짜	요일	주문번호	종류	메뉴이름	수량	가격	금액
0	2021-01-04	월	1	음료	과일주스	1	2500	2500
1	2021-01-04	월	1	면류	라볶이	1	5000	5000
2	2021-01-04	월	1	김밥	땡초김밥	2	3000	6000
3	2021-01-04	월	1	음료	탄산음료	1	1000	1000
4	2021-01-04	월	2	김밥	참치김밥	2	3000	6000

❷ 다음 코드를 실행하여 data에 저장된 데이터의 행수를 확인한다.

```
len(data)   # 데이터의 행수 세기
```

결과

4851

2 문제 상황을 해결하기 위해 관련 있는 데이터 항목(속성)을 선택하면 다음과 같다.

[문제 상황 1] **매출에 영향을 덜 주면서 휴일을 정하는 문제**

예시 답안 요일별 매출 금액을 구하면 문제 해결에 도움을 받을 수 있다. 따라서 요일, 금액의 2가지 속성이 필요하다.

[문제 상황 2] **매출에 영향을 덜 주면서 메뉴를 줄이는 문제**

예시 답안 메뉴별 매출 금액을 구하면 문제 해결에 도움을 받을 수 있다. 따라서 메뉴이름, 금액의 2가지 속성이 필요하다.

3 1주일 중 하루를 규칙적으로 휴일로 정하기 위해 요일별로 매출 금액을 확인하려고 한다. 요일별 매출 금액을 구하고, 매출 금액이 가장 적은 요일과 가장 많은 요일의 매출 금액을 구하면 다음과 같다.

해결 방법 다음 코드를 실행하여 요일별 매출 금액을 더하고, 출력한다.

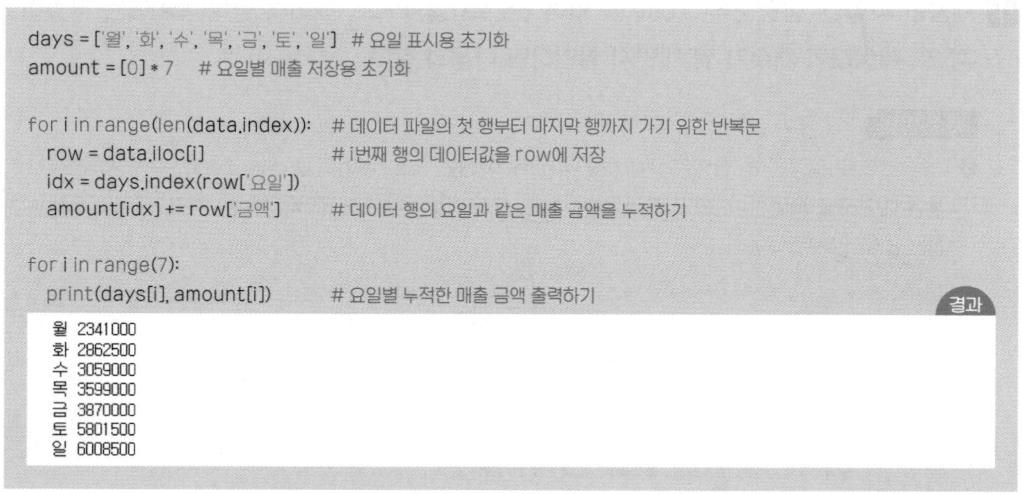

```
days = ['월', '화', '수', '목', '금', '토', '일']  # 요일 표시용 초기화
amount = [0] * 7    # 요일별 매출 저장용 초기화

for i in range(len(data.index)):   # 데이터 파일의 첫 행부터 마지막 행까지 가기 위한 반복문
    row = data.iloc[i]              # i번째 행의 데이터값을 row에 저장
    idx = days.index(row['요일'])
    amount[idx] += row['금액']       # 데이터 행의 요일과 같은 매출 금액을 누적하기

for i in range(7):
    print(days[i], amount[i])       # 요일별 누적한 매출 금액 출력하기
```

결과

```
월 2341000
화 2862500
수 3059000
목 3599000
금 3870000
토 5801500
일 6008500
```

예시 답안 출력 결과를 확인하면 매출이 가장 적은 날은 월요일로 매출 금액은 2,341,000원이다. 그리고 가장 매출이 많은 날은 일요일이고, 매출 금액은 6,008,500원이다.

4 요일별 매출 금액을 막대그래프로 시각화하면 다음과 같다.

해결 방법 다음 코드를 실행하면 막대그래프가 그려지는 것을 확인할 수 있다.

```
import matplotlib.pyplot as plt

plt.rc('font', family='NanumBarunGothic')  # 한글 사용을 위한 폰트 지정하기
plt.bar(days, amount)                       # 요일과 매출 금액으로 막대그래프 그리기
plt.show()
```

결과

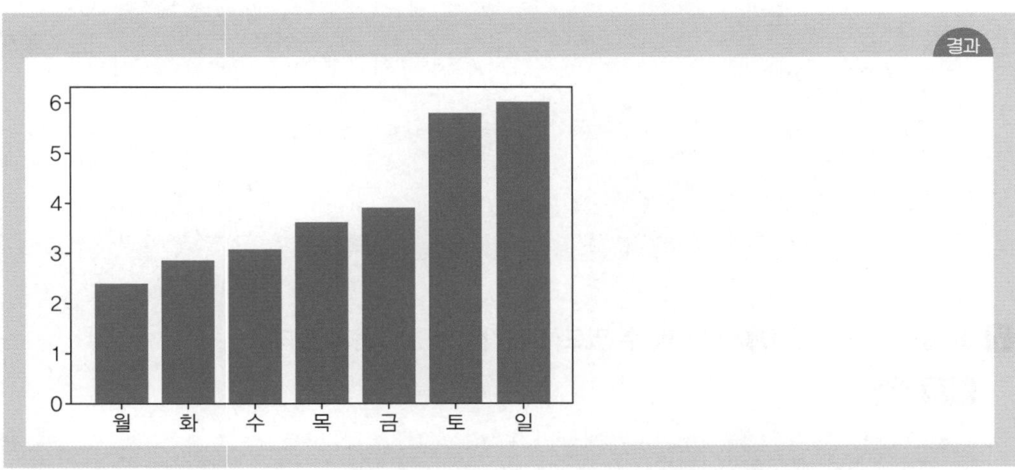

5 식당에서 판매하는 음식 종류는 한식, 면류, 떡볶이, 튀김류 등 매우 다양하다. 판매하는 음식 종류가 몇 가지인지 확인하면 다음과 같다.

해결 방법 다음 코드를 실행하고 결과를 확인한다.

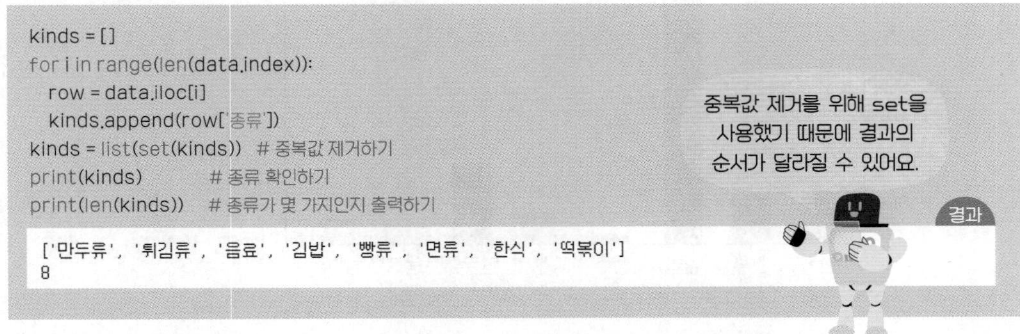

중복값 제거를 위해 set을
사용했기 때문에 결과의
순서가 달라질 수 있어요.


```
kinds = []
for i in range(len(data.index)):
  row = data.iloc[i]
  kinds.append(row['종류'])
kinds = list(set(kinds))  # 중복값 제거하기
print(kinds)              # 종류 확인하기
print(len(kinds))         # 종류가 몇 가지인지 출력하기
```

결과

```
['만두류', '튀김류', '음료', '김밥', '빵류', '면류', '한식', '떡볶이']
8
```

예시 답안 음식은 8종류이고, 만두류, 튀김류, 음료, 김밥, 빵류, 면류, 한식, 떡볶이이다.

6 음식의 종류별로 주문 수량과 판매 금액을 구하면 다음과 같다.

해결 방법

```
orders = [0] * 8   # 음식 종류별 주문 수량 저장용 초기화
amount = [0] * 8   # 음식 종류별 매출 금액 저장용 / 코드를 완성하세요

for i in range(len(data.index)):       # 데이터 파일의 첫 행부터 마지막 행까지 반복
  row = data.iloc[i]                   # i번째 행의 데이터값을 row에 저장
  idx = kinds.index(row['종류'])
  orders[idx] += row['수량']           # 데이터 행의 요일과 같은 주문 수량 누적하기
  amount[idx] += row['금액']           # 데이터 행의 요일과 같은 매출 금액 누적하기 / 코드를 완성하세요

for i in range(8):
  print(kinds[i], orders[i], amount[i])
```

결과

```
만두류 985 4914000
튀김류 301 2204000
음료 218 438000
김밥 3583 10823500
빵류 59 147500
면류 585 2925000
한식 640 4229500
떡볶이 372 1860000
```

7 잘 팔리는 음식 종류를 확인할 수 있도록 시각화하면 다음과 같다.

해결 방법

```
import matplotlib.pyplot as plt

plt.rc('font', family='NanumBarunGothic')   # 한글 사용을 위한 폰트 지정
plt.bar(kinds, orders)                       # x축: 음식 종류, y축: 주문 수량
plt.show()
```

결과

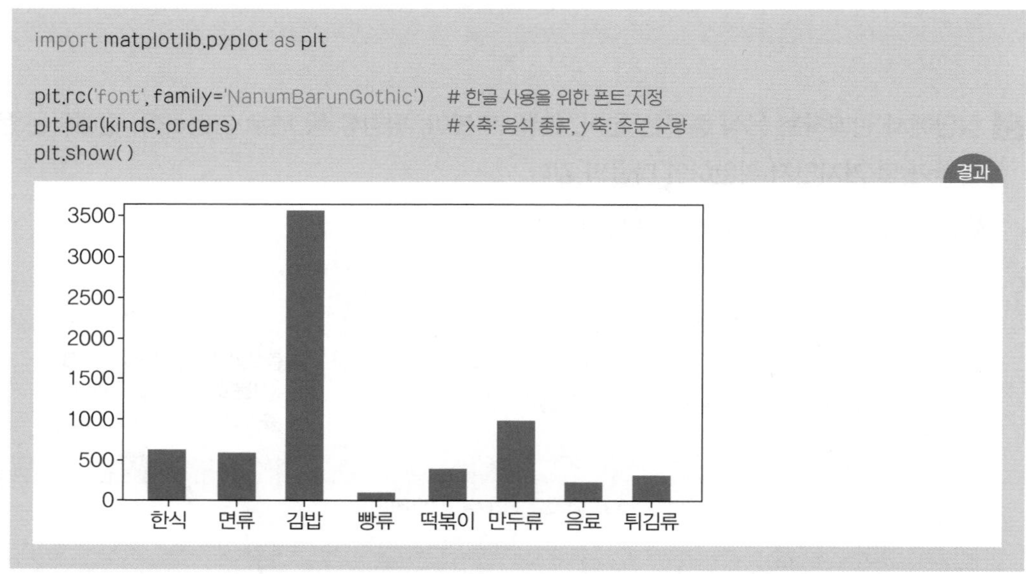


```
import matplotlib.pyplot as plt

plt.rc('font', family='NanumBarunGothic')   # 한글 사용을 위한 폰트 지정
plt.bar(kinds, amount)                       # x축: 음식 종류, y축: 판매 금액
plt.show()
```

결과

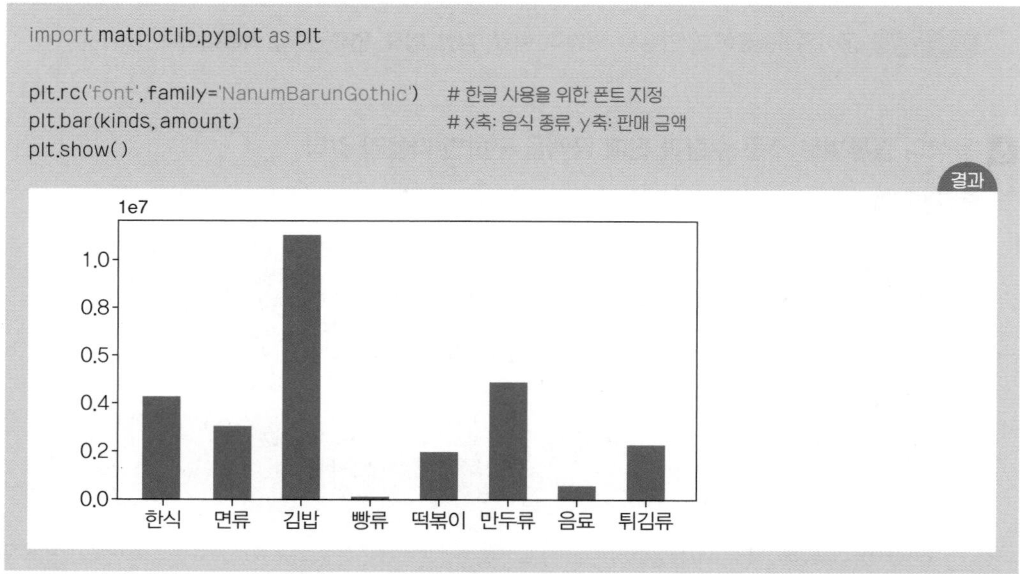

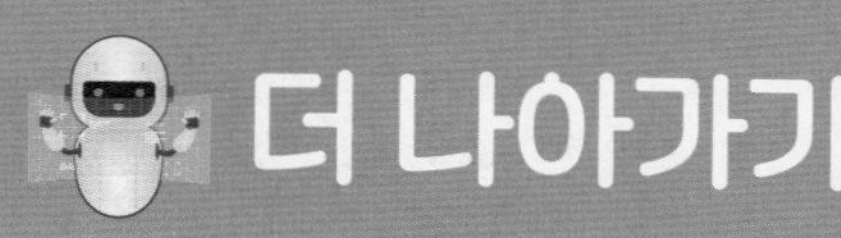

도서부로 활동하는 은지는 세계 책의 날을 맞아 몇 가지 이벤트를 기획하고 있다. 도서대여 순위를 작성하여 선물을 준다거나 대출 인기 순위를 작성해서 공지하는 것이다. 도서대출 데이터 파일('대출자료.csv')을 이용하여 다음 물음에 답하면서 원하는 정보를 구해 보자.

1 주어진 파일을 열어 간단히 살펴보고, 데이터 항목(속성)에는 무엇이 있는지 또 데이터의 개수가 몇 개인지 알아보면 다음과 같다.

해결 방법 문제 해결 실습을 위해 제공된 '데이터_분석과_시각화(더나아가기).ipynb' 파일을 열고, 한글 사용을 위한 준비를 한다.

① 구글 코랩에서 [파일]–[노트 열기]를 선택하면 나타나는 창에서 [업로드] 탭을 누르고, 제공된 '데이터_분석과_시각화(더나아가기).ipynb' 파일을 선택하여 업로드한다.
② 코드 중 첫 번째 코드 셀에 있는 코드를 실행시켜 한글 폰트를 설치한다.
③ 메뉴의 [런타임]–[런타임 다시 시작]을 선택한 후 해당 창에서 [예]를 선택한다.
④ 다음 코드를 실행하여 '대출자료.csv' 파일의 모든 데이터를 data라는 변수에 저장한다. 처음 5개의 데이터를 출력하여 확인한다.

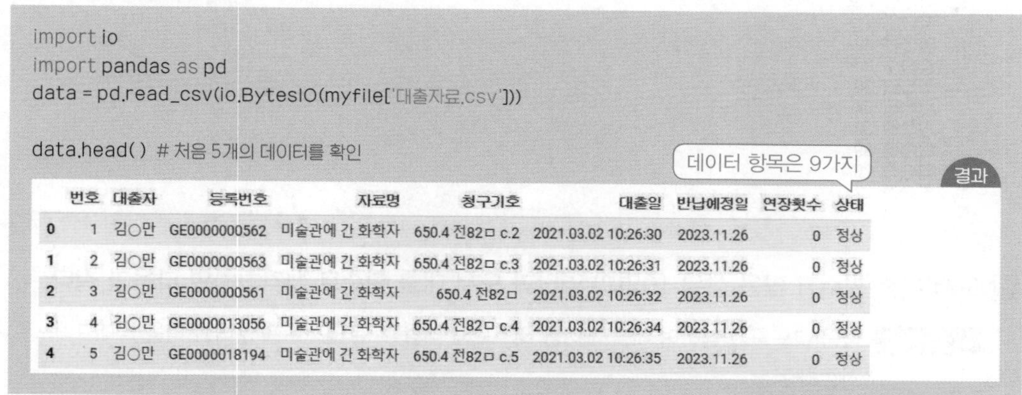

```
import io
import pandas as pd
data = pd.read_csv(io.BytesIO(myfile['대출자료.csv']))

data.head() # 처음 5개의 데이터를 확인
```


	번호	대출자	등록번호	자료명	청구기호	대출일	반납예정일	연장횟수	상태
0	1	김○만	GE0000000562	미술관에 간 화학자	650.4 전82ㅁ c.2	2021.03.02 10:26:30	2023.11.26	0	정상
1	2	김○만	GE0000000563	미술관에 간 화학자	650.4 전82ㅁ c.3	2021.03.02 10:26:31	2023.11.26	0	정상
2	3	김○만	GE0000000561	미술관에 간 화학자	650.4 전82ㅁ	2021.03.02 10:26:32	2023.11.26	0	정상
3	4	김○만	GE0000013056	미술관에 간 화학자	650.4 전82ㅁ c.4	2021.03.02 10:26:34	2023.11.26	0	정상
4	5	김○만	GE0000018194	미술관에 간 화학자	650.4 전82ㅁ c.5	2021.03.02 10:26:35	2023.11.26	0	정상

⑤ 다음 코드를 실행하여 전체 데이터의 개수를 확인한다.

```
len(data)    # 데이터의 행수 세기
```

```
1177
```

예시 답안 데이터 항목(속성)은 번호, 대출자, 등록번호, 자료명, 청구기호, 대출일, 반납예정일, 연장횟수, 상태의 9가지가 있고, 데이터의 총 개수는 1,177개이다.

2 한 번이라도 도서를 대출한 사람이 모두 몇 명인지 알아보면 다음과 같다.

해결 방법 다음 코드를 실행하여 대출자 명단과 대출자별 대출 횟수를 구하고, 명단에 포함된 이름의 수를 카운트한다.

```
borrower = {} # 대출자 명단과 대출 횟수를 저장한 딕셔너리 준비

for i in range(len(data.index)):  # 데이터 파일의 첫 행부터 마지막 행까지 가기 위한 반복문
  row = data.iloc[i]              # i번째 행의 데이터값을 row에 저장
  name = row['대출자']             # 대출자 이름을 name에 저장

  if name in borrower:  # 대출자 이름이 존재하면 대출 횟수를 1 증가
    borrower[name] += 1
  else:                 # 대출자 이름이 없으면 대출자 이름을 추가하고 대출 횟수를 1로 초기화
    borrower[name] = 1

print(len(borrower.keys())) # 대출 인원수 세기
```

결과

```
148
```

예시 답안 148명이다.

3 도서 대출 횟수가 많은 상위 10명의 명단과 도서 대출 횟수를 구하면 다음과 같다.

해결 방법 다음 코드를 실행하여 대출자 명단을 대출 횟수가 많은 사람이 먼저 오게 정렬한 후 첫 번째부터 열 번째까지 10개 데이터를 출력한다.

```
borrower_list = sorted(borrower.items( ), key=lambda x: x[1], reverse=True)  # 대출 횟수가 많은 순으로 정렬
for borr in borrower_list[:10]:  # 상위 10개의 데이터 출력
  print(borr[0], borr[1])
```

결과

```
박○윤 232
박○연 71
이○은 40
김○주 37
최○나 36
김○리 34
한○원 32
이○혜 29
김○정 28
최○선 27
```

4 도서 대출 횟수가 많은 상위 10명의 명단과 도서 대출 횟수로 시각화하면 다음과 같다.

해결 방법 다음 코드를 실행하여 대출자 이름 리스트와 대출 횟수 리스트로 분리한 다음 막대그래프로 시각화한다.

```
import matplotlib.pyplot as plt

name = []
amount = []

for borr in borrower_list[:10]:  # 상위 10개의 데이터 출력
  name.append(borr[0]) # 대출자 이름
  amount.append(borr[1]) # 대출 횟수

plt.rc('font', family='NanumBarunGothic')
plt.bar(name, amount)
plt.show( )
```

결과

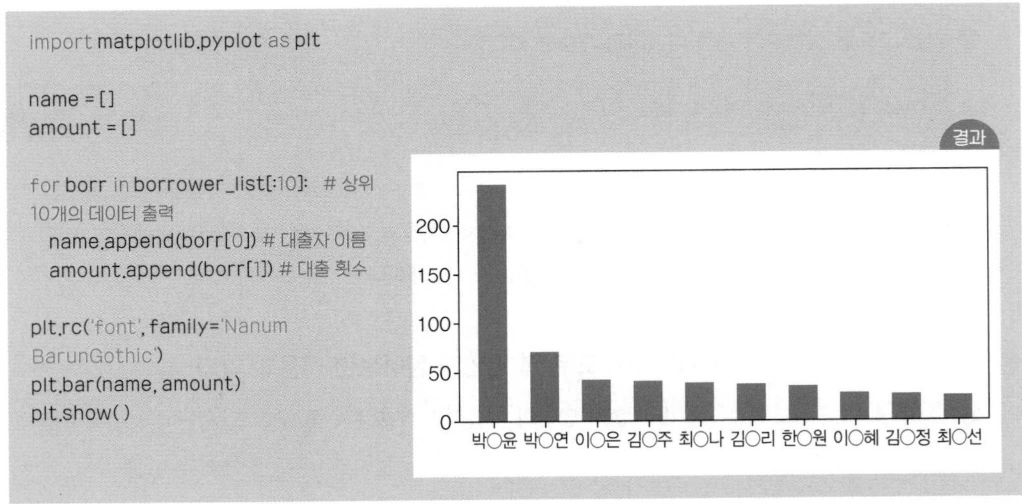

[데이터 분석 활용 사례] 마을버스 심야 운행 확대를 위한 분석

서울시 관악구의 마을버스 막차 시간은 24시 전후로 지하철보다 약 1시간 정도 빨라 늦은 시간 지하철을 이용하는 시민들이 마을버스를 이용할 수 없어 불편했다. 이를 개선하기 위해 새벽 2시까지 마을버스 연장 운행을 가정하여 노선별 예상 수요량을 예측하고, 심야 연장 운행 가능 여부와 배차 간격에 대한 타당성 조사를 하였다.

이를 위해 다음과 같은 데이터를 이용하여 분석하였다.

데이터	보유 기관	시점	활용 내용
택시 iDTG 정보	한국스마트 카드	2014. 10.~2015. 9.	택시 사용자 수요 파악
버스 정류장 정보	관악구청	2016. 6. 30.	정류장 이름 및 위치 파악
마을버스 상세 배치표	관악구청	2016. 6. 30.	노선별 운행거리 · 대수 · 운행 시간 파악
대중교통 이용 정보	한국스마트 카드	2014. 9.~2014. 12. 31. 31개 일자	KB교통카드 비중 산출
KB교통카드	국민카드	2014. 10.~2015. 9.	교통카드 사용자 수요 파악

그 결과 총 10개 노선 중 2개 노선의 연장 운행이 가능하고, 다른 2개 노선의 연장 운행은 불가능하며, 나머지 6개 노선의 경우 조건별 연장 운행이 가능함을 확인하였다.

요일별 마을버스 노선의 심야연장 시간표

- 노선 05, 11: 모든 요일 전 시간대 연장운행 불가능
- 노선 03, 10: 모든 요일 전 시간대 연장운행 가능
- 노선 07, 08: 일요일을 제외한 전 시간대 연장운행 가능
- 노선 01, 02, 04, 06: 평일 00시에서 00시 30분 사이 연장운행 가능

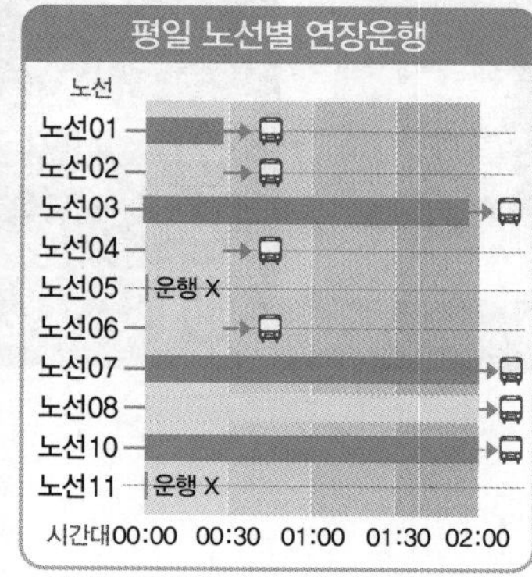

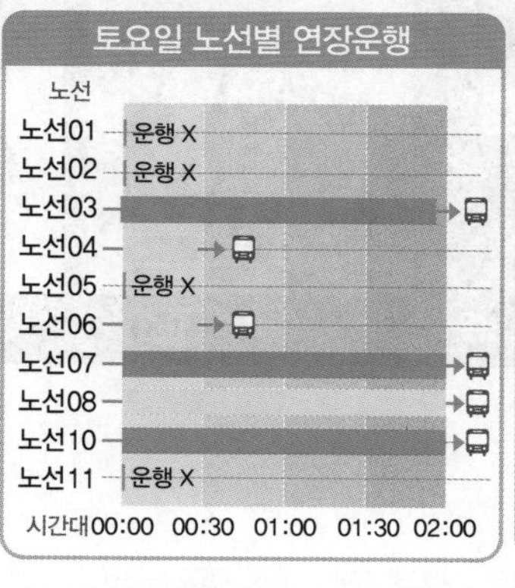

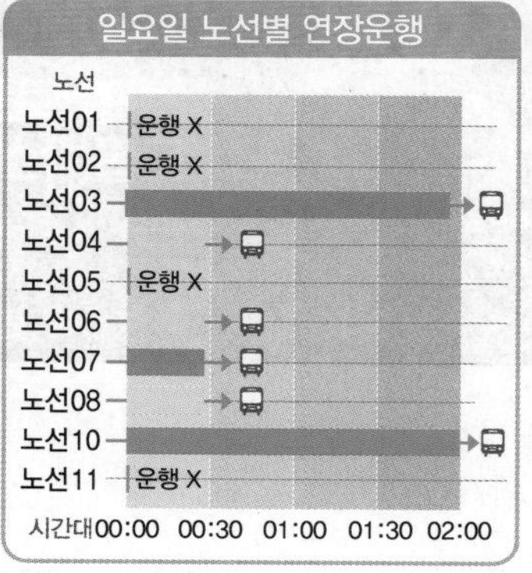

〈**출처**〉 서울특별시 빅 데이터 캠퍼스(https://bigdata.seoul.go.kr/)

02 데이터, 어떻게 수집하지?

핵심 개념 데이터 수집과 시각화

학습 목표 문제 해결에 필요한 데이터를 찾고, 수집할 수 있다.
수집된 데이터를 처리하여 필요한 정보를 얻을 수 있다.

인터넷에는 수많은 개인, 회사, 공공 기관이 거미줄처럼 연결되어 있고, 대량의 데이터가 계속 유통되고 있다. 이런 데이터를 수집해서 처리하면 가치가 높은 정보를 생산할 수 있다. 예를 들어, 최신 개봉 영화 중 어떤 영화를 선택할지 고민이라면, 각 영화에 대한 다른 사람들의 평을 들어 보고 결정하는 것도 하나의 방법이 될 것이다.

〈출처〉 네이버 영화

필요한 데이터를 쉽고 빠르게 그리고 대량으로 수집하는 방법으로는 무엇이 있을까?

핵심 개념 학습하기

1 문제 해결과 데이터

우리는 일상에서 무엇인가를 결정해야 하는 순간을 종종 맞이한다. 예를 들면, 오늘은 어떤 옷을 입을까? 스마트폰을 사려고 하는데 어떤 제품을 살까? 친구와 함께 어떤 영화를 보면 좋을까? 등이 있다.

이런 문제 상황을 판단하는 데 도움이 되는 정보가 있다면 더 잘 선택할 수 있을 것이다. 이를테면, 외출할 때 입을 옷을 결정하기 위해 오늘의 날씨를 확인한다거나 사고 싶은 제품을 선택할 때 제품별 사양이나 다른 사람들의 제품 사용 후기 등을 찾아보고 결정하는 일 등이 그렇다. 인공지능 또한 어떤 판단을 내리기 위해서는 충분한 데이터를 필요로 한다.

이처럼 문제를 해결하고자 할 때는 문제 해결에 필요한 데이터가 어떤 것인지를 판단하고, 필요한 데이터를 충분히 수집해서 활용하는 작업이 필요하다.

2 데이터 수집

필요한 데이터가 어떤 데이터인지 결정하였다면 데이터를 수집해야 한다. 수집하는 방법으로는 공개된 데이터 세트를 찾아 수집하는 방법과 직접 데이터를 수집해서 데이터 세트를 만드는 방법이 있다.

(1) 데이터 세트 활용

공공 기관이나 기업에서는 수많은 데이터를 수집해서 관리하고 있으며, 그중 일부는 다음과 같은 사이트를 통해 공개하고 있다.

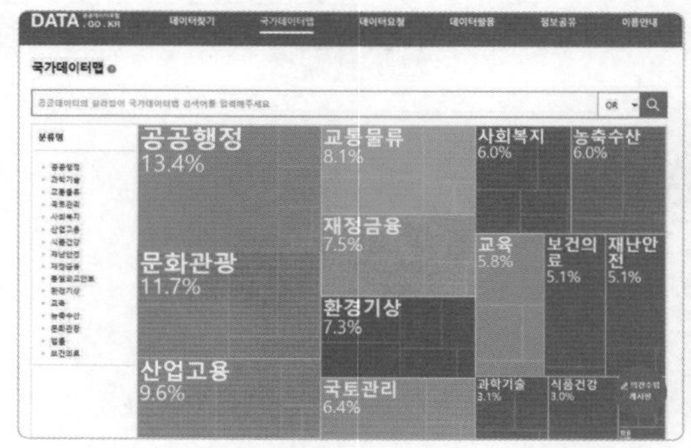

▲ 공공 데이터 포털(https://www.data.go.kr/)

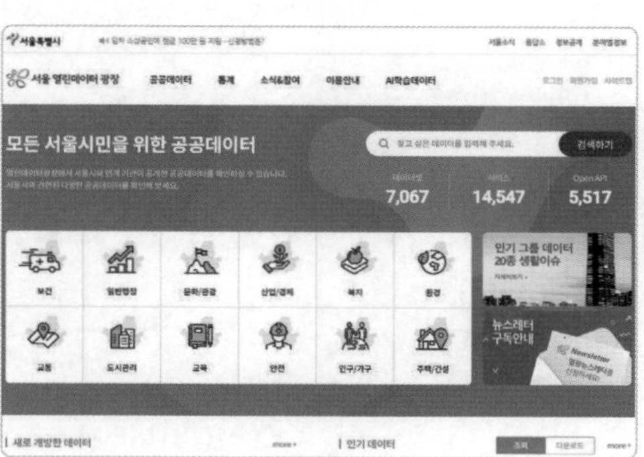

▲ 서울 열린 데이터 광장(http://data.seoul.go.kr/)

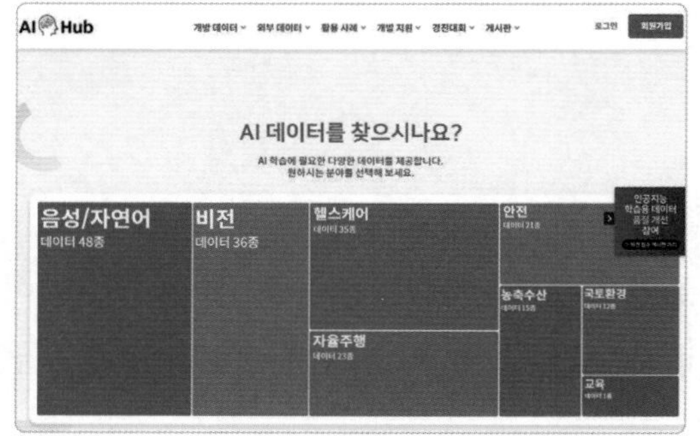

△ AIHub(https://www.aihub.or.kr/ai_data)

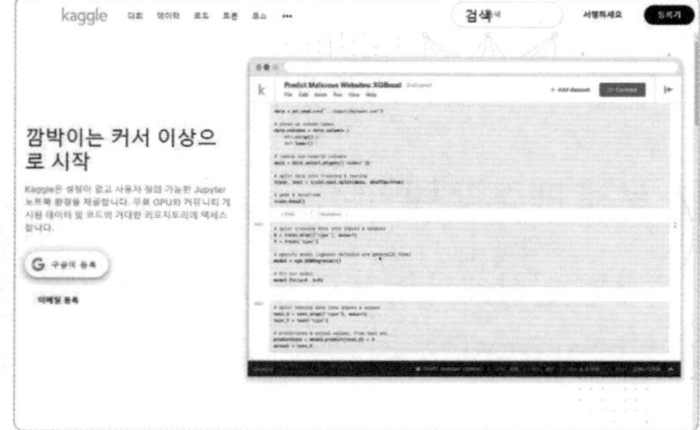

△ Kaggle(https://www.kaggle.com/datasets)

이외에 인터넷 포털 사이트 검색을 통해서도 많은 데이터 세트를 찾아 이용할 수 있다.

(2) 직접 수집

검색 엔진을 활용해서 인터넷에 존재하는 데이터를 찾아 하나하나 수집하거나 웨어러블 기기나 스마트폰 등 사물 인터넷 기술이 적용된 센서를 통해 직접 데이터를 수집하기도 한다. 또한 인터넷상에는 매우 방대한 데이터들이 존재하므로 자동화된 방법으로 WWW(월드 와이드 웹)을 탐색하고 웹 페이지에 담겨 있는 데이터를 수집하기도 하는데, 이를 웹 크롤링(web crawling)이라고 한다. 뉴스 댓글, 상품평, 인터넷 커뮤니티의 게시 글, SNS 활동에 의해 생산된 데이터 등을 웹 크롤러(web crawler)를 이용하여 수집할 수 있다.

★ **웹 크롤러**
자동화된 방법으로 웹 페이지를 찾아 다니며 데이터를 수집하는 일을 하는 프로그램

★ **웹 크롤링**
웹 페이지에서 원하는 데이터를 추출하는 기술

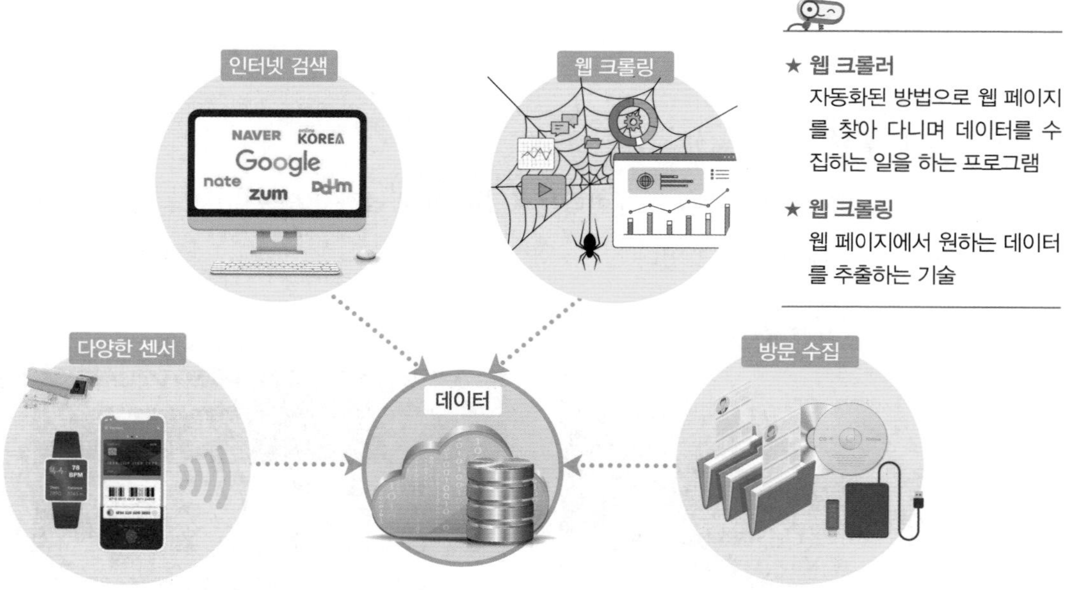

△ 직접 데이터를 수집하는 다양한 방법

문제 해결하기 활동

영지는 주말에 친구와 영화를 보기로 했다. 현재 개봉된 영화 중에서 영화를 고르기 위해 이미 영화를 본 사람들의 의견을 참고하려고 한다. 사람들의 의견을 인터넷에서 수집하고, 평점을 계산한 것을 토대로 시각화하여 비교해 보자.

배경 지식 • 웹과 HTML 이해 우리가 웹 브라우저를 통해 인터넷상의 텍스트, 그림, 소리, 동영상 등 다양한 정보를 볼 수 있지만, 사실 웹 서버가 우리에게 보내주는 것은 HTML 형식의 문서이다. 웹 브라우저는 HTML 형식의 문서를 해석해서 웹 페이지 형식으로 보여 주는 역할을 한다. 이때 웹 브라우저가 서버에게 웹 페이지를 요청하는 것을 요청(request)이라고 하고, 서버가 웹 브라우저에게 보내는 것을 응답(response)이라고 한다.

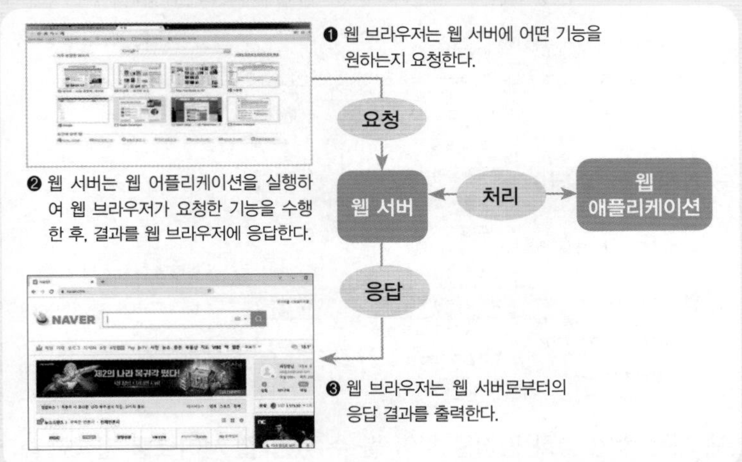

❶ 웹 브라우저는 웹 서버에 어떤 기능을 원하는지 요청한다.
요청
❷ 웹 서버는 웹 어플리케이션을 실행하여 웹 브라우저가 요청한 기능을 수행한 후, 결과를 웹 브라우저에 응답한다.
웹 서버
처리
웹 애플리케이션
응답
NAVER
❸ 웹 브라우저는 웹 서버로부터의 응답 결과를 출력한다.

▲ 웹 브라우저에서 요청과 응답

즉, 인터넷에 존재하는 데이터를 가져오기 위해 데이터가 존재하는 위치에 해당하는 요청(request)을 보내고, 서버가 보내주는 응답(response)을 받아 그중에서 필요한 데이터를 추출하는 프로그램을 작성하면 웹 브라우저 없이도 데이터를 직접 내려받을 수 있다.

1 현재 개봉 중인 영화 평점을 찾아 볼 수 있는 웹 사이트를 검색한 후 접속 주소를 적어 보자.

2 그중 하나의 사이트를 골라 가장 최근의 평점 데이터를 200개 정도 수집해 보자.

3 수집된 평점 데이터를 분석하여 영화별 평점 수와 평점 평균을 계산해 보자.

4 분석한 데이터를 기반으로 영화별 평점 수와 평점 평균으로 시각화해 보자.
(단, 평점의 수가 가장 많은 5개의 영화만 포함하여 시각화한다.)

해설

[문제 해결하기]

● 문제 해결을 위한 준비 단계

코랩에서 문제 해결 실습을 위해 제공된 '데이터_수집과_시각화(문제해결).ipynb' 파일을 열고, 한글 사용을 위한 준비를 한다.

❶ 구글 코랩에서 [파일]–[노트 열기]파일을 선택하면 나타나는 창에서 [업로드] 탭을 누르고, 제공된 '데이터_수집과_시각화(문제해결).ipynb' 파일을 선택한다.

❷ 문서의 첫 번째 코드 셀에 있는 코드를 실행하여 한글 폰트를 설치한다.

❸ 메뉴의 [런타임]–[런타임 다시 시작]을 선택하고, [런타임 다시 시작] 창에서 [예]를 선택한다.

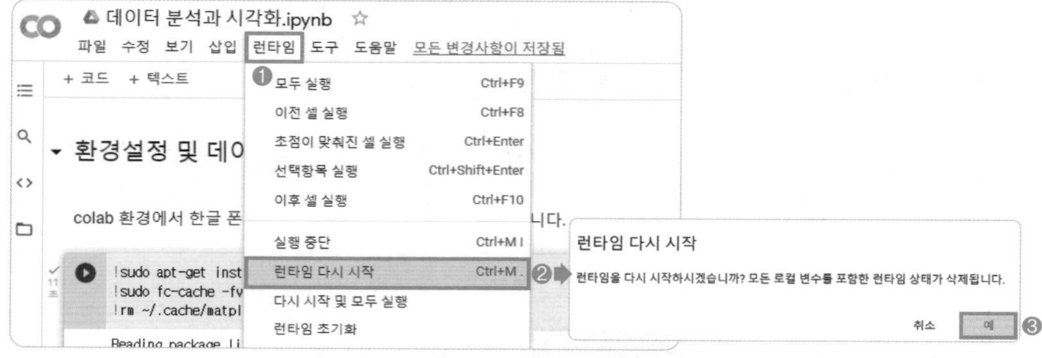

1 **현재 개봉 중인 영화 평점을 찾아 볼 수 있는 웹 사이트를 검색한 후 다음과 같이 접속 주소를 적어 보면 다음과 같다.**

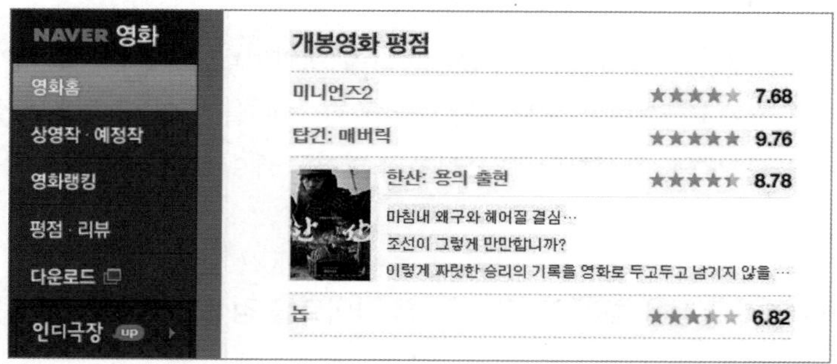

예시 답안 • 네이버 영화 평점 https://movie.naver.com/movie/point/af/list.naver

2 **선택한 사이트에서 가장 최근의 평점 데이터를 200개 정도 수집하는 과정은 다음과 같다.**

해결 방법

❶ 네이버 평점 사이트의 주소를 입력하여 접속하면 다음과 같이 한 페이지에 10개의 평점이 표시됨을 알 수 있다.

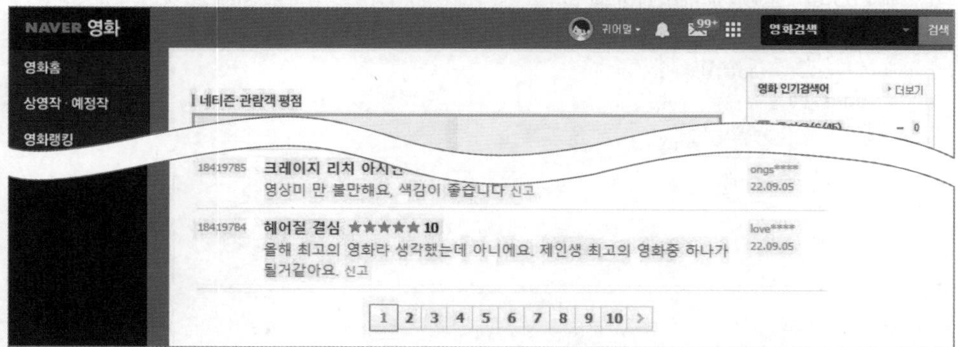

❷ 화면 하단에서 두 번째 페이지를 나타내는 숫자 [2]를 클릭하고, 주소 창에 표시되는 주소를 확인한다. 아래와 같이 주소 뒤에 '&page=2'가 추가되었음을 알 수 있다. 즉, 숫자를 바꾸면 원하는 페이지에 접속할 수 있다.

https://movie.naver.com/movie/point/af/list.naver?&page=2

❸ 제공된 '데이터_수집과_시각화(문제해결).ipynb' 파일에서 다음 코드를 실행하여 동작 상태를 확인해 본다. 해당 코드는 1페이지의 영화 제목, 평점을 가져와서 보여 주는 코드임을 알 수 있다.

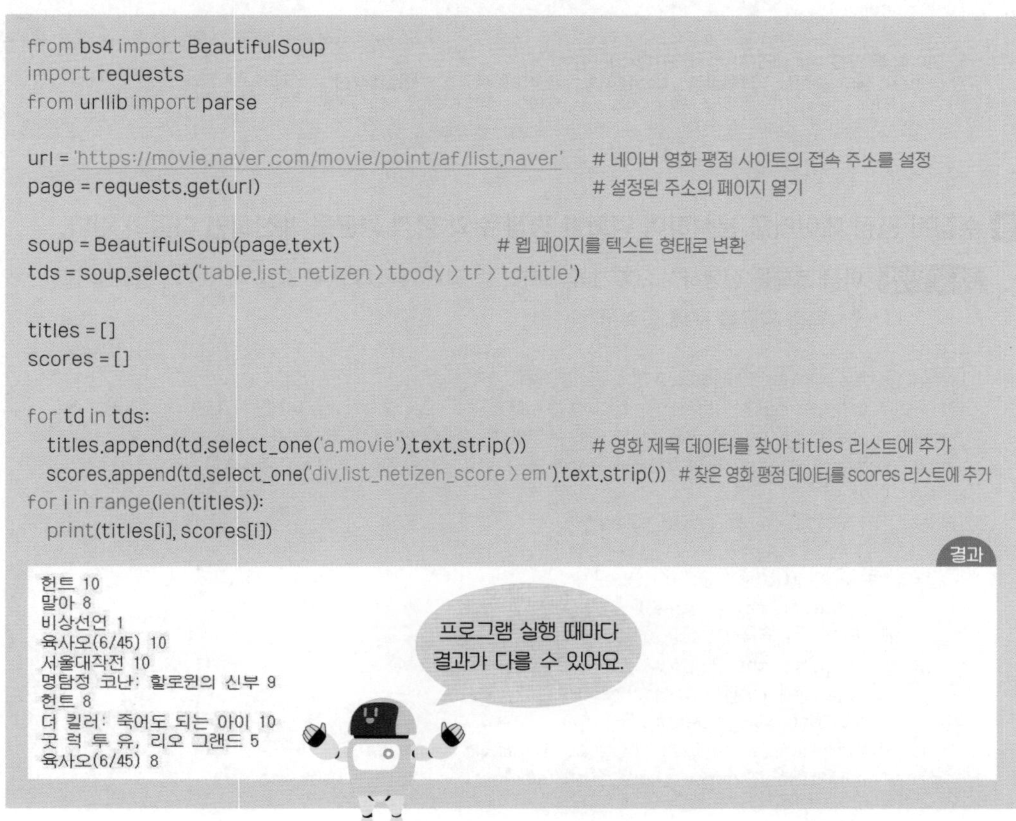

```
from bs4 import BeautifulSoup
import requests
from urllib import parse

url = 'https://movie.naver.com/movie/point/af/list.naver'    # 네이버 영화 평점 사이트의 접속 주소를 설정
page = requests.get(url)                                     # 설정된 주소의 페이지 열기

soup = BeautifulSoup(page.text)                  # 웹 페이지를 텍스트 형태로 변환
tds = soup.select('table.list_netizen > tbody > tr > td.title')

titles = []
scores = []

for td in tds:
  titles.append(td.select_one('a.movie').text.strip())        # 영화 제목 데이터를 찾아 titles 리스트에 추가
  scores.append(td.select_one('div.list_netizen_score > em').text.strip())  # 찾은 영화 평점 데이터를 scores 리스트에 추가
for i in range(len(titles)):
  print(titles[i], scores[i])
```

결과

```
헌트 10
말아 8
비상선언 1
육사오(6/45) 10
서울대작전 10
명탐정 코난: 할로윈의 신부 9
헌트 8
더 킬러: 죽어도 되는 아이 10
굿 럭 투 유, 리오 그랜드 5
육사오(6/45) 8
```

프로그램 실행 때마다 결과가 다를 수 있어요.

❹ 평점은 한 페이지에 10개씩 존재하므로 수집하려는 데이터의 페이지 수를 결정한다. 예를 들어, 평점을 200개 모으려면 총 20개 페이지의 데이터를 수집해야 한다. 다음 코드를 실행 후 20을 입력한다.

```
from bs4 import BeautifulSoup
import requests
from urllib import parse

n = int(input('데이터를 다운받을 페이지 수 입력(정수):'))

url = 'https://movie.naver.com/movie/point/af/list.naver?page={}' # 페이지를 추가해서 네이버 영화 평점 사이트의 접속 주소를 설정

titles = []
scores = []

for i in range(1, n+1):    # 1페이지부터 n페이지까지 가기 위한 반복문
  page = requests.get(url.format(i))    # 설정된 주소의 i번째 페이지 열기

  soup = BeautifulSoup(page.text)    # 웹 페이지를 텍스트 형태로 변환하기
  tds = soup.select('table.list_netizen > tbody > tr > td.title')
  for td in tds:
    titles.append(td.select_one('a.movie').text.strip())    # 영화 제목 데이터를 찾아 titles 리스트에 추가
    scores.append(td.select_one('div.list_netizen_score > em').text.strip()) # 찾은 영화 평점 데이터를 scores 리스트에 추가

print(titles)    # 영화 제목 출력
print(scores)    # 영화 평점 출력
```

결과

```
데이터를 다운받을 페이지 수 입력(정수) 20 ←입력
['한산: 용의 출현', '크루엘라', '스텔라', '육사오(6/45)', '서울대작전', '프리다의 그해 여름', ···
['8', '10', '9', '10', '5', '10', '8', '8', '10', '10', '10', '10', '9', '8', '7', '10', '10'
```

3 수집된 평점 데이터를 분석하여 영화별 평점 수와 평점 평균을 계산하면 다음과 같다.

해결 방법 다음 코드를 실행하여 200개의 데이터 중 영화 제목의 중복 값을 제거하고, 영화별 평점 수와 총합, 평점 평균을 구해 출력한다.

```
movie_titles = list(set(titles)) # 영화 제목의 중복값 제거
movie_score_cnt = [0] * len(movie_titles) # 영화 제목 수만큼 평점 수를 저장할 저장 공간 준비
movie_score_tot = [0] * len(movie_titles) # 영화 제목 수만큼 평점 합을 저장할 저장 공간 준비
movie_score = [0] * len(movie_titles) # 영화 제목 수만큼 평점 평균을 저장할 저장 공간 준비

print('포함된 영화의 수 :', len(movie_titles))

for i in range(len(titles)):
  for j in range(len(movie_titles)):
    if movie_titles[j] == titles[i]:
      movie_score_cnt[j] += 1
      movie_score_tot[j] += int(scores[i])
for i in range(len(movie_titles)):
  movie_score[i] = round(movie_score_tot[i] / movie_score_cnt[i], 2)
  print(movie_titles[i], movie_score_cnt[i], movie_score_tot[i], movie_score[i])
```

결과

```
포함된 영화의 수 : 65
그레이트 샤크2 1 2 2.0
사랑할 땐 누구나 최악이 된다 1 8 8.0
희극지왕 1 10 10.0
삼진그룹 영어토익반 1 10 10.0
프렌치 디스패치 1 10 10.0
마이 뉴욕 다이어리 1 8 8.0
더 킬러: 죽어도 되는 아이 1 10 10.0
7번방의 선물 1 10 10.0
놉 2 19 9.5
그레이 맨 1 4 4.0
헌트 8 66 8.25
우리가 말하지 않은 것 1 9 9.0
말아 1 8 8.0
프리다의 그해 여름 2 20 10.0
명량 2 18 9.0
미 타임 1 2 2.0
인생은 아름다워 3 30 10.0
서울대작전 61 541 8.87
엘비스 1 9 9.0
⋮
```

4 **분석한 데이터를 기반으로 영화별 평점 수와 평점 평균으로 시각화하는 과정은 다음과 같다.**
(단, 평점 수가 가장 많은 5개의 영화만 포함하여 시각화한다.)

해결 방법

❶ 다음 코드를 실행하여 평점 수가 가장 많은 영화 5편을 선정한다.

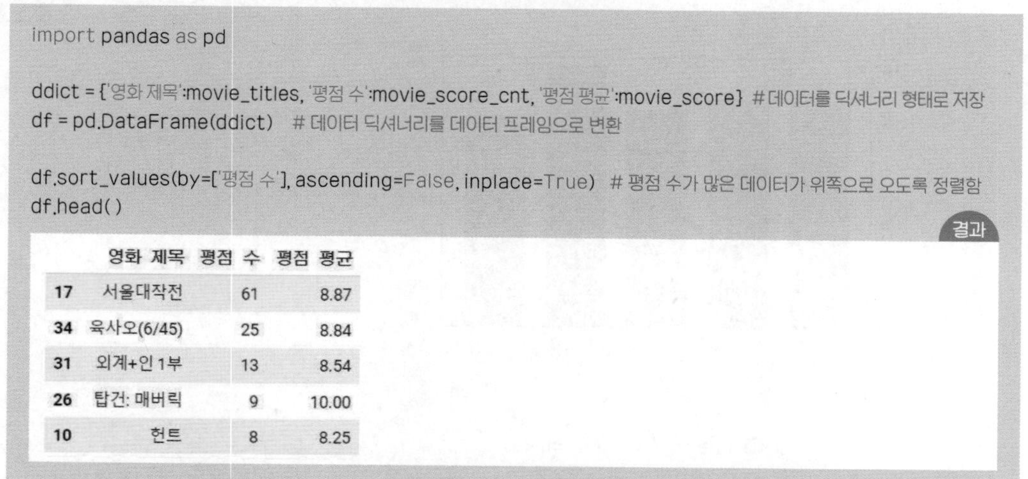

```
import pandas as pd

ddict = {'영화 제목':movie_titles, '평점 수':movie_score_cnt, '평점 평균':movie_score} # 데이터를 딕셔너리 형태로 저장
df = pd.DataFrame(ddict)  # 데이터 딕셔너리를 데이터 프레임으로 변환

df.sort_values(by=['평점 수'], ascending=False, inplace=True)  # 평점 수가 많은 데이터가 위쪽으로 오도록 정렬함
df.head()
```

결과

	영화 제목	평점 수	평점 평균
17	서울대작전	61	8.87
34	육사오(6/45)	25	8.84
31	외계+인 1부	13	8.54
26	탑건: 매버릭	9	10.00
10	헌트	8	8.25

❷ 다음 코드를 실행하여 영화별 평점 수로 시각화한다.

```
import matplotlib.pyplot as plt

plt.rc('font', family='NanumBarunGothic')  # 한글 사용을 위한 폰트 지정
plt.bar(df['영화 제목'][:5], df['평점 수'][:5])          # 평점 수 상위 5개 영화의 평점 수로 막대그래프 그리기
plt.xticks(rotation=45)  # x축 데이터 레이블 45도 회전
plt.show()
```

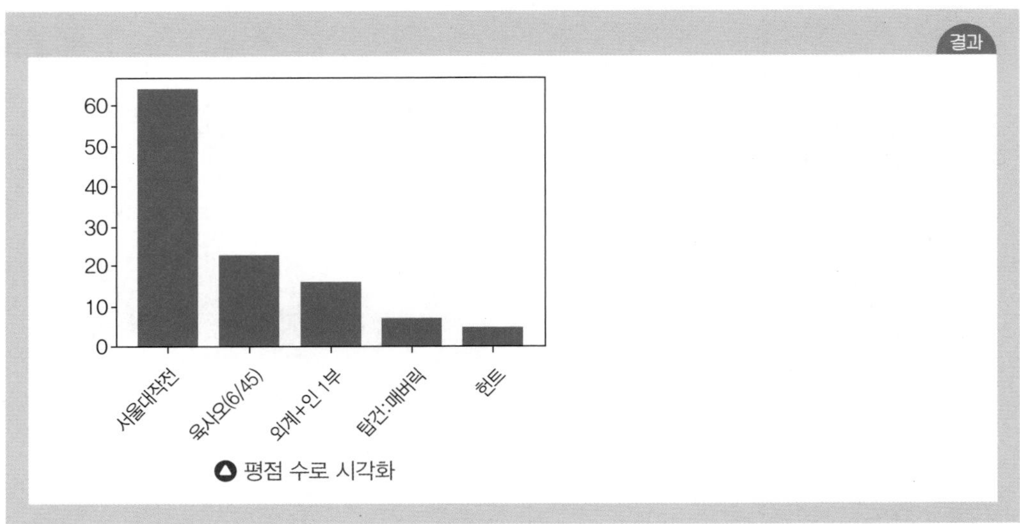

평점 수로 시각화

❸ 다음 코드를 실행하여 영화별 평점 평균으로 시각화한다.

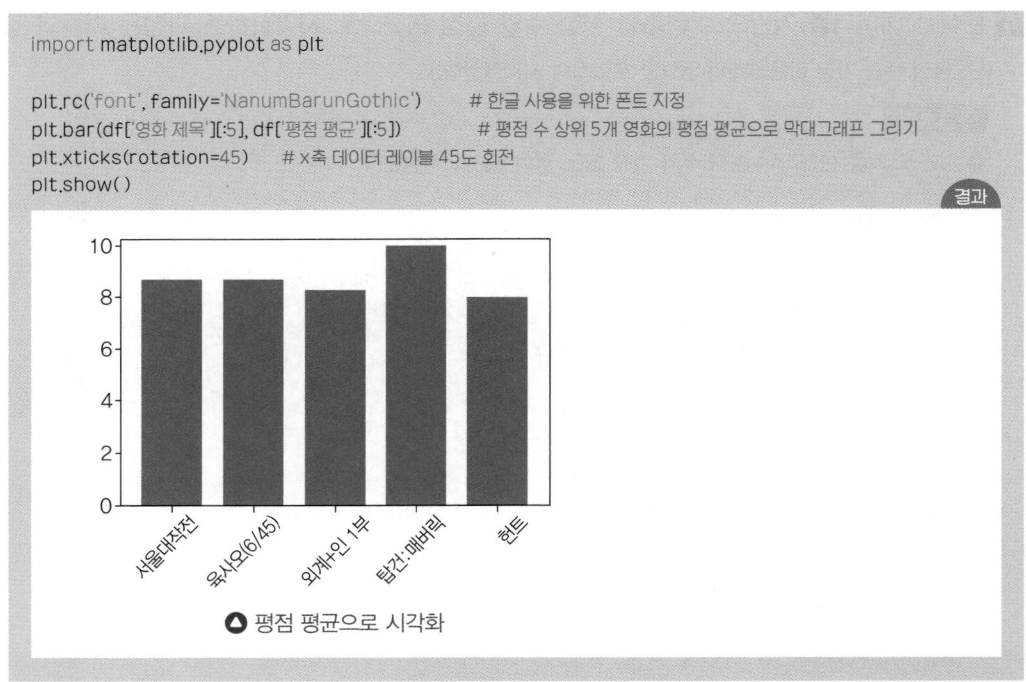

```
import matplotlib.pyplot as plt

plt.rc('font', family='NanumBarunGothic')         # 한글 사용을 위한 폰트 지정
plt.bar(df['영화 제목'][:5], df['평점 평균'][:5])              # 평점 수 상위 5개 영화의 평점 평균으로 막대그래프 그리기
plt.xticks(rotation=45)     # x축 데이터 레이블 45도 회전
plt.show( )
```


평점 평균으로 시각화

영지는 최근 이슈가 되는 뉴스들의 키워드를 한눈에 알아보고 싶어 한다. 그래서 최근 기사들의 헤드라인을 모아 분석하고, 워드 클라우드 기법으로 시각화하려고 한다.

1 뉴스 기사들을 랭킹을 통해 확인할 수 있는 사이트의 주소를 적어 보자.

예시 답안 네이버 뉴스 https://news.naver.com/main/ranking/popularDay.naver?mid=etc&sid1=111
네이트 뉴스 https://news.nate.com/rank/?mid=n1000

2 찾은 사이트 중 네이트 뉴스에서 지난 5일간 열독률 높은 뉴스의 헤드라인을 5개씩 수집해 보자.

해결 방법

❶ 네이트 랭킹뉴스에 접속하여 [스포츠]를 클릭하면 주소창에 오늘 날짜의 스포츠 관련 뉴스 랭킹을 볼 수 있는 주소가 표시됨을 확인한다.

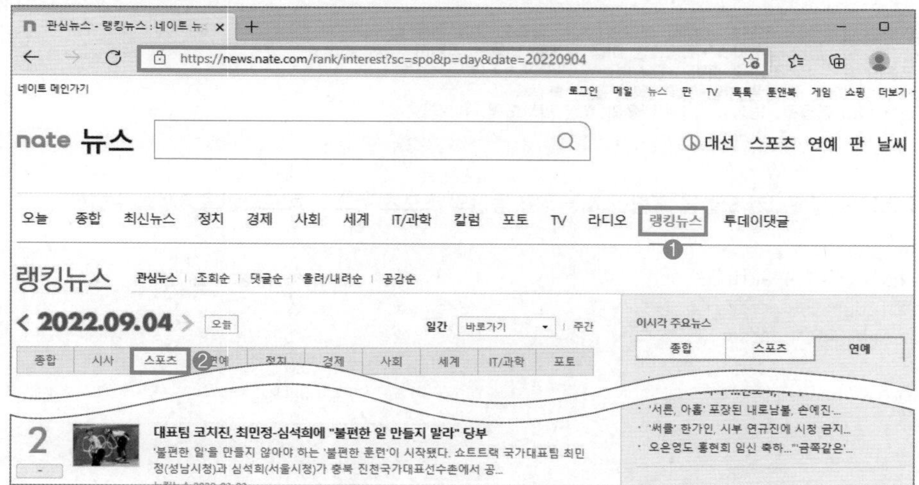

❷ 확인한 주소 사이트의 맨 뒤에 있는 날짜를 바꾸면 원하는 날짜의 스포츠 랭킹뉴스 페이지에 바로 접속할 수 있으므로, 다음 코드를 실행하여 오늘을 포함한 지난 5일간의 날짜를 검색어 형식으로 준비한다.

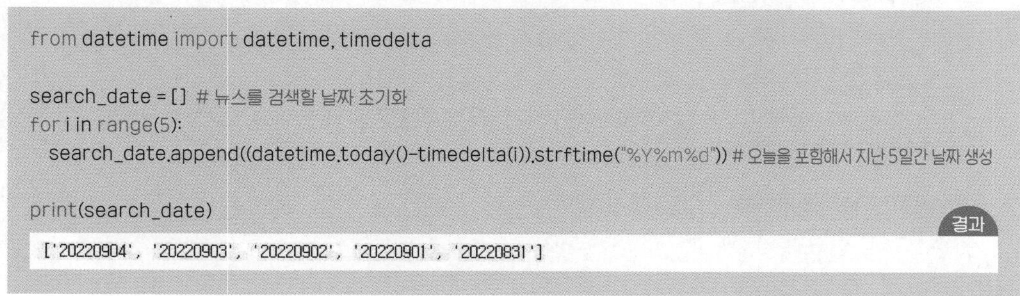

```
from datetime import datetime, timedelta

search_date = [] # 뉴스를 검색할 날짜 초기화
for i in range(5):
  search_date.append((datetime.today()-timedelta(i)).strftime("%Y%m%d")) # 오늘을 포함해서 지난 5일간 날짜 생성

print(search_date)
```

결과

```
['20220904', '20220903', '20220902', '20220901', '20220831']
```

❸ 다음 코드를 실행하여 오늘 스포츠 랭킹뉴스의 헤드라인을 5개 가져와서 확인한다.

※ **주의 사항** 웹 크롤링은 웹 페이지를 분석해서 필요한 데이터를 가져오는 것이기 때문에 웹 페이지의 주소나 구성이 변경되면 프로그램이 정상적으로 동작하지 않을 수 있다.

```
from bs4 import BeautifulSoup
import requests
from urllib import parse

url = 'https://news.nate.com/rank/interest?sc=spo&p=day'   # 네이트 랭킹뉴스 스포츠 접속 주소 설정
page = requests.get(url)                     # 설정된 주소의 페이지 열기

soup = BeautifulSoup(page.text, "html.parser")        # 웹 페이지를 텍스트 문서 형태로 변환

lis = soup.select('.tit')
#lis
headlines = []
data = []
for li in lis:
  headlines.append(li.text.strip())      # 뉴스의 헤드라인 데이터를 찾아 headlines 리스트에 추가
data.extend(headlines[:5])

for i in range(len(data)):
  print(data[i])
```

결과

```
"미안하다 잘못봤다" 31년차 베테랑 심판의 소신, 감독도 웃게 만든 삼...
"그는 한국인, 겁나 잘하지♪" 뒤숭숭한 마음 달래준 팬들의 응원가…...
[스포츠타임] '미모와 실력 겸비' 육상 여신 김민지가 인터뷰 도중 눈...
클롭이 이상하다…리버풀 부임 이후, 역대 최악 출발
"김민재 헤더 동점골, 반칙있었다"…나폴리 출신 라치오 감독 트집
```

❹ 다음 코드를 실행시켜 오늘을 포함한 지난 5일 동안의 스포츠 뉴스의 헤드라인을 5개씩 수집한다.

```
from bs4 import BeautifulSoup
import requests
from urllib import parse

url = 'https://news.nate.com/rank/interest?sc=spo&p=day&date='   # 날짜별 네이트 랭킹뉴스 스포츠 접속 주소 설정

data = []

for sdate in search_date:   # 5일의 데이터를 모으기 위해 5번 반복
  page = requests.get(url+sdate)   # 날짜별 페이지 열기
  soup = BeautifulSoup(page.text, "html.parser")        # 웹 페이지를 텍스트 문서 형태로 변환

  lis = soup.select('.tit')
  headlines = []

  for li in lis:
    headlines.append(li.text.strip())      # 뉴스의 헤드라인 데이터를 찾아 headlines 리스트에 추가
  data.extend(headlines[:10])

for i in range(len(data)):
  print(data[i])
```

결과

```
"미안하다 잘못봤다" 31년차 베테랑 심판의 소신, 감독도 웃게 만든 삼...
"그는 한국인, 겁나 잘하지♪" 뒤숭숭한 마음 달래준 팬들의 응원가…...
[스포츠타임] '미모와 실력 겸비' 육상 여신 김민지가 인터뷰 도중 눈...
클롭이 이상하다…리버풀 부임 이후, 역대 최악 출발
"김민재 헤더 동점골, 반칙있었다"…나폴리 출신 라치오 감독 트집
음바페, 트랜스젠더 모델과 열애 중…'요트 데이트 중 스킨십도'
김연아, 10월 결혼 앞두고 백화점 방문 분위기가…♥고우림 전생에 뭐...
"손흥민 선발, 눈살 찌푸려지는 결정" 英언론 본심 드러내
'ESFJ' 김연아, 예비신랑 고우림과 궁합은
SSG 정용진 구단주, 투자→1위 질주→청라 돔구장…한국야구에 새바...
"나잇값 좀 vs 더러운 똥"…LG트윈스 치어리더, 내분 조짐?
[MLB] 오타니 타석에 욱일기 응원…서경덕, LA에인절스에 항의
[단독]루마니아 이적 이다영 "대성 통곡"→파리시 감독과 첫 호흡
토트넘, 결국 사달이 났다…손흥민 백업, 콘테 공개 저격
안정환 "벤투 감독이 SON한테 케인의 역할 맡기는 것 같다"
SSG 김광현, 인천 지역 초등 1학년생 전원에 '한가위 선물'
토트넘팬들이 인내심을 잃었다…"손흥민에게 질렸다, 벤치로 가야"
손연재, 왼손 약지에 결혼반지…알이 어마어마하네
아빠·감독이 16살 女선수 엉덩이 '토닥'…성추행 논란에 "체코선 정상...
[PL REVIEW] 손흥민 1호골 놓쳤다…토트넘 웨스트햄과 1-1 무승부
'학폭' 이다영, 모교서 쫓겨났다…"개인훈련·방문 못하게 조치"
김연경 '역대 최고 여자배구선수 TOP20' 1위
이승우는 외면한 벤투 감독, 이강인에게 마지막 카타르행 기회 줄까 [...
'충격'…단골 이름 SON, 이번엔 없다
[ST포토] 유현주, '이제는 프로 방송인'
```

3 수집된 헤드라인 뉴스의 텍스트들을 이용하여 워드 클라우드를 만드는 과정은 다음과 같다.

❶ 다음 코드를 실행하여 텍스트에서 명사만 추출한다.

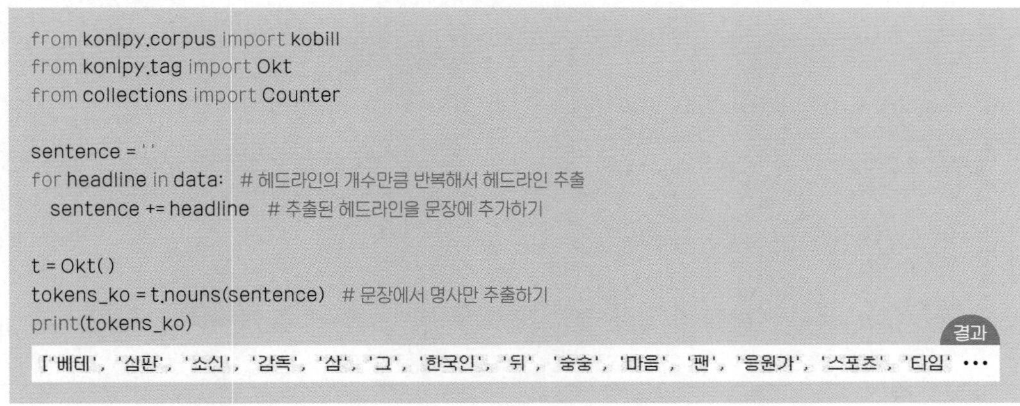

```
from konlpy.corpus import kobill
from konlpy.tag import Okt
from collections import Counter

sentence = ''
for headline in data:  # 헤드라인의 개수만큼 반복해서 헤드라인 추출
   sentence += headline   # 추출된 헤드라인을 문장에 추가하기

t = Okt()
tokens_ko = t.nouns(sentence)   # 문장에서 명사만 추출하기
print(tokens_ko)
```

결과

```
['베테', '심판', '소신', '감독', '삼', '그', '한국인', '뒤', '숭숭', '마음', '팬', '응원가', '스포츠', '타임' •••
```

❷ 다음 코드를 실행하여 워드 클라우드 형태로 시각화한다.

```
from wordcloud import WordCloud
import matplotlib.pyplot as plt
import nltk

ko = nltk.Text(tokens_ko, name='test')

data = ko.vocab().most_common(200)   # 많이 등장하는 단어 200개와 등장 횟수 구하기
path = '/usr/share/fonts/truetype/nanum/NanumBarunGothic.ttf'

print(data)  # 많이 등장하는 단어와 등장 횟수 확인
```

```
wc = WordCloud(font_path = path, relative_scaling=0.2,
               background_color='white').generate_from_frequencies(dict(data))
               # 워드클라우드 생성하기
plt.figure()
plt.imshow(wc)
plt.axis('off')
plt.show()
```

결과

```
[('감독', 6), ('손흥민', 4), ('토트넘', 3), ('팬', 2), ('역대', 2), ('중', 2), ('김연아', 2), ('방문', 2), ...
```

읽기 자료

웹 크롤링: 합법일까? 불법일까?

데이터 수집부터 겁나는 기업들… "불법인지 합법인지 모르겠다"

사례1 **야놀자 · 여기어때** 숙박업소 플랫폼 '여기어때'를 운영하는 위드이노베이션의 심○○ 전 대표는 경쟁사 '야놀자'의 데이터를 무단 복제했다는 혐의로 지난 2월 법원에서 징역 1년 2개월에 집행 유예 2년을 선고받았다. 심 전 대표는 법정에서 "널리 행해지는 정보 수집 방법을 통해 공개된 정보를 수집했을 뿐"이라고 주장했지만, 1심 법원은 "피해 회사인 야놀자 측 의사에 반해 데이터를 가져온 것"이라며 "타인의 정보 통신망에 대한 무단 침입"이라고 판단했다.

사례2 **잡코리아 · 사람인** 채용 정보 플랫폼 사업자인 사람인HR은 경쟁사 잡코리아에 올라온 채용 공고 등을 끌어다 썼다가 저작권 침해 금지 청구 소송을 당했다. 사람인 측은 "채용 정보는 잡코리아에서 만든 정보가 아닌데다 우리는 직접 구인 업체로부터 해당 정보를 활용해도 된다는 허락을 받았다."라고 했다. 하지만 마찬가지로 법원은 2차 창작물이라 할 수 있는 데이터베이스(DB)에 대해서도 이를 형성한 제작자의 권리가 인정되어야 한다며 저작권 침해라고 판단했고, 지난 2017년 대법원에서 판결이 확정되었다.

데이터 산업을 활성화시킨다는 취지로 마련된 이른바 '데이터3법'이 지난 8월부터 시행, 가명 정보 활용의 길이 열렸다지만, 한편에서는 활용 전 데이터 수집 단계부터 허용 기준이 뚜렷하지 않아 불확실성이 여전하다는 우려가 제기된다. 특히 업계에서 일반적으로 쓰이는 데이터 수집 방법인 '크롤링'과 관련해 어느 정도 수준까지 합법 또는 불법인지 모호한 경우가 많아 기업들은 언제 범죄자가 될지 모르는 불안에 항상 시달려야 한다고 호소하고 있다.

〈출처〉 조선비즈(2020. 9. 23.) https://biz.chosun.com/site/data/html_dir/2020/09/23/2020092300325.html

윗글은 웹 크롤링의 위법성과 관련한 신문 기사의 일부이다. 과연 웹 크롤링은 불법적인 행위일까?

일반적으로 크롤링을 하는 행위 자체는 불법이 아니라고 알려져 있다. 왜냐하면 공개된 웹 사이트를 사람이 직접 탐색하는 것이나 프로그램을 통해 탐색하는 것이나 서버에 정보를 요청하고 받는다는 것은 동일하기 때문이다.

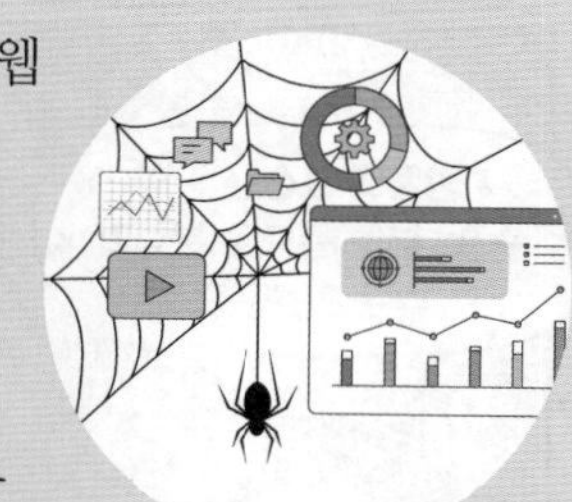

▲ 웹 크롤링

그러나 데이터를 크롤링하면서 서버에 무리한 트래픽(전화 또는 컴퓨터 통신의 특정 전송로에서 일정 시간 내에 흐르는 정보의 이동량)을 발생시켜 해당 사이트 이용자의 정상적인 서비스를 방해하거나 크롤링한 데이터를 기반으로 데이터 사용에 대한 동의 없이 금전적인 이익을 보는 행위는 정당한 행위로 인정받지 못할 수도 있다. 또한 공개된 개인 정보를 수집하고 보관하는 것은 가능할 수 있지만, 이를 통상적인 정보 이용 범위나 공개 목적을 벗어난 형태로 제공하는 것은 불법적인 행위로 판결한 사례가 있으므로 주의가 필요하다.

03 인공지능, 성별을 분류해 줘!

핵심 개념 남녀 분류 모델 만들기

학습 목표 남녀 분류 모델을 생성하고, 이를 활용하여 문제를 해결할 수 있다.

사람은 경험을 통해 학습하고, 이러한 과정을 통해 사물을 분류(구분)한다. 인공지능은 데이터를 학습시켜 사물을 특성별로 분류하는 기계학습을 통해 분류 모델을 생성할 수 있다.

우리 주변에서 기계학습의 분류 모델이 활용되고 있는 분야에 대해 알아보자.

우리 실생활에서 분류 모델을 적용할 수 있는 분야를 생각해 보자.

핵심 개념 학습하기

1 분류(Classification)

분류는 훈련 데이터를 바탕으로 데이터가 어떤 클래스(레이블)에 해당하는지를 찾아내는 것을 말한다. 여기서 클래스란 종류를 나타내는 것으로 분류 모델의 데이터는 둘 이상의 클래스 중 하나에 속하게 된다. 각각의 클래스는 클래스별로 구분할 수 있는 특징(규칙)을 가지고 있으며, 분류 모델은 이러한 특징을 바탕으로 새로운 데이터의 클래스가 무엇인지 분석한다. 분류 모델이 학습할 때 활용하는 훈련 데이터에는 입력에 따른 정답이 함께 제공되므로 지도 학습에 해당한다.

분류는 크게 이진 분류와 다중 분류로 나눌 수 있다. 이진 분류는 주어진 데이터를 2개의 클래스로 분류하는 것을 의미하며, 다중 분류는 주어진 데이터를 3개 이상의 클래스로 분류하는 것을 의미한다.

예를 들어, 쓰레기 종류를 분류할 때 페트병과 유리병 2종류로 분류하는 것은 이진 분류이고, 페트병(라벨 존재), 페트병(라벨 제거), 유리병 3종류로 분류하는 것은 다중 분류이다.

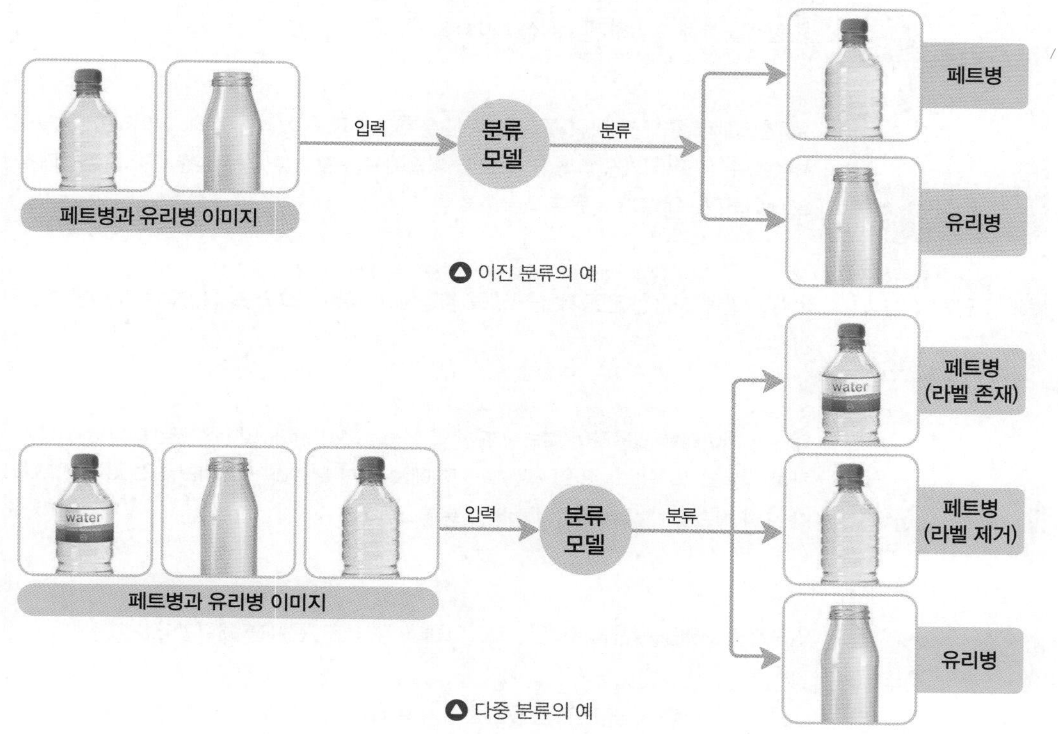

이진 분류의 예

다중 분류의 예

분류는 이미지, 소리, 모션, 텍스트 등 다양한 종류의 데이터를 분류하는 데 활용된다. 자동차 번호판 사진을 통해 자동차 번호를 인식하는 것은 이미지 분류, 음악 소리를 듣고 어떤 장르의 음악인지 분류하는 것은 소리 분류, 축구 선수가 슈팅을 하는 모션을 통해 바른 자세인지 분류하는 것은 모션 분류, 신문 기사의 내용에 따라 경제, 사회, 과학 분야로 분류하는 텍스트 분류에 해당한다.

2 인공지능을 활용한 문제 해결 과정 알아보기

인공지능을 활용하여 문제를 해결할 때 기준을 세워 작업을 단계적으로 진행하는 것이 문제 해결에 효율적이다. 일반적으로 인공지능을 활용한 문제 해결 단계는 아래 그림과 같이 6개의 단계로 구성할 수 있다. 문제 상황에 따라 각 단계를 모두 거쳐야 하는 상황도 있지만, 일부 순서를 변경하거나 단계를 제외할 수 있다.

단계 1 문제 정의	해결할 문제의 상황을 분석하고, 문제를 정의하는 단계이다. 문제를 정의한 후 필요한 경우 작은 문제로 분해하고, 문제 해결을 위한 알고리즘을 작성한다.
단계 2 데이터 수집	문제 해결에 활용할 인공지능 모델 학습에 사용할 데이터를 수집한다. 데이터는 인터넷 검색을 통해 수집하거나 직접 데이터를 생성한다.
단계 3 데이터 분석 및 전처리	수집한 데이터를 분석하여 필요한 속성을 추출하고, 전처리를 통해 데이터를 학습에 사용할 수 있도록 가공한다. 또한 모델 학습에 활용할 데이터는 훈련 데이터*와 테스트 데이터*를 약 7:3 비율로 나누도록 한다.
단계 4 모델 학습	문제 해결에 사용할 인공지능 모델을 결정하고, 훈련 데이터를 활용하여 모델을 학습시킨다.
단계 5 모델 성능 평가	테스트 데이터를 활용하여 학습한 모델의 성능을 확인한다. 일반적으로 정확도를 확인하여 성능을 평가한다. 만일 성능이 기대에 미치지 못한다면 데이터를 다시 수집하거나 모델 학습을 다시 수행하여 성능을 높인다.
단계 6 문제 해결	인공지능 모델을 활용할 수 있는 프로그램을 작성하여 문제를 해결한다.

▲ 인공지능을 활용한 문제 해결 과정

★ **훈련 데이터와 테스트 데이터**
훈련 데이터는 인공지능 모델이 학습하기 위해 필요한 데이터이고, 테스트 데이터는 훈련을 통해 생성된 모델의 성능을 확인하기 위해 필요한 데이터이다. 훈련 데이터와 테스트 데이터는 포함된 속성이 동일한 형태의 데이터이지만, 활용 용도가 모델 생성 혹은 성능 확인인지에 따라 다르게 표현된다.

예 인공지능으로 붓꽃의 종류를 분류하는 작업을 164쪽에서 제시한 대로 진행해 보면 다음과 같다.

단계 1 문제 정의	붓꽃을 재배하는 화원에서 붓꽃의 종류를 분류하는 인공지능 모델을 활용한 프로그램이 필요하다. 붓꽃의 꽃잎의 길이와 너비, 꽃받침의 길이와 너비를 통해 붓꽃의 3가지 유형 중 1가지로 분류해 보자.
단계 2 데이터 수집	캐글(Kaggle.com)★ 사이트에 접속하여 붓꽃 분류 데이터(iris)를 수집한다. ★캐글(www.kaggle.com)은 예측 모델 및 데이터 분석 플랫폼이다. 기업 및 단체에서 데이터와 해결 과제를 등록하면 데이터 과학자들이 이를 해결하는 모델을 개발하고 경쟁한다. 캐글에서는 인공지능 학습과 관련된 다양한 데이터를 무료로 내려받아 활용할 수 있다.
단계 3 데이터 분석 및 전처리	수집한 붓꽃 분류 데이터의 특성을 상관관계 분석, 차트 시각화 등을 통하여 분석하고 붓꽃의 분류에 필요한 속성(꽃잎의 길이와 너비, 꽃받침의 길이와 너비)이 무엇인지 판단한다. 또한 불필요한 부분이 있다면 제거하여 모델 학습에 영향을 덜 미치도록 한다. 마지막으로 수집한 데이터를 7:3 비율로 훈련 데이터와 테스트 데이터로 나눈다.
단계 4 모델 학습	SVM(Support Vector Machine), 의사 결정 나무(Decision Tree), 랜덤 포레스트(Random Forest) 등의 분류 모델 알고리즘을 활용하여 붓꽃 분류 모델을 학습시킨다. 모델을 학습시킬 때에는 훈련 데이터를 사용한다.
단계 5 모델 성능 평가	학습시킨 붓꽃 분류 모델을 테스트 데이터를 활용하여 분류 모델을 예측하고, 모델 평가를 통해 정확도를 확인한다. 다양한 분류 모델 알고리즘마다 모델 평가가 다르므로 가장 정확도가 높은 분류 알고리즘의 모델을 선정한다. 만일 정확도가 낮다면 훈련 데이터를 다시 수집하거나 분류 모델의 알고리즘을 변경하여 성능을 높일 수 있도록 한다.
단계 6 문제 해결	앞에서 생성한 붓꽃 분류 알고리즘을 활용하여 붓꽃 재배 화원에서 시각적으로 분류가 애매한 붓꽃의 종류를 분류하는 데 붓꽃 분류 모델을 활용한다.

문제 해결하기 활동

✓ 분류 모델을 활용하여 주어진 문제 상황을 해결해 보자.

[문제 상황] 화장실, 찜질방, 수영장 탈의실 등 남녀 성별에 따라 입장 안내가 필요한 여러 장소가 있다. 이러한 장소에 실수로 다른 성별의 공간에 들어갈 뻔한 적이 종종 있을 것이다. 우리는 남자와 여자의 얼굴을 어떻게 구분하는가? 남녀 성별을 분류할 수 있는 방법을 생각해 보자.

단계1 문제 정의: 주어진 문제 상황을 바탕으로 문제를 정의해 보자.

단계2 데이터 수집: 모델 학습에 필요한 데이터를 수집해 보자.

단계3 데이터 분석 및 전처리: 수집한 데이터의 속성을 분석하고, 전처리 작업을 해 보자.

단계4 모델 학습: 수집하고, 전처리한 데이터를 바탕으로 모델을 학습을 시켜 보자.

단계5 모델 성능 평가: 내가 만든 모델의 성능을 확인해 보고, 모델을 완성해 보자.

단계6 문제 해결: 생성한 모델을 활용하여 문제를 해결해 보자.

해설

[문제 해결하기]

분류 모델을 활용하여 166쪽의 문제 상황을 해결하는 과정을 단계별로 살펴보면 다음과 같다.

단계1 문제 정의

예시 답안 얼굴 데이터를 기반으로 남자와 여자의 성별을 분류하는 모델을 생성하여 문제 해결하기

단계2 데이터 수집

캐글 사이트(https://www.kaggle.com)에서 원하는 데이터를 내려받는다.

※ 삼양미디어 홈페이지(www.samyangm.com)에서 [도서 Mall]을 선택한 후, [고객센터]-[자료실]-'원리와 개념이 보이는 우리학교 인공지능 수업 소스파일'에서도 'gender_classfication_v7.csv' 파일을 내려받을 수 있다.
(http://samyangm.com/shop/bbs/board.php?bo_table=shop_data)

해결 방법

❶ 캐글 사이트(https://www.kaggle.com)에 접속한 후 로그인한다.
※ 캐글은 구글 아이디를 활용하여 로그인할 수 있다.

❷ 'gender classification dataset'를 검색하고 'Jifry Issadeen'의 데이터를 클릭한다.
※ https://www.kaggle.com/elakiricoder/gender-classification-dataset 주소를 입력하여 바로 접속할 수도 있다.

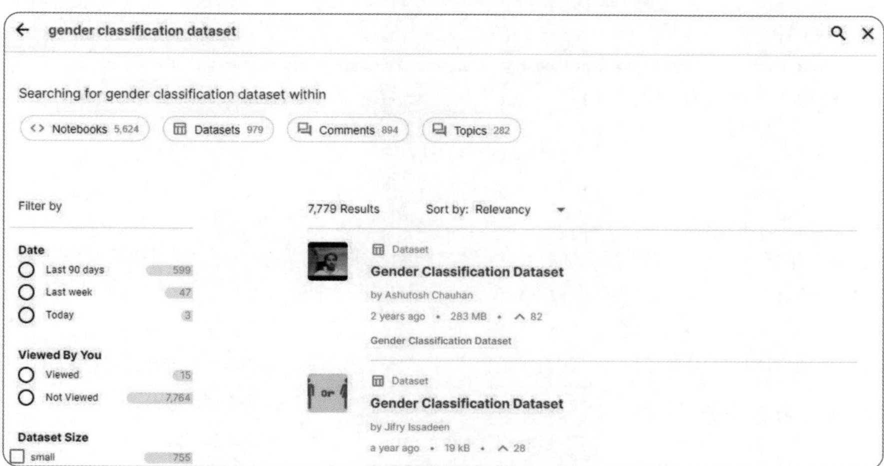

❸ 모양을 클릭하여 'gender_classfication_v7.csv' 파일을 내려받는다.

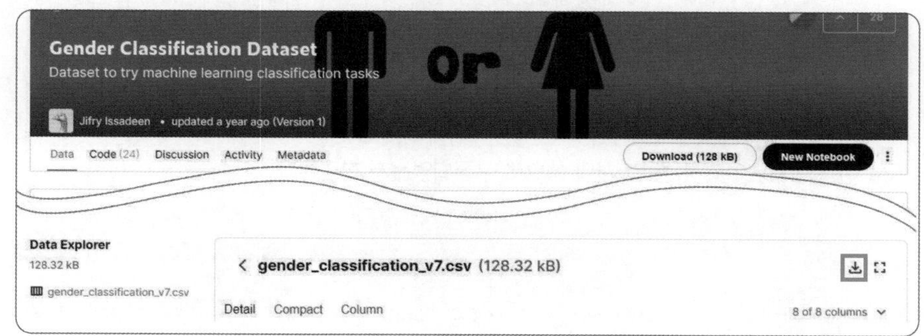

단계3 데이터 분석 및 전처리

해결 방법

❶ Chrome 웹 브라우저를 실행한 후 구글 코랩 사이트(https://colab.research.google.com/)에 접속하고, 구글 아이디로 로그인한다.

❷ 데이터 업로드하기: [파일 선택]을 클릭한 후 제공한 데이터 파일인 'gender_classification_v7.csv'를 업로드한다.

```
from google.colab import files
myfile = files.upload()
```

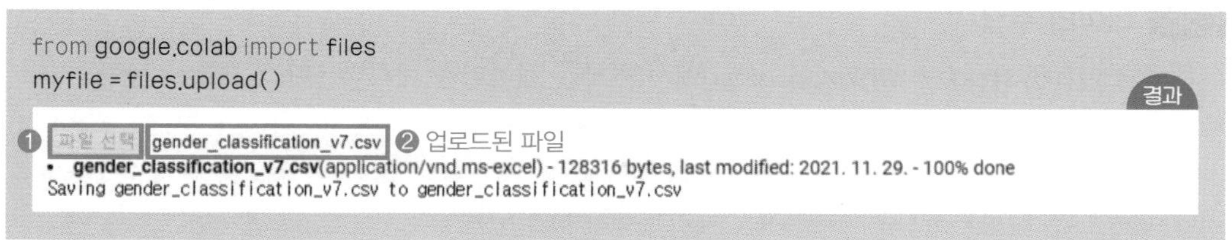

결과
❶ 파일 선택 gender_classification_v7.csv ❷ 업로드된 파일
• gender_classification_v7.csv(application/vnd.ms-excel) - 128316 bytes, last modified: 2021. 11. 29. - 100% done
Saving gender_classification_v7.csv to gender_classification_v7.csv

❸ 데이터 읽기: 업로드한 파일을 사용할 수 있도록 준비하고, 다음 프로그램을 실행하여 내용을 확인한다.

```
import io
import pandas as pd
data = pd.read_csv(io.BytesIO(myfile['gender_classification_v7.csv'])) # 읽어온 파일을 data에 저장

data.head() # 처음 5개의 데이터를 확인
```

결과

	long_hair	forehead_width_cm	forehead_height_cm	nose_wide	nose_long	lips_thin	distance_nose_to_lip_long	gender
0	1	11.8	6.1	1	0	1	1	Male
1	0	14.0	5.4	0	0	1	0	Female
2	0	11.8	6.3	1	1	1	1	Male
3	0	14.4	6.1	0	1	1	1	Male
4	1	13.5	5.9	0	0	0	0	Female

※ data.head( ): 이 명령어로 시작 부분의 데이터를 살펴보면 간단한 정보들을 확인할 수 있다.

실행 결과를 보면 데이터 파일은 총 8개의 속성으로 이루어졌음을 알 수 있다.

long_hair	머리카락 길이(짧다 0, 길다 1)
forehead_width_cm	이마의 너비(cm)
forehead_height_cm	이마의 높이(cm)
nose_wide	코의 너비(좁다 0, 넓다 1)
nose_long	코의 길이(짧다 0, 길다 1)
lips_thin	입술의 두께(얇다 0, 두껍다 1)
distance_nose_to_lip_long	인중의 길이(짧다: 0, 길다: 1)
gender	성별(Male: 남성, Female: 여성)

❹ 'len(data)' 명령을 이용하여 데이터가 총 몇 개의 행으로 구성되었는지 확인한다.

```
len(data)    # 데이터의 행수 세기
```

결과
5001
총 5,001개의 행이 있음을 확인할 수 있다.

❺ 다음 명령을 실행하여 데이터에 결측치가 있는지를 확인한다.

```
data.isna().sum() # 결측치가 있는지 확인
```

결과

```
long_hair                    0
forehead_width_cm            0
forehead_height_cm           0
nose_wide                    0
nose_long                    0
lips_thin                    0
distance_nose_to_lip_long    0
gender                       0
dtype: int64
```

※ 데이터에 값이 없는 것을 결측치라고 한다. 위 프로그램의 실행 결과를 보면 모든 속성값이 0이므로 결측치가 없음을 알 수 있다.

❻ 시각화 모듈을 추가하여 성별(gender)과 나머지 7종류의 속성 간 관계를 차트로 시각화한다.

```
import matplotlib.pyplot as plt # 차트 표현을 위한 matplotlib 추가
import seaborn as sns # 시각화를 위한 seaborn 모듈 추가
```

```
plt.figure(figsize=(20,20))
sns.pairplot(data, vars=['long_hair', 'forehead_width_cm', 'forehead_height_cm', 'nose_wide', 'nose_
long', 'lips_thin', 'distance_nose_to_lip_long'], hue='gender')
plt.show()
```

결과

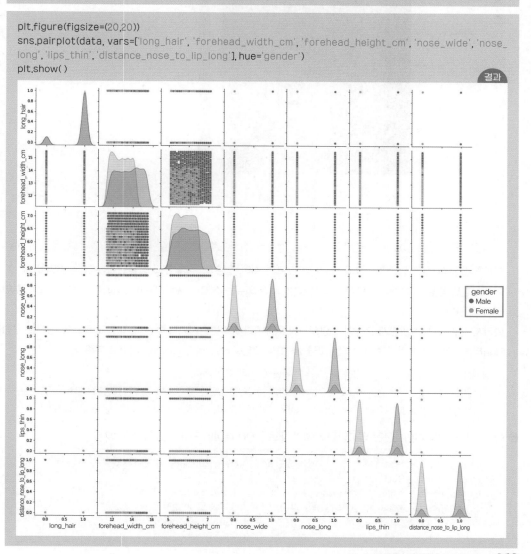

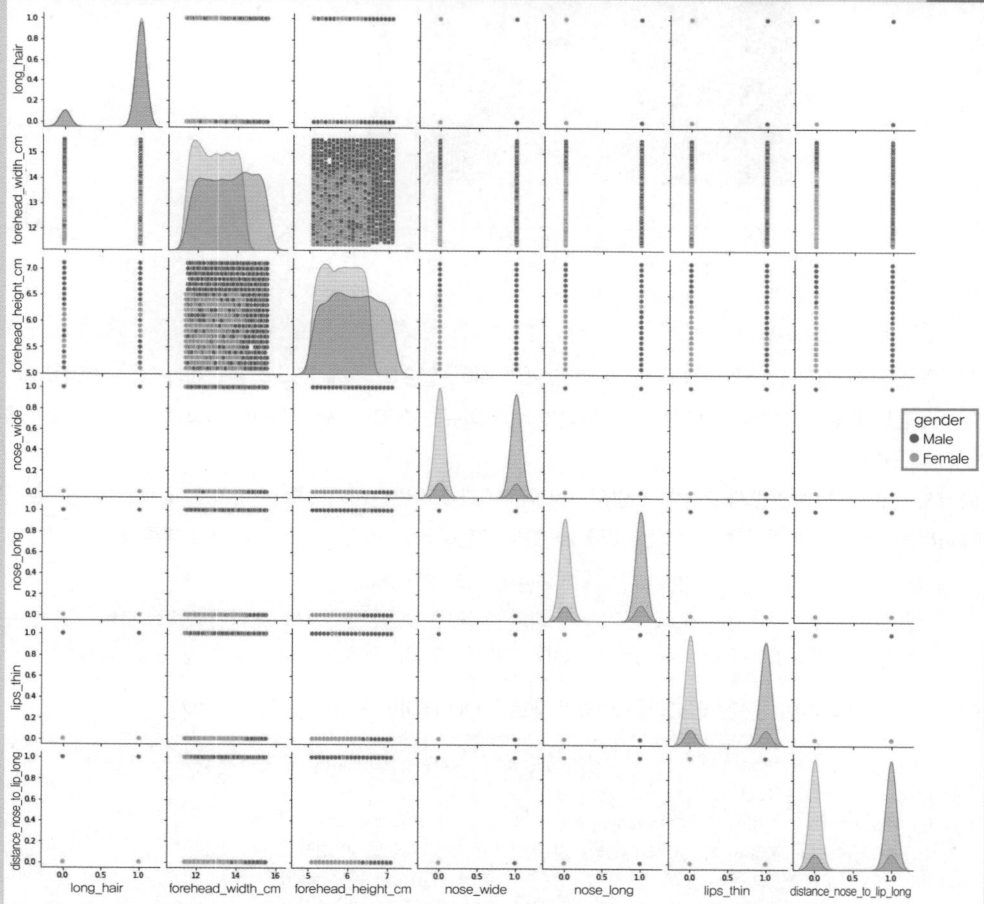

예를 들어, 이마의 높이(forehead_height_cm)와 이마의 너비(forehead_width_cm) 값이 둘 다 큰 경우 남자일 확률이 높음을 확인할 수 있다. 또한 이마의 높이나 너비 둘 중 하나의 값이 큰 경우에도 남자일 확률이 높음을 확인할 수 있다.

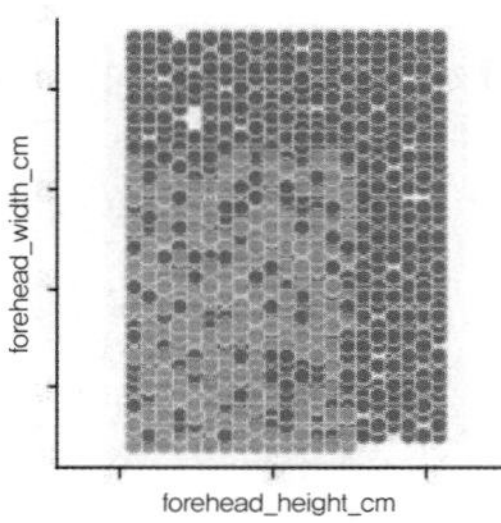

❼ 상관관계 분석을 위해 다음 코드를 작성한 후 실행해 보자. 이때 상관관계란 각 속성 간의 관계를 의미하며, 상관계수의 절댓값의 크기가 1에 가까울수록 상관관계가 높은 관계임을 알 수 있다.

```
data_corr=data.corr(method='pearson') # 상관관계 분석
plt.figure(figsize=(8,8)) # 차트 크기 설정
sns.heatmap(data_corr, annot=True, fmt='0.2f', cmap='Spectral') # heatmap으로 표현하기
plt.show() # 차트 출력하기
```

결과

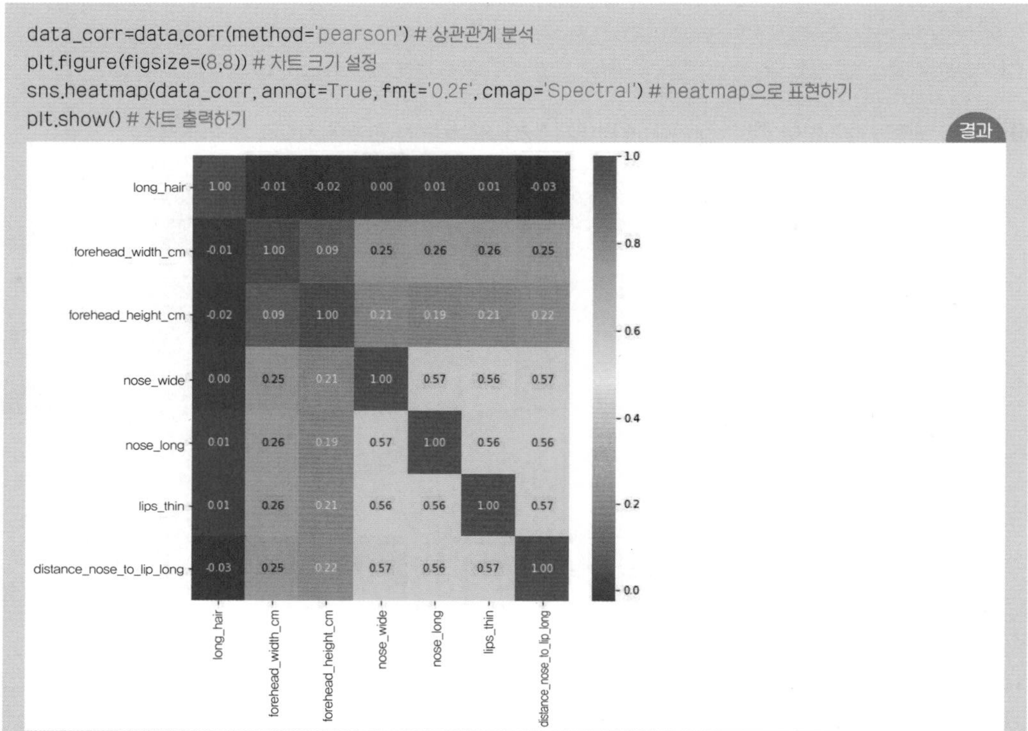

상관관계 분석 결과 인중의 길이와 코의 너비/코의 길이, 입술의 두께 간의 상관관계가 높은 편임을 알 수 있다. 단, 성별의 경우 상관관계 분석이 되지 않았다. 그 이유는 성별이 Male, Female이라는 문자형으로 이루어져 있기 때문이다.

따라서 성별 또한 상관관계 분석에 포함시키기 위해 0과 1로 변환시키도록 한다. 이렇게 텍스트 형태로 구성된 데이터를 0과 1로 변환시켜 표현하는 것을 원–핫 인코딩(One Hot Encoding)이라고 부른다.

※ 상관관계 분석에 사용하는 데이터는 텍스트형이 아닌 수치형이어야 한다.

※ 상관관계는 두 변수 간 선형관계가 있는지를 확인하며 상관계수 값을 통해 두 변수 간의 관계를 분석한다. 단, 상관관계가 있다는 것이 원인과 결과를 의미하는 것은 아니며 상관관계가 없다는 것은 '선형관계'가 없다는 것을 의미한다.

❽ 다음 코드를 입력하여 원–핫 인코딩을 통하여 새로운 OH 데이터 프레임을 생성해 보자.

```
from sklearn.preprocessing import OneHotEncoder # One Hot Encoder 모듈 추가
OH_encoder = OneHotEncoder( ) # OH_encoder 함수 생성
OH_encoder.fit(data[['gender']]) # gender 속성으로 one hot encoder 함수 학습
OH = OH_encoder.transform(data[['gender']]) # OH_encoder로 gender를 0과 1로 변환
```

```
OH = OH.toarray() # OH를 배열 형태로 변환
OH = pd.DataFrame(OH) # 데이터 프레임 형태로 변환
OH.columns = OH_encoder.get_feature_names() # 변환한 열 이름의 속성을 OH. columns에 저장하기
OH = pd.concat([data, OH], axis=1) # data에 OH 내용 합쳐 OH에 저장하기
OH = OH.drop(columns=['gender', 'x0_Female']) # OH에서 gender, x0_Female 속성 삭제
OH #출력
```

결과

	long_hair	forehead_width_cm	forehead_height_cm	nose_wide	nose_long	lips_thin	distance_nose_to_lip_long	x0_Male
0	1	11.8	6.1	1	0	1	1	1.0
1	0	14.0	5.4	0	0	1	0	0.0
2	0	11.8	6.3	1	1	1	1	1.0
3	0	14.4	6.1	0	1	1	1	1.0
4	1	13.5	5.9	0	0	0	0	0.0
...	...	...	...	...	...	...	...	...
4996	1	13.6	5.1	0	0	0	0	0.0
4997	1	11.9	5.4	0	0	0	0	0.0
4998	1	12.9	5.7	0	0	0	0	0.0
4999	1	13.2	6.2	0	0	0	0	0.0
5000	1	15.4	5.4	1	1	1	1	1.0

5001 rows × 8 columns

※ x0_Male 속성만 남기고 x0_Female 속성을 삭제한 이유는 이 두 속성은 서로 반대되는 값을 가지기 때문에 하나의 속성만 남겨도 성별을 구분할 수 있기 때문이다.

❾ ❽에서 작성한 코드에 따라 새로 생성한(x0_Male이 추가된) 데이터를 바탕으로 상관관계 분석을 진행하면 아래와 같은 상관관계 분석 결과를 얻을 수 있다.

```
OH_corr=OH.corr(method='pearson')
sns.heatmap(OH_corr, annot=True, fmt='0.2f', cmap='Reds')
plt.show()
```

결과

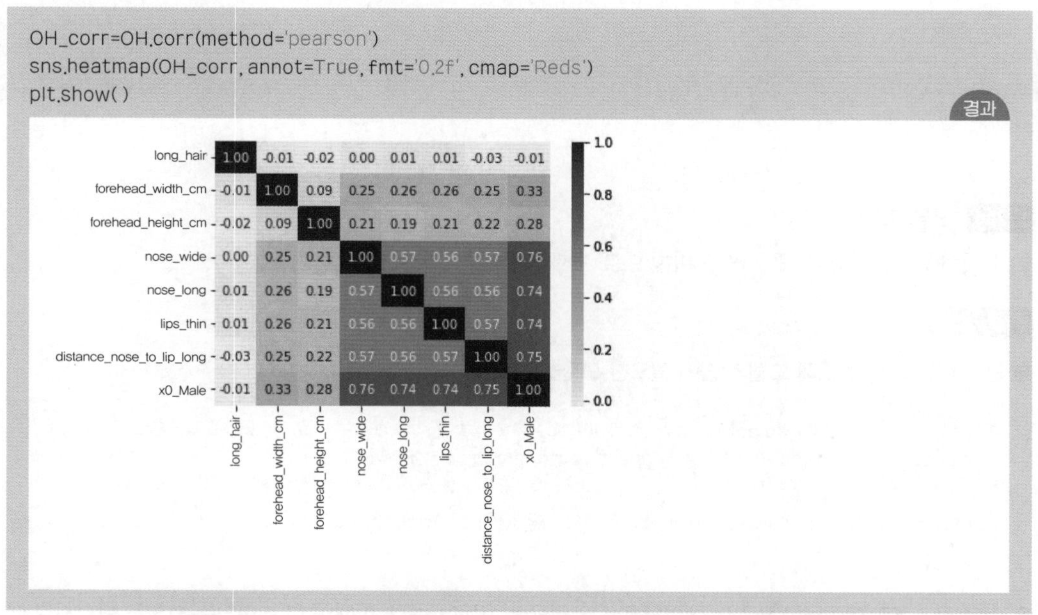

상관관계 분석 결과 Male과 관련 있는 속성은 코의 너비, 인중의 길이, 입술의 두께, 코의 길이, 이마의 높이, 이마의 너비, 머리카락 길이 순서임을 알 수 있다. 특히 머리카락 길이의 경우 −0.01의 값을 보이므로 성별과 상관관계가 없음을 확인할 수 있다.

따라서 성별(종속 변수)을 분류하기 위해 머리카락 길이를 제외한 코의 너비, 인중의 길이, 입술의 두께, 코의 길이, 이마의 높이, 이마의 너비 속성을 독립 변수로 활용하도록 한다.

※ 독립 변수는 영향을 미치는 변수, 종속 변수는 영향을 받는 변수를 의미한다. 예를 들어, 기온에 따른 아이스크림 판매량을 예측할 때 기온은 독립 변수, 아이스크림 판매량은 종속 변수이다.

⑩ 이번에는 종속 변수인 gender를 target에 저장하고, data에서 long_hair와 gender를 삭제한다. 그리고 data에는 독립 변수인 이마의 높이, 이마의 너비, 코의 너비, 코의 높이, 입술의 두께, 인중의 길이 속성만 남긴 후 data의 속성이 어떻게 구성되었는지 확인해 보자.

```
target = data['gender'] # 종속 변수 gender를 taget에 저장
data.drop(labels=['long_hair', 'gender'], axis=1, inplace=True) # 기존 data에서 long_hair, gender 삭제

data
```

결과

	forehead_width_cm	forehead_height_cm	nose_wide	nose_long	lips_thin	distance_nose_to_lip_long
0	11.8	6.1	1	0	1	1
1	14.0	5.4	0	0	1	0
2	11.8	6.3	1	1	1	1
3	14.4	6.1	0	1	1	1
4	13.5	5.9	0	0	0	0
...	...	...	...	...	...	...
4996	13.6	5.1	0	0	0	0
4997	11.9	5.4	0	0	0	0
4998	12.9	5.7	0	0	0	0
4999	13.2	6.2	0	0	0	0
5000	15.4	5.4	1	1	1	1

5001 rows × 6 columns

※ 위와 같이 data의 속성을 알 수 있다.

단계4 모델 학습

수집하고, 전처리한 데이터를 바탕으로 모델을 학습시켜 보도록 한다.

해결 방법

❶ 먼저 다음 코드에 의해 모델 학습에 필요한 모듈을 추가한다.

```
from sklearn.model_selection import train_test_split # 훈련 데이터와 테스트 데이터를 나누는 모듈 추가
from sklearn.svm import SVC # Support Vector Machine 모듈 추가
```

※ SVC는 SVM(Support Vector Machine)의 끝문자 M을 C(Classification)으로 변경한 것으로 분류 모델 생성 알고리즘을 의미한다.

❷ 이번에는 훈련 데이터와 테스트 데이터를 7:3 비율로 나누어 보자. 이때 훈련 데이터는 모델을 학습시킬 때 사용하는 데이터이고, 테스트 데이터는 생성된 모델의 성능을 확인하는 데 사용하는 데이터를 말한다.

```
# 훈련 데이터와 테스트 데이터를 7:3 비율로 나누기
train_X, test_X, train_y, test_y = train_test_split(data, target, test_size=0.3, random_state=0)
```

※ X는 독립 변수를, y는 종속 변수를 의미한다. 독립 변수가 한 개인 경우 x로 사용하지만, 독립 변수가 여러 개인 경우 X로 사용한다.

※ 일반적으로 훈련 데이터와 테스트 데이터는 7:3(혹은 8:2) 비율로 나눈다.

```
train_X
```

결과

	forehead_width_cm	forehead_height_cm	nose_wide	nose_long	lips_thin	distance_nose_to_lip_long
4160	12.3	5.8	0	1	1	0
1073	14.7	6.3	1	1	1	0
3583	13.1	6.1	1	0	1	1
1357	15.2	5.9	0	1	1	1
4645	15.4	5.7	1	1	1	1
...	...	...	...	...	...	...
4931	14.6	5.3	0	1	1	1
3264	13.8	6.9	1	1	0	1
1653	14.3	6.2	0	1	0	0
2607	12.0	6.8	1	1	1	1
2732	14.3	5.7	0	0	0	0

3500 rows × 6 columns

※ train_X의 데이터가 7의 비율인 3,500개로 구성되어 있음을 확인할 수 있다.

❸ 서포트 벡터 머신(Support Vector Machine)을 활용하여 분류 모델 my_model을 생성하고, 이어서 훈련 데이터인 train_X, train_y를 활용하여 모델을 학습시켜 보자.

```
my_model = SVC( ) # my_model을 Support Vector Machine으로 설정
my_model.fit(train_X, train_y) # SVM 모델 학습
```

결과

```
SVC()
```

단계5 모델 성능 평가

내가 만든 모델의 정확도를 확인해 보고, 모델을 완성해 보자.

해결 방법

❶ 성능 평가를 위해 필요한 모듈을 추가한다.

```
from sklearn.metrics import accuracy_score, confusion_matrix, classification_report
```

❷ 생성한 분류 모델(my_model)에 테스트 데이터를 활용하여 모델의 예측 결과를 y_predict에 저장한다.

```
y_predict = my_model.predict(test_X) # 테스트 데이터를 활용하여 예측
y_predict # 예측 결과 출력
```

결과

```
array(['Female', 'Male', 'Male', ..., 'Female', 'Female', 'Female'],
      dtype=object)
```

❸ 다음 코드를 작성하여 모델이 예측한 결과인 y_predict와 테스트 데이터인 test_y(정답) 데이터를 바탕으로 정확도를 확인해 본다.

```
print("정확도 = ", accuracy_score(test_y, y_predict)) # 정확도 확인
```

결과

```
정확도 =  0.9686875416389074
```

※ 실행 결과를 보면 알 수 있듯이 정확도가 약 96.9%로 성능이 좋은 모델이 생성되었음을 확인할 수 있다.

❹ 내가 입력한 값에 따른 성별을 예측할 수 있다. 따라서 예측 결과가 궁금한 데이터를 이마의 너비, 이마의 높이, 코의 너비, 코의 길이, 입술의 두께, 인중의 길이 순서로 입력하여 예측 결과를 확인한다.

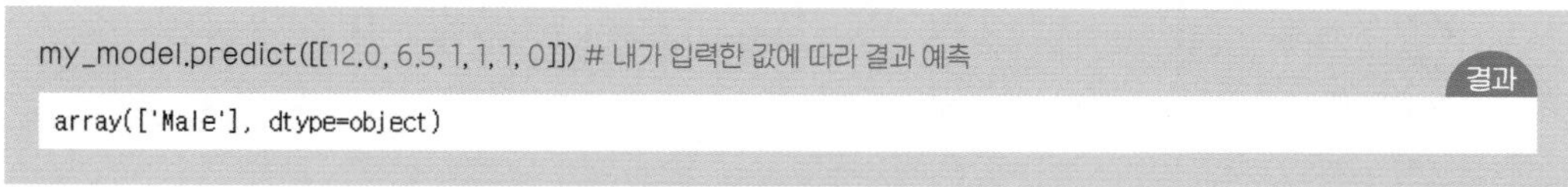

```
my_model.predict([[12.0, 6.5, 1, 1, 1, 0]]) # 내가 입력한 값에 따라 결과 예측
```

결과

```
array(['Male'], dtype=object)
```

※ 직접 나만의 데이터를 입력하여 모델이 예측한 결과를 확인해 보도록 한다.

❺ 오차 행렬을 생성하여 모델이 예측한 결과를 시각화해 보자.

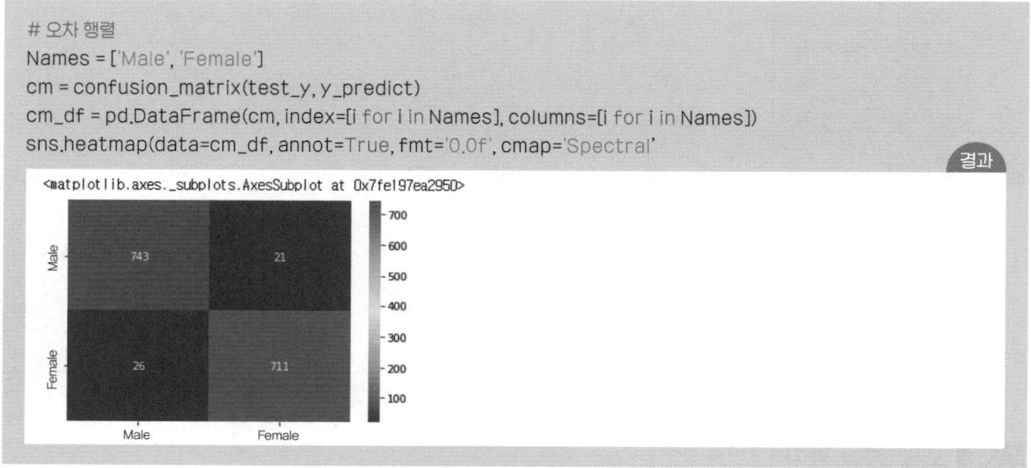

```
# 오차 행렬
Names = ['Male', 'Female']
cm = confusion_matrix(test_y, y_predict)
cm_df = pd.DataFrame(cm, index=[i for i in Names], columns=[i for i in Names])
sns.heatmap(data=cm_df, annot=True, fmt='0.0f', cmap='Spectral'
```

결과

```
<matplotlib.axes._subplots.AxesSubplot at 0x7fe197ea2950>
```


❻ 정확도(accuracy), 정밀도(precision), 재현율(recall), f1-score를 확인하여 성능을 확인해 본다.

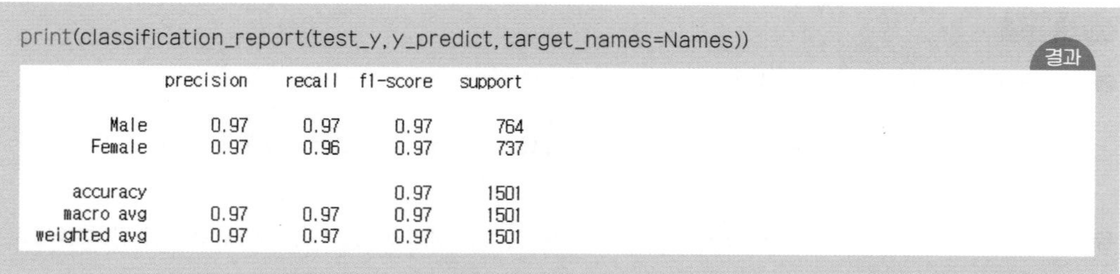

```
print(classification_report(test_y, y_predict, target_names=Names))
```

결과

```
              precision    recall  f1-score   support

        Male       0.97      0.97      0.97       764
      Female       0.97      0.96      0.97       737

    accuracy                           0.97      1501
   macro avg       0.97      0.97      0.97      1501
weighted avg       0.97      0.97      0.97      1501
```

예시 답안 성능값이 전부 0.96 이상이므로 좋은 성능을 가진 성별 분류 모델이 생성되었음을 확인할 수 있다.

단계6 문제 해결

해결 방법 생성한 성별 분류 모델에 얼굴 데이터를 입력하여 성별을 분류하고, 성별 분류 결과에 따라 안내를 제공하는 피지컬 컴퓨팅 기기를 제작하여 성별에 따라 정해진 길로 갈 수 있도록 안내하여 문제 상황을 해결한다.

앞에서는 Support Vector Machine(SVM)을 활용하여 분류 모델을 생성하였다. 하지만 분류 모델을 생성할 때에는 SVM 외에도 의사 결정 트리, 랜덤 포레스트, k-최근접 이웃 등 다양한 종류의 분류 모델 알고리즘을 활용한다. 의사 결정 트리, k-최근접 이웃 알고리즘을 활용하여 분류 모델을 만들어 보고, 분류 모델의 성능을 비교해 보자.

※ 앞에서 실습한 코드에 이어서 실습하도록 한다.

1 의사 결정 트리

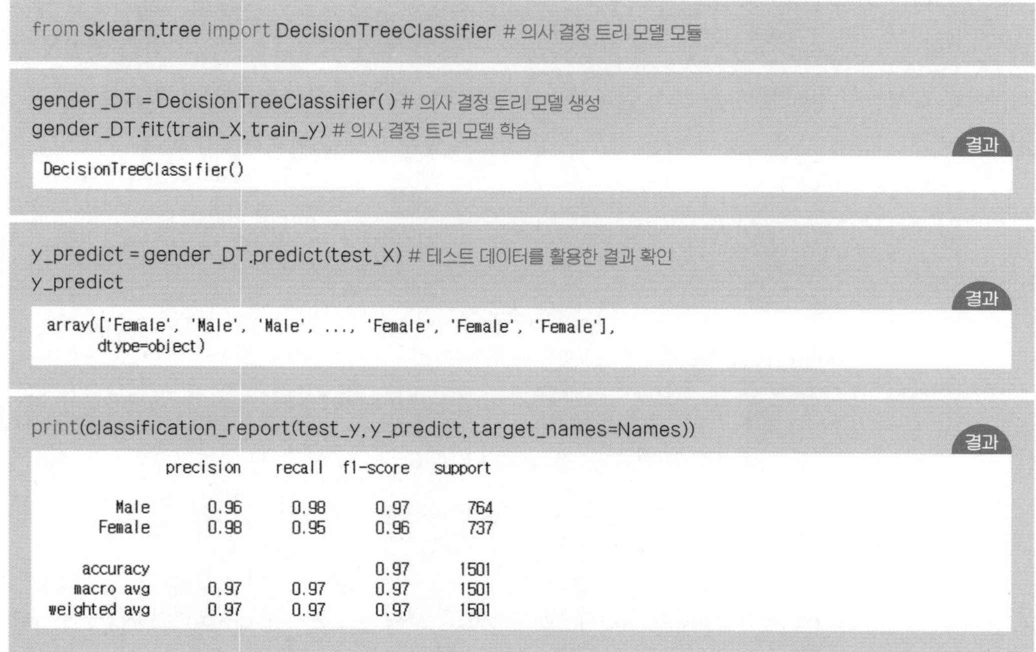

```
from sklearn.tree import DecisionTreeClassifier # 의사 결정 트리 모델 모듈
```

```
gender_DT = DecisionTreeClassifier() # 의사 결정 트리 모델 생성
gender_DT.fit(train_X, train_y) # 의사 결정 트리 모델 학습
```

결과

```
DecisionTreeClassifier()
```

```
y_predict = gender_DT.predict(test_X) # 테스트 데이터를 활용한 결과 확인
y_predict
```

결과

```
array(['Female', 'Male', 'Male', ..., 'Female', 'Female', 'Female'],
      dtype=object)
```

```
print(classification_report(test_y, y_predict, target_names=Names))
```

결과

```
              precision    recall  f1-score   support

        Male       0.96      0.98      0.97       764
      Female       0.98      0.95      0.96       737

    accuracy                           0.97      1501
   macro avg       0.97      0.97      0.97      1501
weighted avg       0.97      0.97      0.97      1501
```

2 k-최근접 이웃

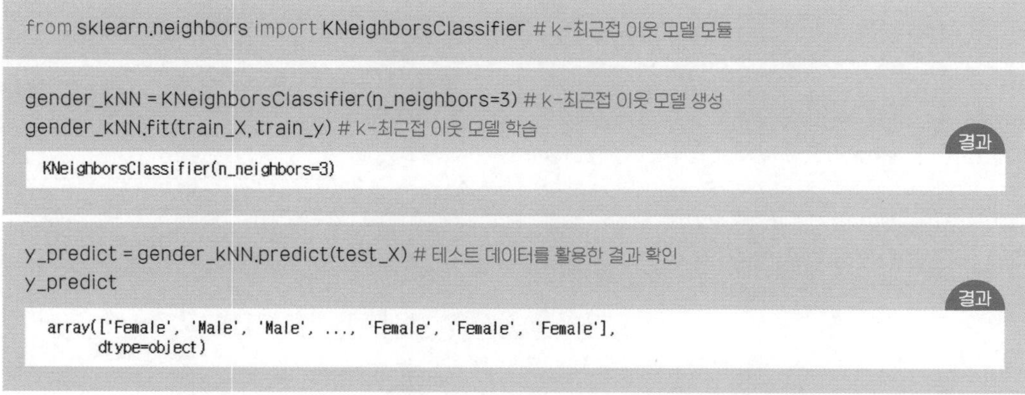

```
from sklearn.neighbors import KNeighborsClassifier # k-최근접 이웃 모델 모듈
```

```
gender_kNN = KNeighborsClassifier(n_neighbors=3) # k-최근접 이웃 모델 생성
gender_kNN.fit(train_X, train_y) # k-최근접 이웃 모델 학습
```

결과

```
KNeighborsClassifier(n_neighbors=3)
```

```
y_predict = gender_kNN.predict(test_X) # 테스트 데이터를 활용한 결과 확인
y_predict
```

결과

```
array(['Female', 'Male', 'Male', ..., 'Female', 'Female', 'Female'],
      dtype=object)
```

```
print(classification_report(test_y,y_predict,target_names=Names))
```

결과

```
              precision    recall  f1-score   support

        Male       0.97      0.97      0.97       764
      Female       0.97      0.96      0.97       737

    accuracy                           0.97      1501
   macro avg       0.97      0.97      0.97      1501
weighted avg       0.97      0.97      0.97      1501
```

3 성능 비교

SVM, 의사 결정 트리, k-최근접 이웃 알고리즘을 활용하여 성별 분류 모델을 생성하였을 때 모두 약 0.97의 정확도(accuracy)를 보이며 정밀도(precision), 재현율(recall) 또한 유사함을 확인할 수 있다. 이렇게 성능이 유사한 경우 특정 알고리즘을 활용하여 생성한 모델을 선정할 필요는 없지만, 만일 분류 알고리즘에 따라 성능이 다른 경우 가장 성능이 좋은 모델을 선택하도록 한다.

읽기 자료

오차 행렬(Confusion Matrix)이란?

오차 행렬은 분류 모델이 예측을 수행하면서 얼마나 헷갈리고 있는지를 나타내는 행렬이다. 이진 분류의 예측 오류가 얼마인지, 어떠한 유형의 예측 오류가 발생하고 있는지를 함께 나타내는 지표이다.

		예측 클래스 (Predicted Class)	
		참(Positive)	거짓(Negative)
실제 클래스 (Actual Class)	참(Positive)	True Positive(TP)	False Negative(FN)
	거짓(Negative)	False Positive(FP)	True Negative(TN)

오차 행렬은 총 4개의 면으로 이루어진 행렬에서 실제 클래스(정답)와 예측 클래스가 어떤 유형을 가지고 조합되는지를 나타낸다. 4가지 경우는 아래와 같은 경우를 의미한다.

- TP는 예측값을 Positive값으로 예측하고, 실젯값 또한 Positive이므로 정답을 맞힌 경우
- TN은 예측값을 Negative값으로 예측하고, 실젯값 또한 Negative여서 정답을 맞힌 경우
- FN은 예측값을 Negative값으로 예측하였지만 실젯값이 Positive여서 정답을 못 맞힌 경우
- FP는 예측값을 Positive값으로 예측하였지만 실젯값이 Negative여서 정답을 못 맞힌 경우

정확도 역설이란?

일반적으로 분류 모델의 성능을 확인할 때 정확도를 확인하지만, 정확도가 높다고 해서 반드시 분류 모델의 성능이 좋다고 확언하기는 어렵다. 다음 사례를 통해 알아보자.

사례 △△인공지능 분류기는 축구 선수 중 수비수 A가 다음 경기에서 득점을 할지를 예측한다. 이 분류 모델을 만들기 위해 사용하는 데이터의 클래스는 다음 경기에서 '득점을 한다'와 '득점을 하지 못한다'와 같이 두 가지다.

일반적인 축구 경기에서 경기당 평균 득점이 3점이 채 안 되며, 이러한 득점수도 공격수가 아닌 수비수 한 명당 득점수로 나누면 거의 0에 가깝다. 그러므로 이때 데이터는 거의 모든 데이터가 '득점을 하지 못한다'라는 데이터일 것이다. 따라서 이 분류 모델은 정답을 '득점을 하지 못한다'라는 경우로만 대부분을 맞추어 정확도가 높아진다. 하지만 '득점을 한다'라는 상황에 대해서는 제대로 분류를 할 수 있는지 알기 어려워 성능이 좋은 모델인지 판단하기 어려운 상황이 발생한다. 이러한 것을 정확도 역설이라고 한다.

04 인공지능, 자전거 대여량을 예측해 줘!

핵심 개념 자전거 대여량 예측 회귀 모델 만들기

학습 목표 자전거 대여량 예측 회귀 모델을 생성하고, 이를 활용하여 문제를 해결할 수 있다.

회귀는 연속된 숫잣값에서 새롭게 제시된 데이터의 결괏값이 얼마가 될지 예측하려고 할 때 사용한다. 예를 들어 냉방기 회사에서 특정 온도에 따른 냉방기 판매량을 예측하려고 할 때 회귀를 이용한다.

✅ **우리 실생활에서 회귀 모델을 적용할 수 있는 분야를 생각해 보자.**

핵심 개념 학습하기

회귀(Regression)

회귀는 독립 변수(영향을 미치는 변수)와 종속 변수(영향을 받는 변수) 간의 관계를 가장 잘 나타내는 하나의 예측선을 찾는 분석 기법을 말한다. 두 변수 간의 상관관계를 대표하는 예측선을 찾는 것을 단순 회귀 분석, 세 개 이상의 변수를 다루어 예측선을 찾는 것을 다중 회귀 분석이라고 한다. 예를 들어, 토핑 수에 따른 피자 가격을 예측하는 것은 단순 회귀 분석이고, 토핑 수와 피자 크기에 따른 피자 가격을 예측하는 것은 다중 회귀 분석이다. 하지만 현실의 데이터는 변인이 단순하거나 딱 떨어지는 패턴을 가지고 있지 않기 때문에 최적의 규칙이 될 함수(모델)를 찾는 것이 매우 중요하다.

토핑 수	피자 가격
1	13000
3	15700
2	14500
4	16800
5	19000
2	14800
1	13300
3	16000
5	18800
6	19700

토핑 수에 따른 피자 가격

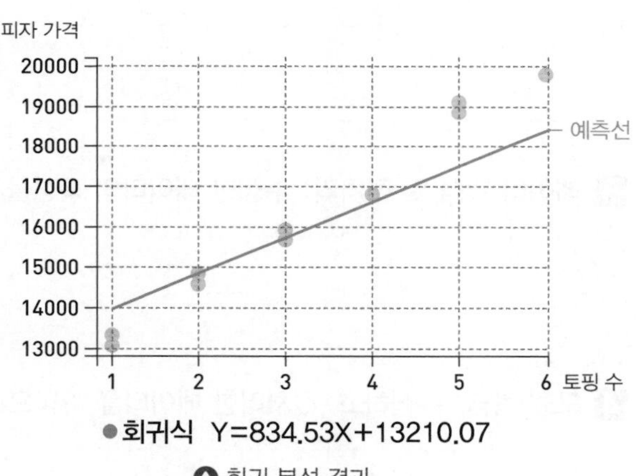

회귀 분석 결과

위 그래프는 토핑 수에 따른 피자 가격 데이터를 기반으로 단순 회귀 분석을 한 결과이다. 그래프를 보면 파란색 선이 그어져 있는데, 이것이 회귀 분석을 통해 도출한 예측선(회귀선)이다. 이 예측선은 다음과 같은 회귀식 Y=834.53X+13210.07로 나타낼 수 있다. Y는 종속 변수인 피자 가격을 의미하며, X는 독립 변수인 토핑 수를 의미한다. 이 회귀식을 통해 토핑 수가 1개씩 많아질 때마다 피자 가격은 834.53원씩 높아짐을 확인할 수 있다.

다중 회귀 분석의 경우 회귀식을 구할 수는 있지만 단순 회귀 분석과 같이 2차원으로 그래프를 나타낼 수는 없으며, 3차원 이상으로 표현이 가능하기 때문에 시각적으로 나타내기는 어렵다.

문제 해결하기 활동

회귀 모델을 활용하여 주어진 문제 상황을 해결해 보자.

[문제 상황] 요즘 공공 자전거 대여소를 운영하는 지역이 많아지고 있기 때문에 자신의 자전거를 가지고 다니지 않아도 쉽게 자전거를 빌려 탈 수 있다. 공공 자전거가 편리하다고 입소문이 나기 시작하면서 자전거 수가 부족해지는 현상도 나타나고 있다. 어떤 지역의 자전거 사용량을 예측하기 위해 회귀 모델을 활용하는 방법을 생각해 보자.

1 문제 정의: 주어진 문제 상황을 바탕으로 문제를 정의한다.

2 데이터 수집: 모델 학습에 필요한 데이터를 수집한다.

3 데이터 분석 및 전처리: 수집한 데이터의 속성을 분석하고, 전처리를 한다.

4 모델 학습: 수집하고, 전처리한 데이터를 바탕으로 모델을 학습시킨다.

5 모델 성능 평가: 내가 만든 모델의 성능을 확인해 보고, 모델을 완성한다.

6 문제 해결: 생성한 모델을 활용하여 문제를 해결한다.

해설

[문제 해결하기]

회귀 모델을 활용하여 180쪽 문제 상황을 해결하는 과정은 다음과 같다.

1 문제 정의

예시 답안 자전거 사용량을 예측하는 회귀 모델을 생성하여 문제 해결하기

2 데이터 수집

삼양미디어 홈페이지(www.samyangm.com)에서 [도서 Mall]을 선택한 후, [고객센터]–[자료실]–'원리와 개념이 보이는 우리학교 인공지능 수업 소스파일'에서 'bike.csv' 파일을 내려받는다. (http://samyangm.com/shop/bbs/board.php?bo_table=shop_data)

※ 'bike.csv' 파일은 캐글 사이트에 있는 Bike Sharing Demand 데이터를 재구성한 것이다.

3 데이터 분석 및 전처리

해결 방법

❶ Chrome 웹 브라우저를 실행한 후 구글 코랩 사이트(https://colab.research.google.com/)에 접속하고, 구글 아이디로 로그인한다.

❷ 데이터 업로드하기: 제공한 데이터 파일인 'bike.csv'를 업로드한다.

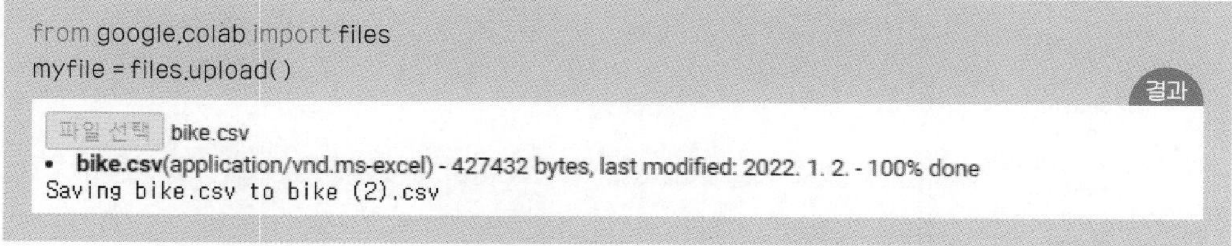

```
from google.colab import files
myfile = files.upload( )
```

결과

```
파일 선택 bike.csv
• bike.csv(application/vnd.ms-excel) - 427432 bytes, last modified: 2022. 1. 2. - 100% done
Saving bike.csv to bike (2).csv
```

❸ 데이터 읽기: 업로드한 파일을 사용할 수 있도록 준비하고, 다음 코드를 실행하여 내용을 확인한다.

```
import io
import pandas as pd
data = pd.read_csv(io.BytesIO(myfile['bike.csv'])) # 읽어온 파일을 data에 저장

data.head( ) # 처음 5개의 데이터 확인
```

결과

	month	time	season	holiday	workingday	weather	temp	atemp	humidity	windspeed	count
0	1	0	1	0	0	1	9.84	14.395	81	0.0	16
1	1	1	1	0	0	1	9.02	13.635	80	0.0	40
2	1	2	1	0	0	1	9.02	13.635	80	0.0	32
3	1	3	1	0	0	1	9.84	14.395	75	0.0	13
4	1	4	1	0	0	1	9.84	14.395	75	0.0	1

*data.head( ): 시작 부분의 데이터를 살펴보면 간단한 정보들을 확인할 수 있다.

실행 결과를 보면 데이터 파일은 총 11개의 속성으로 이루어졌음을 알 수 있다.

month	월(1~12월)
time	시간(0~23시)
season	계절(1: 봄, 2: 여름, 3: 가을, 4: 겨울)
holiday	휴일 여부(0: 평일, 1: 휴일)
workingday	주말도 휴일도 아닌 여부(0: 주말 혹은 휴일, 1: 일하는 날)
weather	날씨(1: 맑음, 약간 흐림, 2: 안개, 흐림, 3: 가벼운 눈 혹은 비, 4: 폭우, 폭설)
temp	온도
atemp	체감 온도
humidity	습도
windspeed	풍속
count	자전거 대여량

❹ 'len(data)' 명령으로 데이터가 총 몇 개의 행으로 구성되었는지 확인한다.

```
len(data)    # 데이터의 행수 세기
```

결과

```
10886
```

※ 데이터 행의 개수를 확인했을 때 총 10,886개의 행이 있음을 알 수 있다.

❺ 다음 프로그램을 실행하여 데이터에 결측치가 있는지를 확인해 보자.

```
data.isna().sum() # 결측치가 있는지 확인
```

결과

```
month         0
time          0
season        0
holiday       0
workingday    0
weather       0
temp          0
atemp         0
humidity      0
windspeed     0
count         0
dtype: int64
```

※ 데이터에 값이 없는 것을 결측치라고 한다. 위 프로그램의 실행 결과를 보면 모든 속성값이 0이므로 결측치가 없음을 알 수 있다. 만약 'month'의 속성값 자리가 아무런 값도 없이 비어 있다면 결측치가 있는 것이다.

❻ 이번에는 종속 변수인 count를 target에 저장하고, data에서 count를 삭제한다. target에는 종속 변수가 저장되며, data에는 독립 변수가 저장된다.

＊독립 변수는 영향을 미치는 변수, 종속 변수는 영향을 받는 변수를 말한다.

```
target = data['count'] # 종속 변수 count를 target에 저장
data.drop(labels=['count'], axis=1, inplace=True) # 기존 데이터에서 count 삭제

data
```

결과

	month	time	season	holiday	workingday	weather	temp	atemp	humidity	windspeed
0	1	0	1	0	0	1	9.84	14.395	81	0.0000
1	1	1	1	0	0	1	9.02	13.635	80	0.0000
2	1	2	1	0	0	1	9.02	13.635	80	0.0000
3	1	3	1	0	0	1	9.84	14.395	75	0.0000
4	1	4	1	0	0	1	9.84	14.395	75	0.0000
...	...	...	...	...	...	...	...	...	...	...
10881	12	19	4	0	1	1	15.58	19.695	50	26.0027
10882	12	20	4	0	1	1	14.76	17.425	57	15.0013
10883	12	21	4	0	1	1	13.94	15.910	61	15.0013
10884	12	22	4	0	1	1	13.94	17.425	61	6.0032
10885	12	23	4	0	1	1	13.12	16.665	66	8.9981

10886 rows × 10 columns

※ 위와 같이 data의 속성을 알 수 있다.

4 모델 학습

수집하고, 전처리한 데이터를 바탕으로 모델을 학습시켜 보도록 한다.

해결 방법

❶ 먼저 다음 코드에 의해 모델 학습에 필요한 모듈을 추가한다.

```
from sklearn.linear_model import LinearRegression # 선형 회귀 모듈 추가
from sklearn.model_selection import train_test_split # 훈련 데이터와 테스트 데이터를 나누는 모듈 추가
```

❷ 이번에는 훈련 데이터와 테스트 데이터를 7:3 비율로 나눈다.

```
# 훈련 데이터와 테스트 데이터를 7:3 비율로 나누기
train_X, test_X, train_y, test_y = train_test_split(data, target, test_size=0.3, random_state=0)
train_X
```

결과

	month	time	season	holiday	workingday	weather	temp	atemp	humidity	windspeed
8620	8	13	3	0	1	1	32.80	37.120	52	11.0014
8985	8	18	3	0	1	1	32.80	35.605	36	0.0000
6171	2	9	1	0	1	1	4.92	6.820	50	12.9980
6473	3	23	1	0	1	1	11.48	13.635	61	15.0013
10877	12	15	4	0	1	1	17.22	21.210	50	19.0012
...	...	...	...	...	...	...	...	...	...	...
4859	11	13	4	0	1	3	22.14	25.760	60	15.0013
3264	8	22	3	0	1	1	28.70	32.575	65	15.0013
9845	10	14	4	0	0	1	27.06	31.060	39	27.9993
10799	12	9	4	0	0	2	14.76	17.425	87	8.9981
2732	7	18	3	0	0	1	33.62	35.605	30	19.0012

7620 rows × 10 columns

※ train_X의 데이터가 7의 비율인 7,620개로 구성되어 있음을 확인할 수 있다.

❸ LinearRegression( ) 명령으로 선형 회귀 모델 my_lr을 생성하고, 이어서 훈련 데이터인 train_X, train_y를 활용하여 모델을 학습시켜 보자.

```
my_lr = LinearRegression() # 선형 회귀 모델 생성
my_lr.fit(train_X, train_y) # 선형 회귀 모델 훈련
```

결과

```
LinearRegression()
```

5 모델 성능 평가

내가 만든 모델의 정확도를 확인해 보고, 모델을 완성해 보자.

해결 방법

❶ 성능 평가를 위해 필요한 모듈을 추가한다.

```
from sklearn.metrics import r2_score
```

❷ 생성한 분류 모델(my_lr)에 테스트 데이터를 활용하여 모델의 예측 결과를 lr_predict에 저장한다.

```
lr_predict = my_lr.predict(test_X) # 테스트 데이터를 활용하여 예측
lr_predict
```

결과

```
array([279.33889805, 204.98394186, 202.1731599 , ..., 269.63880936,
       213.69858707, 124.57695192])
```

❸ 다음 코드를 작성하여 모델이 예측한 결과인 y_predict와 테스트 데이터인 test_Y(정답) 데이터를 바탕으로 R2 score를 확인한다.

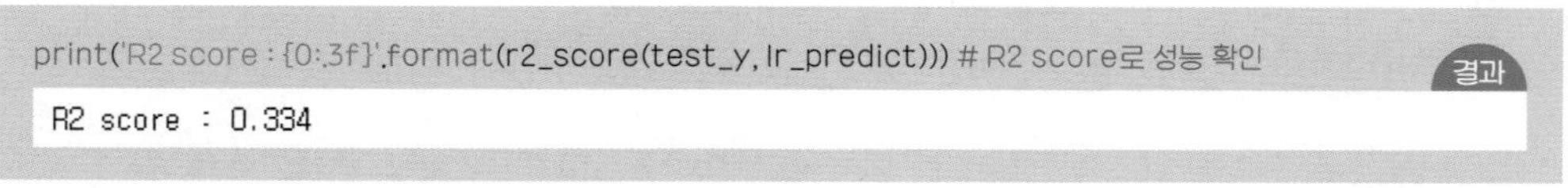

```
print('R2 score : {0:.3f}'.format(r2_score(test_y, lr_predict))) # R2 score로 성능 확인
```

결과

```
R2 score : 0.334
```

예시 답안 실행 결과를 보면 알 수 있듯이 R2 score가 0.334로 생성한 회귀 모델의 설명력이 높지는 않음을 확인할 수 있다.

※ R2 score는 회귀 모델의 성능을 분석할 때 활용한다. R2 score가 1에 가까울수록 생성한 회귀 모델의 설명력이 높음을 의미하며, 0에 가까울수록 회귀 모델의 설명력이 낮음을 의미한다. 여기서 설명력이란 독립 변수가 종속 변수를 결정하는 데 얼마나 영향을 미치는지를 의미한다.

새로운 회귀 모델 생성 알고리즘을 활용해 보자.

1 선형 회귀 모델의 성능이 좋지 않음을 확인했으면, 이번에는 랜덤 포레스트 회귀 모델을 생성하도록 한다.

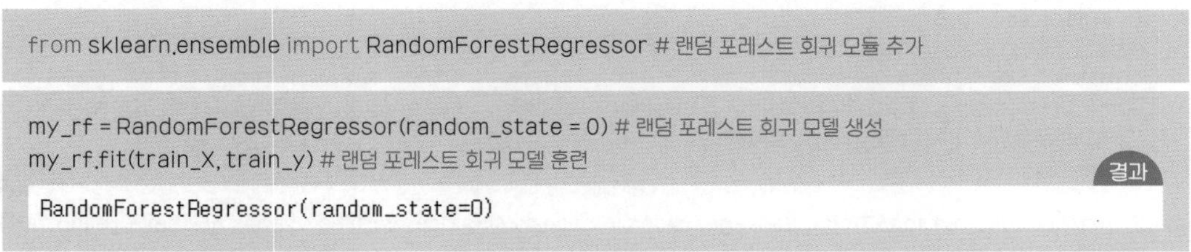

```
from sklearn.ensemble import RandomForestRegressor # 랜덤 포레스트 회귀 모듈 추가
```

```
my_rf = RandomForestRegressor(random_state = 0) # 랜덤 포레스트 회귀 모델 생성
my_rf.fit(train_X, train_y) # 랜덤 포레스트 회귀 모델 훈련
```

결과

```
RandomForestRegressor(random_state=0)
```

* 회귀 모델을 생성하는 알고리즘에는 선형 회귀, 랜덤 포레스트, 의사 결정 트리 등이 대표적이다. 알고리즘에 따라 회귀 모델의 성능이 달라지므로 가장 좋은 성능을 나타내는 알고리즘으로 생성한 모델을 활용하도록 한다.

2 랜덤 포레스트 알고리즘을 활용하여 생성한 회귀 모델의 성능을 확인하기 위해 테스트 데이터를 활용하여 결과를 예측하고, R2 score를 확인한다.

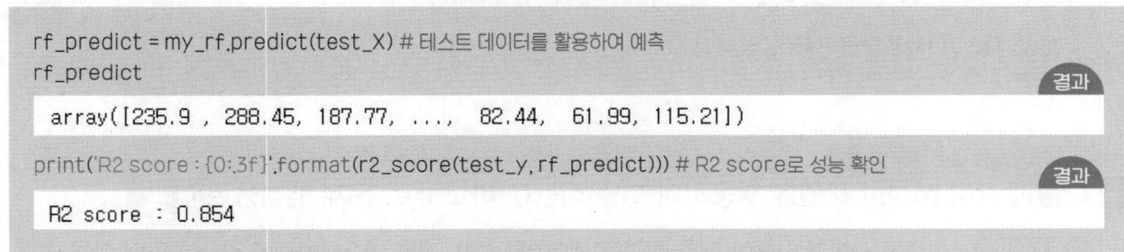

```
rf_predict = my_rf.predict(test_X) # 테스트 데이터를 활용하여 예측
rf_predict
```

결과

```
array([235.9 , 288.45, 187.77, ...,  82.44,  61.99, 115.21])
```

```
print('R2 score : {0:.3f}'.format(r2_score(test_y, rf_predict))) # R2 score로 성능 확인
```

결과

```
R2 score : 0.854
```

* R2 score가 0.854를 나타내므로 설명력이 높은 회귀 모델을 생성했음을 확인할 수 있다.

3 이제 내가 입력한 값에 따른 자전거 대여량을 예측할 수 있다. 따라서 예측 결과가 궁금한 데이터를 월, 시간, 계절, 휴일 여부, 주말도 휴일도 아닌 여부, 날씨, 온도, 체감 온도, 습도, 풍속 순서로 입력하여 예측 결과를 확인한다.

```
print("자전거 사용량 확인을 위해 정보를 입력해주세요.") # 예측을 위한 데이터 입력

month = int(input("month : "))
time = int(input("time : "))
season = int(input("season : "))
holiday = int(input("holiday : "))
workingday = int(input("workingday : "))
weather = int(input("weather : "))
temp = float(input("temp : "))
atemp = float(input("atemp : "))
humidity = int(input("humidity : "))
windspeed = float(input("windspeed : "))
```

결과

```
자전거 사용량 확인을 위해 정보를 입력해주세요.
month : 5
time : 12
season : 1
holiday : 1
workingday : 1
weather : 1
temp : 13.5
atemp : 13.7
humidity : 50
windspeed : 3.5
```

```
bike_predict = my_rf.predict([[month, time, season, holiday , workingday, weather, temp, atemp, humid-
ity, windspeed]]) # 입력받은 데이터로 예측
bike_predict
```

결과

```
/usr/local/lib/python3.7/dist-packages/sklearn/base.py:446: UserWarning: X does not have valid fea-
ture names, but RandomForestRegressor was fitted with feature names "X does not have valid feature
names, but" array([145.7])
```

※my_rf.predict를 실행하였을 때 오류가 발생하는데, 이것은 학습할 때 속성명이 함께 학습되었기 때문이다. 오류가 발생하여도 결과를 확인하는 데에는 문제가 없지만 오류를 내고 싶지 않다면, 모델을 훈련시킬 때 my_rf.fit(train_X.values, train_Y) 명령어를 사용하면 해결할 수 있다.

```
print("예상 자전거 사용량은 %d대 입니다." %bike_predict) # 예측 결과 출력
```

결과

```
예상 자전거 사용량은 145대 입니다.
```

4 다음과 같이 생성한 모델을 활용하여 모델 성능을 비교하고, 문제 해결을 한다.

예시 답안 생성한 자전거 사용량 예측 회귀 모델에 월, 시간, 계절, 휴일 여부, 주말도 휴일도 아닌 여부, 날씨, 온도, 체감 온도, 습도, 풍속 등을 입력하면 자전거 사용량을 예측할 수 있다. 선형 회귀를 활용하였을 때에는 R2 score가 0.334였지만, 랜덤 포레스트 회귀를 활용하였을 때 R2 score는 0.854이므로 랜덤 포레스트 회귀를 활용하여 생성한 회귀 모델을 사용하는 것이 적절하다. 이 모델을 활용한다면 실제 자전거 사용량을 예측할 수 있어서 공공 자전거의 수를 조절할 수 있을 것이다.

읽기 자료

분류 모델의 성능 지표! 정확도, 정밀도, 재현율, f1-score

정확도 (Accuracy)	모든 경우 중 예측한 결과가 정답(실제로 참인 경우에 참을 예측했거나 실제로 거짓인 경우에 거짓을 예측한 경우)을 맞춘 비율을 나타내는 지표이다. 일반적으로 성능을 평가할 때에는 정확도를 기반으로 성능을 평가하기도 하지만, 정확도 역설(Accuracy Paradox)로 인하여 보완이 필요한 지표이다.
정밀도 (Precision)	모델이 True로 분류한 값들 중에서 실제로 True인 값의 비율을 나타내는 지표로 정답률이라고도 한다. 예를 들어, 마스크 착용 분류 모델이 마스크를 착용했다고 예측한 경우 중 실제로 마스크를 착용했는지를 살펴보는 데 활용된다.
재현율 (Recall)	실제 True인 값 중에서 모델이 True로 예측한 비율을 나타내는 지표이다. 예를 들어, 실제 마스크를 착용한 경우 중 마스크 분류 모델이 마스크를 착용했다고 예측했는지를 살펴보는 데 활용된다.
f1-score	정밀도와 재현율이 서로 반비례할 수 있다는 문제를 보완하기 위해 정밀도와 재현율의 조화 평균을 구한 값이다. 한쪽의 점수가 극단적인 것을 보완하여 모델의 성능을 정확하게 평가하는 데 사용된다. $\text{f1-score}=2\times\frac{1}{\frac{1}{\text{Precision}}+\frac{1}{\text{Recall}}}=2\times\frac{\text{Precision}\times\text{Recall}}{\text{Precision}+\text{Recall}}$

주어진 오차 행렬을 바탕으로 정확도, 정밀도, 재현률, f1-score를 확인해 보자.

		예측값	
		참(Positive) – 마스크 착용	거짓(Negative) – 마스크 미착용
실젯값	참(Positive) – 마스크 착용	True Positive(TP) 2	False Negative(FN) 6
	거짓(Negative) – 마스크 미착용	False Positive(FP) 0	True Negative(TN) 2

정확도는 모든 경우 중 정답을 맞힌 경우이므로 실제로 마스크를 착용하였는데 마스크 착용으로 예측한 2명, 실제로 마스크 미착용인데 실제로 마스크 미착용으로 예측한 2명을 총 10명으로 나눈 0.4(40%)가 된다.

정밀도는 2명이 마스크를 착용하였다고 예측하였다면, 마스크를 착용하였다고 한 사람 중에 실제로 마스크를 착용한 사람을 의미하는 정밀도는 1(100%)이다.

하지만 재현율의 경우 실제로 마스크를 착용한 8명 중 2명이 마스크를 착용하였다고 예측한 경우를 계산하기 때문에 0.25(25%)의 낮은 값이 나오게 된다.

f1-score를 정밀도와 재현율 값을 바탕으로 계산하면 0.4의 값이 나오므로 정밀도만 보았을 때는 좋은 모델처럼 보이지만 f1-score를 보았을 때는 좋지 않은 모델임을 알 수 있다.

인공지능, 비슷한 것끼리 묶어 줘!

핵심 개념 군집화

학습 목표 군집화와 분류를 비교하여 설명할 수 있다.
군집화 모델을 생성하고, 이를 활용하여 주어진 문제를 해결할 수 있다.

군집화는 주어진 데이터를 분석해서 특성이 비슷한 것끼리 무리 지어 주는 것이다. 다음 네 컷 만화를 보고, 군집화가 무엇인지 생각해 보자.

여기 여러 가지 색의 핀과 클립이 모여 있네.

뾰족한 것끼리 모으고, 둥글게 휘어진 것끼리 모으면 핀과 클립을 분리할 수 있지.

나는 빨강, 파랑, 노랑 색깔별로 나눌 거야.

자 그럼, 어떻게 하면 6개의 그룹으로 나눌 수 있을까?

✓ **여섯 개의 그룹으로 군집화하려면 무엇을 기준으로 나누면 좋을까?**

핵심 개념 학습하기

1 군집화

군집화(clustering)는 데이터를 분석하여 특성이 비슷한 샘플들을 같은 군집(cluster)으로 묶어주는 것이다. 군집화 방법을 간단히 살펴보면 데이터의 특성들을 수치화해서 그 값들이 비슷하면 같은 군집으로, 또 일정 수준 이상으로 차이가 나면 다른 군집으로 묶어주는 방법을 사용한다. 군집화를 할 때 알고리즘이 어떤 특성을 더 중요하게 판단하는지에 따라 같은 데이터라고 해도 서로 다른 결과를 가져올 수 있다.

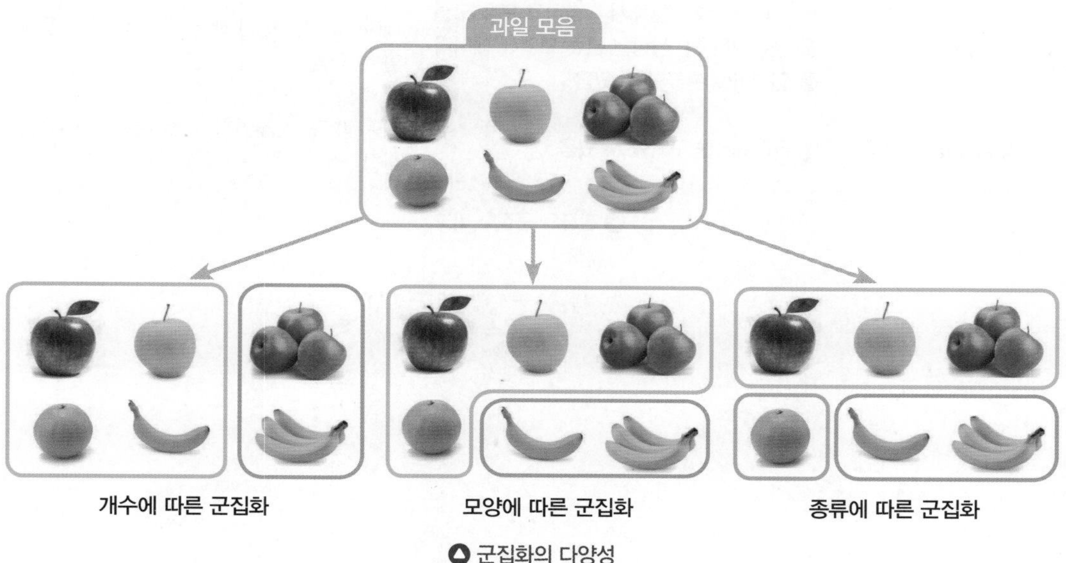

△ 군집화의 다양성

2 분류와 군집화

분류(classification)와 군집화(clustering)는 샘플을 그룹으로 나눈다는 점에서 비슷한 것 같지만, 몇 가지 큰 차이점이 존재한다.

분류는 학습 데이터와 정답(label)을 제공해서 학습을 진행하고, 데이터로부터 정답을 찾아낼 수 있는 규칙(패턴)을 알아낸 다음, 그 규칙(패턴)을 이용해서 새로운 데이터가 어떤 클래스(class)에 해당하는지를 판별하는 것이다. 예를 들면, 개와 고양이 이미지들을 보여 주면서 개 또는 고양이인지 알려 주는 방법으로 학습을 함으로써 인공지능 모델이 개와 고양이를 구별할 수 있는 규칙(패턴)을 찾도록 한 다음 새로운 이미지를 보여 주고, 개인지 고양이인지를 판단하도록 한다.

반면 군집화는 정답(label) 없이 주어진 데이터를 분석해서 각각의 샘플들을 특성이 비슷한 것끼리 무리지어 주는 것으로 각 군집이 무엇인지는 알 수가 없다. 예를 들어, 개와 고양이 이미지들을 입력하고 군집화를 해 보면, 개와 고양이의 그룹으로 나누어질 수도 있지만, 하얀색 동물과 검정색 동물로 나누어질 수도 있고, 작은 동물과 큰 동물로 나누어질 수도 있다. 또한 개와 고양이의 그룹으로 나누어졌다고 해도 어느 그룹이 개인지는 알 수 없다.

비교 기준	분류	군집화
기계학습 유형	지도학습	비지도학습
정답(label) 필요 여부	학습을 위해 반드시 필요함	필요하지 않음
적용 절차	먼저 데이터를 이용해서 학습하고 분류 모델을 생성해야 함. 생성된 분류 모델에 데이터를 입력하여 분류할 수 있음	데이터를 입력하면 해당 데이터들을 군집화할 수 있음
범주(class) 구별	범주(class)를 구별할 수 있음	어떤 범주(class)인지 모르는 상태에서 그룹화함

▲ 분류와 군집화 비교

문제 해결하기 활동

✓ 영지는 붓꽃의 꽃받침 길이와 너비, 꽃잎 길이와 너비와 같이 4가지 속성과 붓꽃의 종류를 정답(label)으로 주어 학습하면 붓꽃 종류를 분류할 수 있음을 알고 있다. 그런데, 정답(label)을 제공하지 않고, 4가지 속성만으로 학습했을 때 3가지 그룹으로 묶을 수 있는지 궁금해졌다.

배경 지식 • **붓꽃 데이터 세트(Iris Data-set)** 1936년 영국의 통계학자 겸 생물학자인 로널드 피셔(Ronald Fisher)가 붓꽃의 형태학적 변이를 정량화하기 위해 수집한 데이터이다. 아래 그림과 같은 3종류의 붓꽃 샘플을 각각 50개씩 꽃받침 길이와 너비, 꽃잎 길이와 너비를 측정하여 정리한 것이다.

〈출처〉 Iris setosa | https://upload.wikimedia.org/wikipedia/commons/a/a7/Irissetosa1.jpg
Iris versicolor | https://commons.wikimedia.org/wiki/File:Iris_versicolor_3.jpg
Iris virginica | https://codedragon.tistory.com/4970

붓꽃 데이터 세트는 다음 표처럼 꽃받침 길이(sepal_length), 꽃받침 너비(sepal_width), 꽃잎 길이(petal_length), 꽃잎 너비(petal_width)와 같이 4가지 속성과 붓꽃 종류(target)로 구성되어 있다.

index	sepal_length	sepal_width	petal_length	petal_width	target
0	5.1	3.5	1.4	0.2	0
1	4.9	3.0	1.4	0.2	0
2	4.7	3.2	1.3	0.2	0
3	4.6	3.1	1.5	0.2	0
4	5.0	3.6	1.4	0.2	0

✓ 다음 절차에 따라 영지의 궁금증을 해결해 보자.

1 문제 정의: 주어진 문제 상황을 바탕으로 문제를 정의해 보자.

2 데이터 수집: 모델 학습에 필요한 데이터를 수집해 보자.

3 데이터 분석 및 전처리: 수집한 데이터의 속성을 분석하고, 전처리를 해 보자.

4 모델 학습: 수집하고, 전처리한 데이터를 바탕으로 모델을 학습해 보자.

5 모델 성능 평가: 내가 만든 모델의 성능을 확인해 보고, 모델을 완성해 보자.

6 문제 해결: 생성한 모델을 활용하여 문제를 해결해 보자.

✓ 문제 해결 과정은 다음과 같다.

1 문제 정의

붓꽃 데이터 세트의 4가지 속성으로 3개의 그룹으로 군집화할 수 있는지 확인하기

2 데이터 수집

붓꽃 데이터 세트는 매우 유명하기 때문에 인터넷 검색을 통해 내려받을 수도 있고, 사이킷 런(Scikit-learn) 라이브러리에도 포함되어 있어 바로 사용할 수도 있다. 여기서는 다음과 같은 프로그램을 작성하고 실행하여, 사이킷 런에 포함된 데이터 세트를 바로 사용하도록 한다.

❶ 사이킷런에 포함된 붓꽃 데이터 세트를 가져온다.

```
from sklearn.datasets import load_iris
iris = load_iris() # 붓꽃 데이터 세트 가져오기
```

❷ 데이터에 포함된 구성 요소들을 확인한다.

```
dir(iris) # 데이터의 구성 요소 확인
```

결과

```
['DESCR',
 'data',
 'data_module',
 'feature_names',
 'filename',
 'frame',
 'target',
 'target_names']
```

3 데이터 분석 및 전처리

❶ 데이터를 사용하기 편하게 데이터 프레임 형태로 변환한다.

```
import pandas as pd

# 붓꽃 데이터 세트를 데이터 프레임으로 변환
irisDF = pd.DataFrame(data = iris.data,
                      columns=['sepal_length', 'sepal_width', 'petal_length', 'petal_width'])
irisDF['target'] = iris.target

irisDF.head() # 처음 5개 데이터 확인
```

결과

	sepal_length	sepal_width	petal_length	petal_width	target
0	5.1	3.5	1.4	0.2	0
1	4.9	3.0	1.4	0.2	0
2	4.7	3.2	1.3	0.2	0
3	4.6	3.1	1.5	0.2	0
4	5.0	3.6	1.4	0.2	0

❷ 속성에 따른 군집화 결과를 확인하기 위해 학습용 데이터를 3가지 형태로 준비한다.

- train1: 꽃받침 길이 하나의 속성만 있는 것
- train2: 꽃받침 길이와 너비 2개의 속성 있는 것
- train4: 꽃받침 길이와 너비, 꽃잎 길이와 너비 4개의 속성이 있는 것

먼저 꽃받침 길이와 너비, 꽃잎 길이와 너비의 4개 속성이 모두 있는 데이터(train4)를 준비하고 확인한다.

```
# 품종을 나타내는 target 속성을 제거한 데이터 준비(꽃받침 길이, 꽃받침 너비, 꽃잎 길이, 꽃잎 너비의 4개 속성 존재)
train4 = irisDF.drop(['target'], axis=1)
train4.head() # 처음 5개 데이터 확인
```

결과

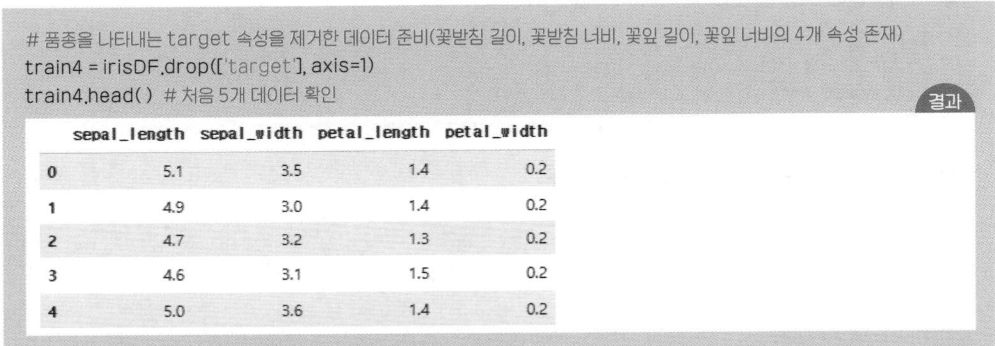

	sepal_length	sepal_width	petal_length	petal_width
0	5.1	3.5	1.4	0.2
1	4.9	3.0	1.4	0.2
2	4.7	3.2	1.3	0.2
3	4.6	3.1	1.5	0.2
4	5.0	3.6	1.4	0.2

❸ 꽃받침 길이와 너비의 2개 속성이 존재하는 데이터(train2)를 준비하고 확인한다.

```
# train4에서 꽃잎 길이와 꽃잎 너비 속성을 제거한 데이터 준비(꽃받침 길이, 꽃받침 너비의 2개 속성 존재)
train2 = train4.drop(['petal_length','petal_width'], axis=1)
train2.head() # 처음 5개 데이터 확인
```

결과

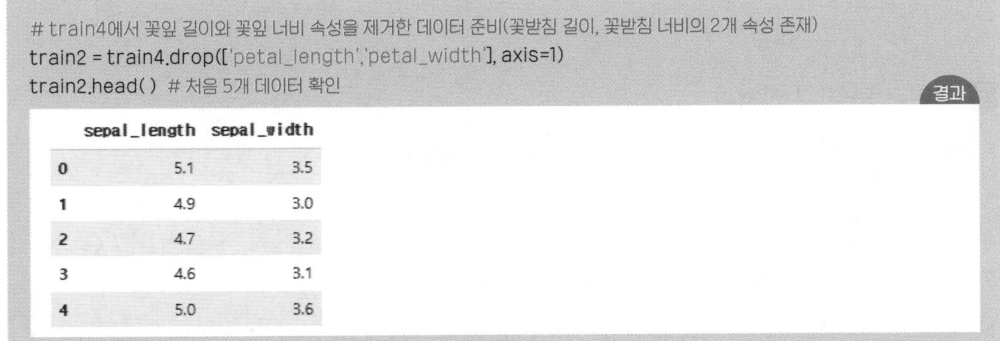

	sepal_length	sepal_width
0	5.1	3.5
1	4.9	3.0
2	4.7	3.2
3	4.6	3.1
4	5.0	3.6

❹ 꽃받침 길이 속성만 있는 데이터(train1)를 준비하고 확인한다.

```
# train2에서 꽃받침 너비를 제외한 데이터 준비(꽃받침 길이의 1개 속성 존재)
train1 = train2.drop(['sepal_width'], axis=1)
train1.head() # 처음 5개 데이터 확인
```

결과

	sepal_length
0	5.1
1	4.9
2	4.7
3	4.6
4	5.0

4 모델 학습

모델 학습은 군집화 알고리즘 중 K-평균(KMeans) 알고리즘을 사용한다. 이 알고리즘은 몇 개의 군집으로 묶어 줄지 미리 정해 주어야 한다. 여기서는 n_clusters 파라미터를 3으로 설정해서 3개의 군집으로 묶을 수 있도록 설정하였다.

※주의 군집화 코드를 실행할 때마다 그룹 번호의 순서가 달라질 수 있으므로 군집화 결과의 그룹값 순서가 대략 0, 1, 2의 순서가 될 때까지 반복 실행하면 나중에 시각화해서 결과를 분석할 때 편리하다.

❶ 1개 속성(꽃받침 길이)만을 사용하여 군집화를 하고, 결과를 확인한다.

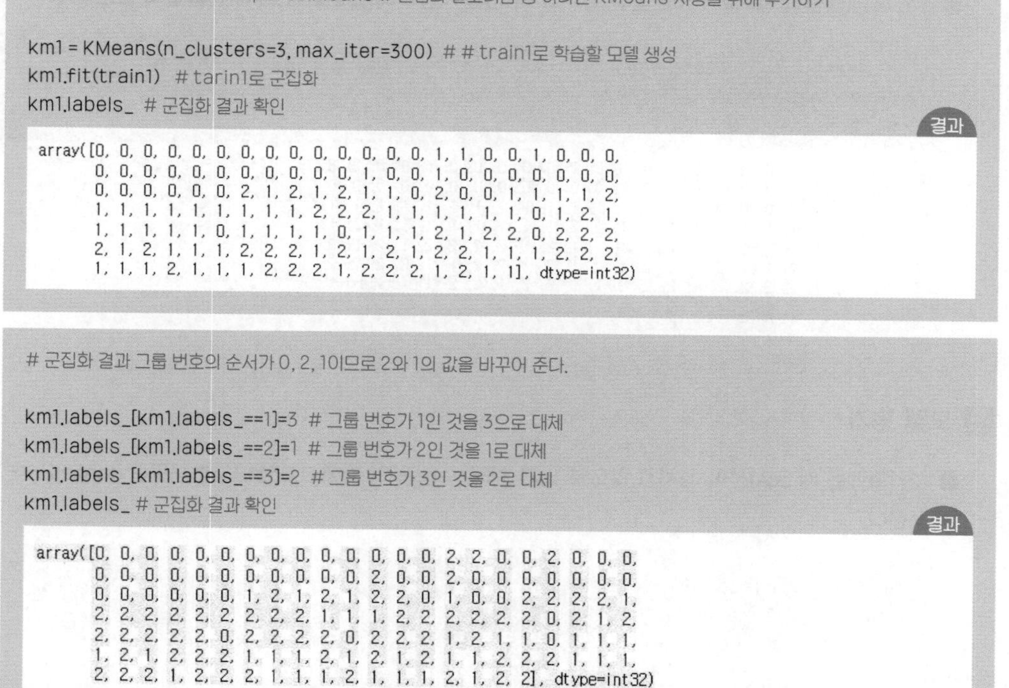

```
from sklearn.cluster import KMeans # 군집화 알고리즘 중 하나인 KMeans 사용을 위해 추가하기

km1 = KMeans(n_clusters=3, max_iter=300) # # train1로 학습할 모델 생성
km1.fit(train1)  # tarin1로 군집화
km1.labels_  # 군집화 결과 확인
```

결과

```
array([0, 0, 0, 0, 0, 0, 0, 0, 0, 0, 0, 0, 0, 0, 1, 1, 0, 0, 1, 0, 0, 0,
       0, 0, 0, 0, 0, 0, 0, 0, 0, 0, 0, 1, 0, 0, 1, 0, 0, 0, 0, 0, 0, 0,
       0, 0, 0, 0, 0, 0, 2, 1, 2, 1, 2, 1, 1, 0, 2, 0, 0, 1, 1, 1, 1, 2,
       1, 1, 1, 1, 1, 1, 1, 1, 1, 2, 2, 2, 1, 1, 1, 1, 1, 1, 0, 1, 2, 1,
       1, 1, 1, 1, 1, 0, 1, 1, 1, 1, 0, 1, 1, 1, 2, 1, 2, 2, 0, 2, 2, 2,
       2, 1, 2, 1, 1, 1, 2, 2, 2, 1, 2, 1, 2, 1, 2, 2, 1, 1, 1, 2, 2, 2,
       1, 1, 1, 2, 1, 1, 1, 2, 2, 2, 1, 2, 2, 2, 1, 2, 1, 1], dtype=int32)
```

```
# 군집화 결과 그룹 번호의 순서가 0, 2, 1이므로 2와 1의 값을 바꾸어 준다.

km1.labels_[km1.labels_==1]=3  # 그룹 번호가 1인 것을 3으로 대체
km1.labels_[km1.labels_==2]=1  # 그룹 번호가 2인 것을 1로 대체
km1.labels_[km1.labels_==3]=2  # 그룹 번호가 3인 것을 2로 대체
km1.labels_ # 군집화 결과 확인
```

결과

```
array([0, 0, 0, 0, 0, 0, 0, 0, 0, 0, 0, 0, 0, 0, 2, 2, 0, 0, 2, 0, 0, 0,
       0, 0, 0, 0, 0, 0, 0, 0, 0, 0, 0, 2, 0, 0, 2, 0, 0, 0, 0, 0, 0, 0,
       0, 0, 0, 0, 0, 0, 1, 2, 1, 2, 1, 2, 2, 0, 1, 0, 0, 2, 2, 2, 2, 1,
       2, 2, 2, 2, 2, 2, 2, 2, 2, 1, 1, 1, 2, 2, 2, 2, 2, 2, 0, 2, 1, 2,
       2, 2, 2, 2, 2, 0, 2, 2, 2, 2, 0, 2, 2, 2, 1, 2, 1, 1, 0, 1, 1, 1,
       1, 2, 1, 2, 2, 2, 1, 1, 1, 2, 1, 2, 1, 2, 1, 1, 2, 2, 2, 1, 1, 1,
       2, 2, 2, 1, 2, 2, 2, 1, 1, 1, 2, 1, 1, 1, 2, 1, 2, 2], dtype=int32)
```

❷ 2개 속성(꽃받침 길이와 너비)을 사용하여 군집화를 하고 결과를 확인한다.

```
km2 = KMeans(n_clusters=3, max_iter=300) # train2로 학습할 모델 생성
km2.fit(train2) # tarin2로 군집화
km2.labels_ # 군집화 결과 확인
```

결과

```
array([0, 0, 0, 0, 0, 0, 0, 0, 0, 0, 0, 0, 0, 0, 0, 0, 0, 0, 0, 0, 0, 0,
       0, 0, 0, 0, 0, 0, 0, 0, 0, 0, 0, 0, 0, 0, 0, 0, 0, 0, 0, 0, 0, 0,
       0, 0, 0, 0, 0, 0, 2, 2, 2, 1, 2, 1, 2, 1, 2, 1, 1, 1, 1, 1, 1, 2,
       1, 1, 1, 1, 1, 1, 1, 1, 2, 2, 2, 2, 1, 1, 1, 1, 1, 1, 1, 1, 2, 1,
       1, 1, 1, 1, 1, 1, 1, 1, 1, 1, 1, 1, 2, 1, 2, 2, 2, 2, 1, 2, 2, 2,
       2, 2, 2, 1, 1, 2, 2, 2, 2, 1, 2, 1, 2, 1, 2, 2, 1, 1, 2, 2, 2, 2,
       2, 1, 1, 2, 2, 2, 1, 2, 2, 2, 1, 2, 2, 2, 1, 2, 2, 1], dtype=int32)
```

```
# 군집화 결과 그룹 번호의 순서가 0, 2, 1이므로 2와 1의 값을 바꾸어 준다.

km2.labels_[km2.labels_==1]=3 # 그룹 번호가 1인 것을 3으로 대체
km2.labels_[km2.labels_==2]=1 # 그룹 번호가 2인 것을 1로 대체
km2.labels_[km2.labels_==3]=2 # 그룹 번호가 3인 것을 2로 대체
km2.labels_ # 군집화 결과 확인
```

결과

```
array([0, 0, 0, 0, 0, 0, 0, 0, 0, 0, 0, 0, 0, 0, 0, 0, 0, 0, 0, 0, 0, 0,
       0, 0, 0, 0, 0, 0, 0, 0, 0, 0, 0, 0, 0, 0, 0, 0, 0, 0, 0, 0, 0, 0,
       0, 0, 0, 0, 0, 0, 2, 2, 2, 1, 2, 1, 2, 1, 2, 1, 1, 1, 1, 1, 1, 2,
       1, 1, 1, 1, 1, 1, 1, 1, 2, 2, 2, 2, 1, 1, 1, 1, 1, 1, 1, 1, 2, 1,
       1, 1, 1, 1, 1, 1, 1, 1, 1, 1, 1, 1, 2, 1, 2, 2, 2, 2, 1, 2, 2, 2,
       2, 2, 2, 1, 1, 2, 2, 2, 2, 1, 2, 1, 2, 1, 2, 2, 1, 1, 2, 2, 2, 2,
       2, 1, 1, 2, 2, 2, 1, 2, 2, 2, 1, 2, 2, 2, 1, 2, 2, 1], dtype=int32)
```

❸ 4개 속성(꽃받침 길이와 너비, 꽃잎 길이와 너비)을 사용하여 군집화를 하고 결과를 확인한다.

```
km4 = KMeans(n_clusters=3, max_iter=300) # tarin4로 학습할 모델 생성
km4.fit(train4) # tarin4로 군집화
km4.labels_ # 군집화 결과 확인
```

결과

```
array([0, 0, 0, 0, 0, 0, 0, 0, 0, 0, 0, 0, 0, 0, 0, 0, 0, 0, 0, 0, 0, 0,
       0, 0, 0, 0, 0, 0, 0, 0, 0, 0, 0, 0, 0, 0, 0, 0, 0, 0, 0, 0, 0, 0,
       0, 0, 0, 0, 0, 0, 1, 1, 2, 1, 1, 1, 1, 1, 1, 1, 1, 1, 1, 1, 1, 1,
       1, 1, 1, 1, 1, 1, 1, 1, 1, 1, 1, 2, 1, 1, 1, 1, 1, 1, 1, 1, 1, 1,
       1, 1, 1, 1, 1, 1, 1, 1, 1, 1, 1, 1, 2, 1, 2, 2, 2, 2, 1, 2, 2, 2,
       2, 2, 2, 1, 1, 2, 2, 2, 2, 1, 2, 1, 2, 1, 2, 2, 1, 1, 2, 2, 2, 2,
       2, 1, 2, 2, 2, 2, 1, 2, 2, 2, 1, 2, 2, 2, 1, 2, 2, 1], dtype=int32)
```

5 모델 평가

❶ 시각화했을 때 표시선이 겹치지 않도록 하기 위해 'target'의 값에 0.05를 더한 새로운 'target2' 속성을 생성한다.

```
irisDF['target2'] = irisDF['target'] + 0.05
irisDF['target2']
```

결과

```
0      0.05
1      0.05
2      0.05
3      0.05
4      0.05
       ...
145    2.05
146    2.05
147    2.05
148    2.05
149    2.05
Name: target2, Length: 150, dtype: float64
```

❷ 1개 속성만을 사용하여 군집화한 결과와 target2 값을 비교하는 그래프를 그린다.

```
import matplotlib.pyplot as plt

plt.plot(km1.labels_) # 1개 속성으로 군집화한 결과 시각화
plt.plot(irisDF.target2) # 정답 데이터 시각화
```

결과

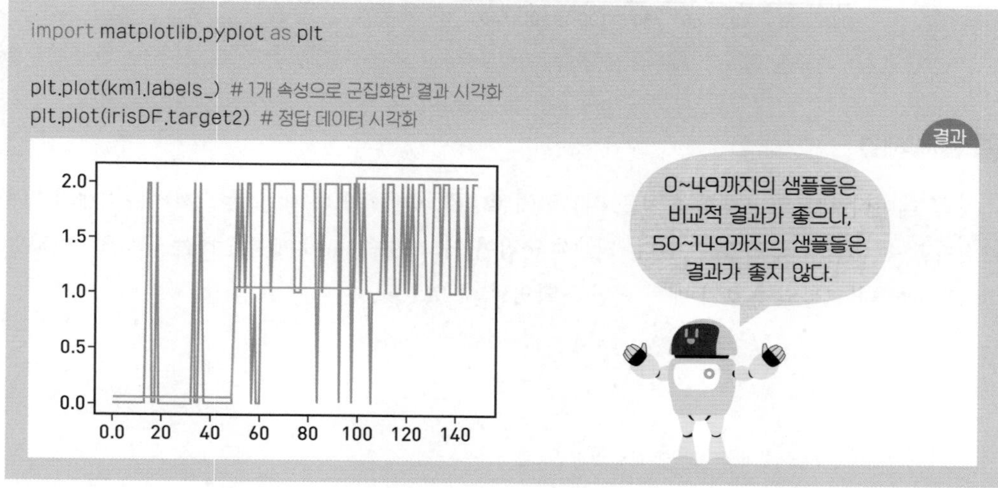

❸ 2개 속성을 사용하여 군집화한 결과와 target2 값을 비교하는 그래프를 그린다.

```
plt.plot(km2.labels_) # 2개 속성으로 군집화한 결과 시각화
plt.plot(irisDF.target2) # 정답 데이터 시각화
```

결과

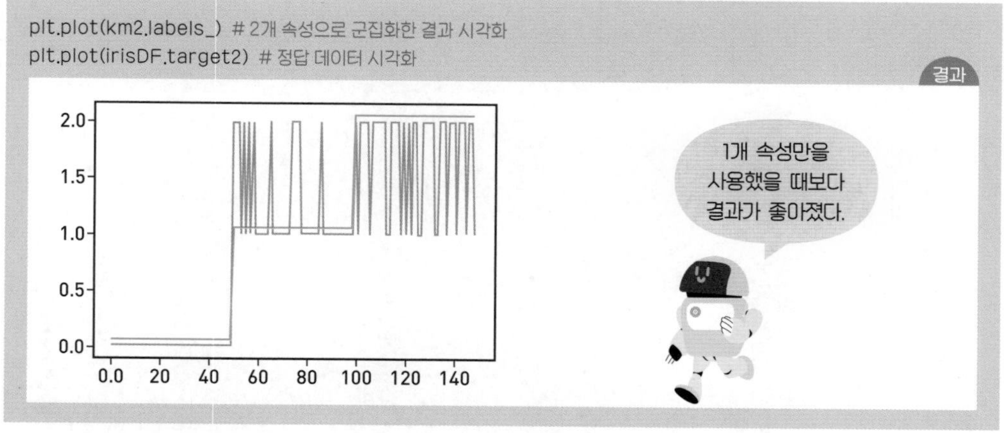

❹ 4개 속성을 사용하여 군집화한 결과와 target2 값을 비교하는 그래프를 그린다.

```
plt.plot(km4.labels_) # 4개 속성으로 군집화한 결과 시각화
plt.plot(irisDF.target2) # 정답 데이터 시각화
```

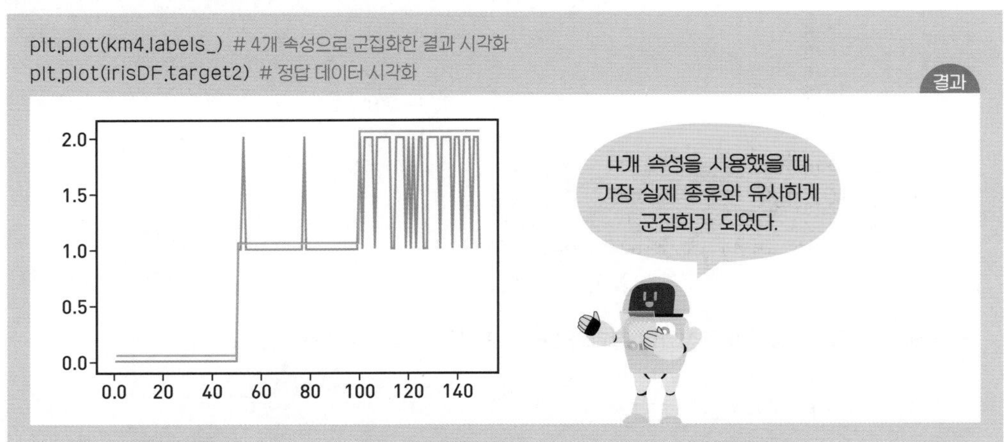

6 문제 해결

붓꽃 데이터 세트의 4가지 속성을 이용하여 ❷, ❸, ❹에서처럼 어느 정도까지는 3개의 그룹으로 군집화할 수 있음을 확인할 수 있다. 단, 각 군집이 어느 범주(class)에 해당하는지는 알 수 없었으며, 학습할 때마다 그룹의 번호가 매번 변함을 확인할 수 있었다.

영지는 17살인 사람들의 키와 몸무게 등 신체 사이즈를 가지고 남여를 구별할 수 있는지 확인해 보려고 한다. 데이터를 수집하여 군집화하고, 결과를 확인하는 과정은 다음과 같다.

※ 참고 데이터 출처: sizekorea.kr에서 2015년 데이터를 내려받아 편집하였음

1 문제 정의

4가지 신체 사이즈 속성으로 남여를 그룹으로 군집화할 수 있는지 확인하기

2 데이터 수집

❶ 제공한 소스 파일에서 'body_data.csv' 파일을 코랩(colab)에서 사용할 수 있도록 업로드한다.

```
from google.colab import files   # colab 서버에 파일 업로드를 위한 모듈
myfile = files.upload()
```

결과

```
❶ 파일 선택  body_data.csv ←❷ 업로드된 파일
• body_data.csv(application/vnd.ms-excel) - 160566 bytes, last modified: 2022. 2. 21. - 100% done
Saving body_data.csv to body_data.csv
```

❷ 업로드된 파일을 사용할 수 있도록 데이터 프레임 형식으로 변환하고, 속성과 값을 간단히 확인한다.

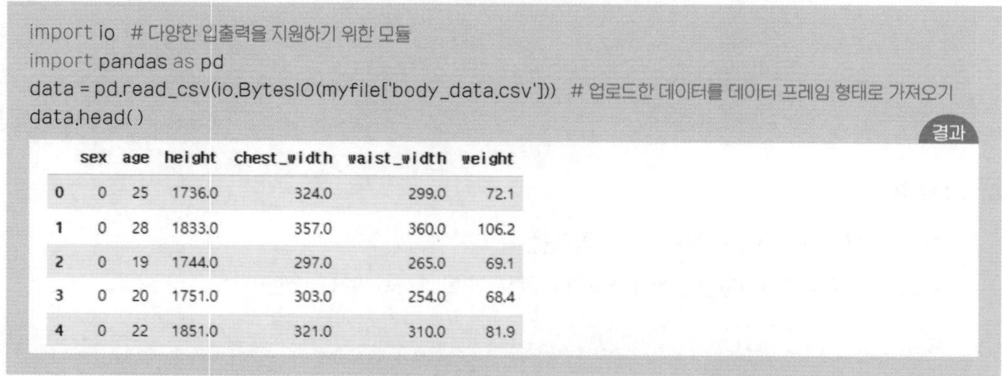

```
import io   # 다양한 입출력을 지원하기 위한 모듈
import pandas as pd
data = pd.read_csv(io.BytesIO(myfile['body_data.csv']))  # 업로드한 데이터를 데이터 프레임 형태로 가져오기
data.head()
```

결과

	sex	age	height	chest_width	waist_width	weight
0	0	25	1736.0	324.0	299.0	72.1
1	0	28	1833.0	357.0	360.0	106.2
2	0	19	1744.0	297.0	265.0	69.1
3	0	20	1751.0	303.0	254.0	68.4
4	0	22	1851.0	321.0	310.0	81.9

3 데이터 분석 및 전처리

❶ 나이가 17세인 데이터만 추출한다.

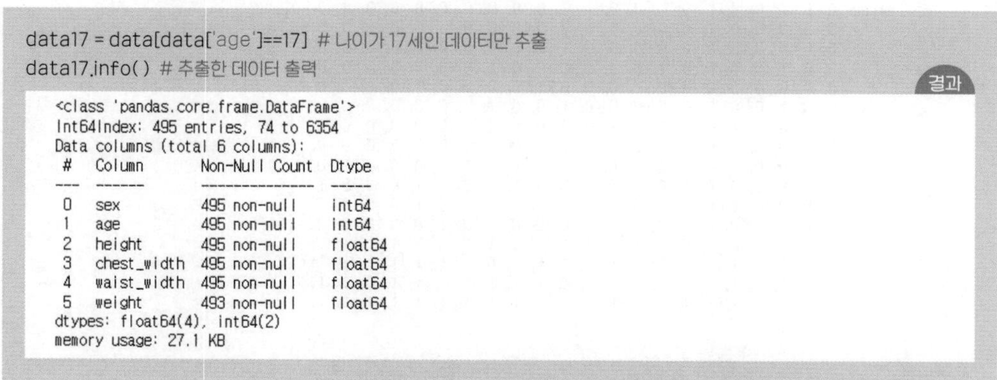

```
data17 = data[data['age']==17]  # 나이가 17세인 데이터만 추출
data17.info()  # 추출한 데이터 출력
```

결과

```
<class 'pandas.core.frame.DataFrame'>
Int64Index: 495 entries, 74 to 6354
Data columns (total 6 columns):
 #   Column       Non-Null Count  Dtype
---  ------       --------------  -----
 0   sex          495 non-null    int64
 1   age          495 non-null    int64
 2   height       495 non-null    float64
 3   chest_width  495 non-null    float64
 4   waist_width  495 non-null    float64
 5   weight       493 non-null    float64
dtypes: float64(4), int64(2)
memory usage: 27.1 KB
```

❷ 결측치를 제거하고, 인덱스를 초기화한다.

```
data17.dropna(subset=['weight'], inplace=True) # weight 열에 결측치가 있는 행(샘플) 제거
data17.reset_index(drop=True, inplace=True) # 인덱스 재설정
data17.info()
```

결과

```
<class 'pandas.core.frame.DataFrame'>
RangeIndex: 493 entries, 0 to 492
Data columns (total 6 columns):
 #   Column       Non-Null Count  Dtype
---  ------       --------------  -----
 0   sex          493 non-null    int64
 1   age          493 non-null    int64
 2   height       493 non-null    float64
 3   chest_width  493 non-null    float64
 4   waist_width  493 non-null    float64
 5   weight       493 non-null    float64
dtypes: float64(4), int64(2)
memory usage: 23.2 KB
```

❸ 군집화에 사용할 속성만 추출하여 학습 데이터를 준비한다.

```
train_data17 = data17.drop(['sex','age'], axis=1) # 성별과 나이 속성을 제거하여 훈련 데이터 생성
train_data17.head()
```

결과

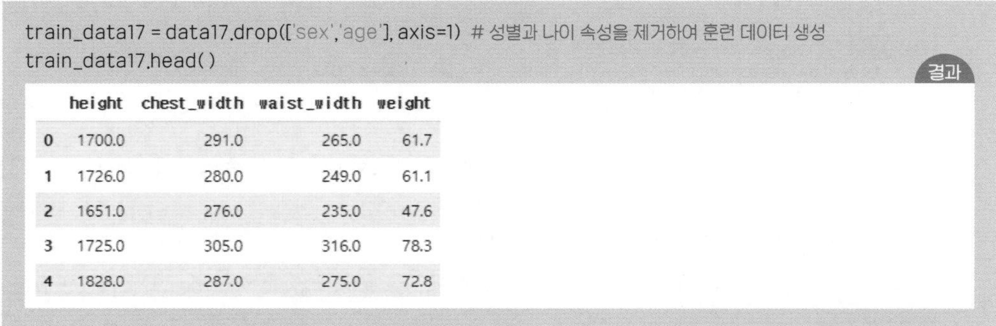

	height	chest_width	waist_width	weight
0	1700.0	291.0	265.0	61.7
1	1726.0	280.0	249.0	61.1
2	1651.0	276.0	235.0	47.6
3	1725.0	305.0	316.0	78.3
4	1828.0	287.0	275.0	72.8

4 모델 학습

다음 코드를 입력하여 군집화한 후 결과를 확인한다.

※ 주의 군집화 결과의 그룹값 순서가 대략 0,1의 순서가 될 때까지 반복 실행한다.

```
from sklearn.cluster import KMeans # 군집화 알고리즘 중 하나인 KMeans 사용을 위해 추가

km = KMeans(n_clusters=2, max_iter=300) # n_clusters: 나누려는 군집의 수
km.fit(train_data17)
km.labels_
```

결과

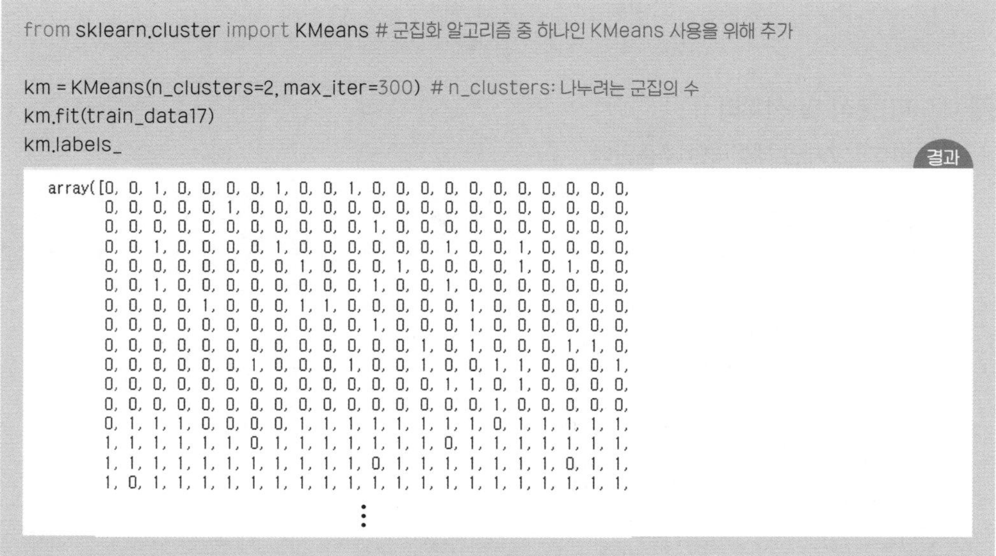

```
array([0, 0, 1, 0, 0, 0, 0, 1, 0, 0, 1, 0, 0, 0, 0, 0, 0, 0, 0, 0, 0, 0,
       0, 0, 0, 0, 0, 1, 0, 0, 0, 0, 0, 0, 0, 0, 0, 0, 0, 0, 0, 0, 0, 0,
       0, 0, 0, 0, 0, 0, 0, 0, 0, 0, 0, 1, 0, 0, 0, 0, 0, 0, 0, 0, 0, 0,
       0, 0, 1, 0, 0, 0, 0, 1, 0, 0, 0, 0, 0, 0, 1, 0, 0, 1, 0, 0, 0, 0,
       0, 0, 0, 0, 0, 0, 0, 0, 1, 0, 0, 0, 1, 0, 0, 0, 0, 1, 0, 1, 0, 0,
       0, 0, 1, 0, 0, 0, 0, 0, 0, 0, 0, 1, 0, 0, 1, 0, 0, 0, 0, 0, 0, 0,
       0, 0, 0, 0, 1, 0, 0, 0, 1, 1, 0, 0, 0, 0, 0, 1, 0, 0, 0, 0, 0, 0,
       0, 0, 0, 0, 0, 0, 0, 0, 0, 0, 0, 1, 0, 0, 0, 1, 0, 0, 0, 0, 0, 0,
       0, 0, 0, 0, 0, 0, 0, 0, 0, 0, 0, 0, 0, 1, 0, 1, 0, 0, 0, 1, 1, 0,
       0, 0, 0, 0, 0, 0, 1, 0, 0, 0, 1, 0, 0, 1, 0, 0, 1, 1, 0, 0, 0, 1,
       0, 0, 0, 0, 0, 0, 0, 0, 0, 0, 0, 0, 0, 0, 1, 1, 0, 1, 0, 0, 0, 0,
       0, 0, 0, 0, 0, 0, 0, 0, 0, 0, 0, 0, 0, 0, 0, 0, 1, 0, 0, 0, 0, 0,
       0, 1, 1, 1, 0, 0, 0, 0, 1, 1, 1, 1, 1, 1, 1, 1, 0, 1, 1, 1, 1, 1,
       1, 1, 1, 1, 1, 1, 0, 1, 1, 1, 1, 1, 1, 1, 0, 1, 1, 1, 1, 1, 1, 1,
       1, 1, 1, 1, 1, 1, 1, 1, 1, 1, 1, 0, 1, 1, 1, 1, 1, 1, 1, 0, 1, 1,
       1, 0, 1, 1, 1, 1, 1, 1, 1, 1, 1, 1, 1, 1, 1, 1, 1, 1, 1, 1, 1, 1,
                              ⋮
```

5 모델 성능 평가

❶ 시각화했을 때 표시선이 겹치지 않도록 하기 위해 'sex'의 값에 0.03를 더한 새로운 'sex2' 속성을 생성하고, 군집화 결과와 sex2 값을 비교하는 그래프를 그린다.

```
data17['sex2'] = data17['sex'] + 0.03
import matplotlib.pyplot as plt
plt.figure(figsize=(12,4))
plt.plot(km.labels_)
plt.plot(data17.sex2)
```

결과

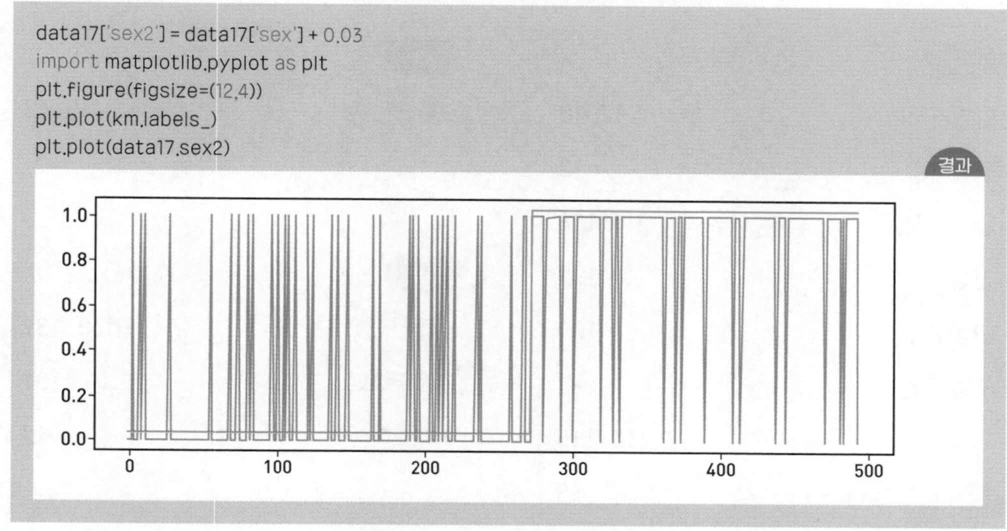

❷ 어느 정도 정확도가 있는지 다음 코드를 이용하여 계산해 본다.

```
tot=len(km.labels_)
cor=0
for i in range(len(km.labels_)):
 if km.labels_[i] == data17['sex'][i]:
   cor += 1
print('정확도:', round(cor/tot*100,2), '%')
```

결과

```
정확도: 88.24 %
```

6 문제 해결

4가지 신체 사이즈 속성으로 군집화할 수 있는지 확인한 결과, 대략 88% 이상의 정확도로 군집화할 수 있음을 확인할 수 있었다.

찾아보기

참고 문헌 · 참고 사이트

참고 문헌

- 과학기술정보통신부(2019). 「인공지능(AI) 국가전략」.
- 과학기술정보통신부(2020). 「국가 인공지능 윤리기준」.
- 권건우(2020). 『야사와 만화로 배우는 인공지능1, 2』. 루나파인북스.
- 김진형(2020). 『KAIST 김진형 교수에게 듣는 AI 최강의 수업』. 매일경제신문사.
- 스튜어트 러셀, 피터 노빅(2016). 『인공지능 1 현대적 접근방식(제3판)』. 제이펍.
- 이영호(2020). 『모두의 인공지능 with 파이썬』. 길벗.
- 정웅열 외 6인(2023). 『인공지능 기초(고등교과서)』. ㈜삼양미디어.

참고 사이트

- 공공 데이터 포털 | https://www.data.go.kr
- 구글 다이얼로그플로우 | https://dialogflow.cloud.google.com
- 구글 코랩(colab) | https://colab.research.google.com
- 네이버 뉴스 | https://news.naver.com/main/ranking/popularDay.naver?mid=etc&sid1=111
- 네이버 영화 평점 | https://movie.naver.com/movie/point/af/list.naver
- 네이트 뉴스 | https://news.nate.com/rank/?mid=n1000
- 서울 열린 데이터 광장 | http://data.seoul.go.kr
- AIHub | https://www.aihub.or.kr
- Kaggle | https://www.kaggle.com
- 16쪽 IBM 프로젝트 디베이터(Project Debater) | IntelligenceSquared Debates(2019. 2. 27.), https://www.youtube.com/watch?v=3_yy0dnIc58

• 32쪽 유진 구스트만 | "유진이 튜링테스트를 통과했다고? 허튼소리!", BLOTER(2014. 6. 12.), https://www.bloter.net/newsView/blt201406120008

튜링 테스트, 인공지능을 판단하는 기준(이미테이션 게임) | https://m.blog.naver.com/PostView.naver?isHttpsRedirect= true&blogId=complusblog&logNo=220990914388

• 40쪽 데이터 편향 사례 | https://www.propublica.org/article/machine-bias-risk-assessments-in-criminal-sentencing

• 43쪽 [지식K] 불가피한 사망사고… 자율 주행차의 윤리적 딜레마? | KBS 뉴스(2018. 11. 15.), https://news.kbs.co.kr/news/view.do?ncd=4074338

• 44쪽 성차별: 아마존, '여성차별' 논란 인공지능 채용 프로그램 폐기 | BBC 뉴스 코리아(2018. 10. 11.), https://www.bbc.com/korean/news-45820560

• 147쪽 데이터 분석 활용 사례 | 서울특별시 빅 데이터 캠퍼스, https://bigdata.seoul.go.kr/

• 161쪽 데이터 수집부터 겁나는 기업들… "불법인지 합법인지 모르겠다" | 조선비즈(2020. 9. 23.) https://biz.chosun.com/site/data/html_dir/2020/09/23/2020092300325.html

사진 출처

- 8~9쪽 대단원 이미지 | 게티이미지뱅크, https://www.gettyimagesbank.com
- 10쪽 아이언맨의 자비스 | 존 파브로 감독, 영화 「아이언맨」, 2008.
  아이, 로봇 장면 | 알렉스 프로야스 감독, 영화 「아이, 로봇」, 2004.
  바이센테니얼 맨 장면 | 크리스 콜럼버스 감독, 영화 「바이센테니얼 맨」, 2000.
  에이 아이 포스터 | 스티븐 스필버그 감독, 영화 「에이 아이」, 2001.
- 16쪽 AI와 인간이 그림 | Harsha Gangadharbatla/Empirical Studies of the Arts
- 22쪽 차가 멈추는 모습 | 현대모비스 http://www.mobiswebzine.com/html/img/201702/post/imgTech03_02.png
- 32쪽 "유진이 튜링테스트를 통과했다고? 허튼소리!" | BLOTER(2014. 6. 12.), https://www.bloter.net/newsView/blt201406120008
- 34쪽 드론 택시 | 국토부 제공
- 35쪽 이루다 | AI 챗봇 이루다의 인스타그램 계정
  테이 | 테이 트위터 캡처 화면(2016. 3. 25.)
  구글 포토, 재키 앨신(Jackyalcine)의 트위터 계정(2015. 6. 29.)
- 40쪽 피부색에 따른 체온계의 다른 결론 | Bart Nagel 트위터
- 43쪽 모럴머신 결과 화면 | [지식K] 불가피한 사망사고… 자율주행차의 윤리적 딜레마?, KBS 뉴스(2018. 11. 15.), https://news.kbs.co.kr/news/view.do?ncd=4074338
- 44쪽 성차별: 아마존, '여성차별' 논란 인공지능 채용 프로그램 폐기 | BBC 뉴스 코리아(2018. 10. 11.), https://www.bbc.com/korean/news-45820560
- 46~47쪽 대단원 이미지 | 게티이미지뱅크, https://www.gettyimagesbank.com
- 132~133쪽 대단원 이미지 | 게티이미지뱅크, https://www.gettyimagesbank.com
- 148쪽 영화 평점 캡처 화면 | 네이버 영화, https://movie.naver.com/
- 149쪽 공공 데이터 포털 화면 | https://www.data.go.kr/
  서울 열린 데이터 광장 화면 | http://data.seoul.go.kr/

- 150쪽 AlHub 화면 | https://www.aihub.or.kr/ai_data

  Kaggle 화면 | https://www.kaggle.com/datasets
- 163쪽 병 이미지 | 게티이미지뱅크, https://www.gettyimagesbank.com
- 189쪽 과일 이미지 | 게티이미지뱅크, https://www.gettyimagesbank.com
- 191쪽 Iris setosa | https://upload.wikimedia.org/wikipedia/commons/a/a7/Irissetosa1.jpg

  Iris versicolor | https://commons.wikimedia.org/wiki/File:Iris_versicolor_3.jpg

  Iris virginica | https://codedragon.tistory.com/4970

개념과 원리가 보이는

우리학교 인공지능 수업 Ⅱ

발 행 일 **초판 1쇄 발행 2023년 3월 15일**

지 은 이 정웅열 · 김영희 · 임건웅 · 전준호 · 정상수 · 정종광 · 황성훈
발 행 인 신재석
발 행 처 (주)삼양미디어
주 소 서울시 마포구 양화로 6길 9-28
전 화 02) 335-3030
팩 스 02) 335-2070
등록번호 제10-2285호

홈페이지 **www.samyangm.com**
I S B N 978-89-5897-412-3(43000)
정 가 15,000원